我国城乡低保区域性差距及收入分配效果研究

梁城城　著

中国财经出版传媒集团
中国财政经济出版社

图书在版编目（CIP）数据

我国城乡低保区域性差距及收入分配效果研究／梁城城著. -- 北京 ：中国财政经济出版社，2023.4
ISBN 978-7-5223-2050-2

Ⅰ.①我… Ⅱ.①梁… Ⅲ.①社会保障－财政支出－研究－中国 Ⅳ.①D632.1②F812.45

中国国家版本馆 CIP 数据核字（2023）第 040378 号

责任编辑：樊 闽 彭洋洋　　责任印制：张 健
封面设计：卜建辰　　责任校对：徐艳丽

我国城乡低保区域性差距及收入分配效果研究
WOGUO CHENGXIANG DIBAO QUYUXING CHAJU JI SHOURU FENPEI XIAOGUO YANJIU

中国财政经济出版社 出版
URL：http：//www.cfeph.cn
E-mail：cfeph@cfeph.cn

社址：北京市海淀区阜成路甲 28 号 邮政编码：100142
营销中心电话：010-88191522
天猫网店：中国财政经济出版社旗舰店
网址：https：//zgczjjcbs.tmall.com
北京鑫海金澳胶印有限公司印刷 各地新华书店经销
成品尺寸：170mm×240mm 16 开 19.5 印张 309 000 字
2023 年 4 月第 1 版 2023 年 4 月北京第 1 次印刷
定价：78.00 元
ISBN 978-7-5223-2050-2
（图书出现印装问题，本社负责调换，电话：010-88190548）
本社质量投诉电话：010-88190744
打击盗版举报热线：010-88191661 QQ：2242791300

前　　言

低保制度作为一项兜底的制度安排，对低收入群体的基本生活水平具有一定的保障作用，调节居民收入分配的作用非常直接。城市低保制度和农村低保制度分别在1999年和2007年全面建立，作为中央和地方政府的一项共同事权，低保支出责任由中央和地方政府共同承担，但低保标准制定的决策权赋予给了地方政府。由于中央政府没有制定全国低保指导线，在分权的财政体制下，基层政府根据自身财力大小会制定出差异化的低保标准。城乡低保制度的二元化和各级政府城乡低保支出比例没有制度化，很容易导致低保标准在城市内部、农村内部和城乡之间产生差距，进一步导致低保支出在城市内部、农村内部和城乡之间的差距。低保标准和低保支出的区域性差距，不仅影响了低保制度收入分配效果的发挥，同样不利于推进基本公共服务均等化。为了更好地实现城乡低保制度的收入分配功能，需要明晰城乡低保的区域性差距发展情况。低保支出产生的区域性差距在很大程度上是由低保标准的区域性差距造成的，而低保标准的区域性差距很大一部分原因在于低保标准制定这一制度性问题。通过系统地评估城乡低保近年来在实施中存在的问题，为进一步优化城乡低保制度、为更好发挥低保制度的收入分配效果、为城乡全面脱贫后继续发挥低保制度的兜底作用做好准备。本书主要解决三个方面的问题：一是评估当前低保标准制定方法存在的问题；二是全面、系统地测算城乡低保的区域性差距，具体包括低保标准的区域性差距和低保支出水平的区域性差距两个方面；三是通过实证分析和测算等方式，多维度评估城乡低保的收入分配效果。

在低保标准制定方法方面，结合恩格尔系数法、消费比例支出法、线性支出扩展模型法和马丁法等低保标准制定的常用方法，利用全国宏观数据，测算了各种方法之下的城市、农村理论低保标准。进一步将测算的理论低保线与城乡低保实际执行标准进行比较。通过比较发现，城市和农村低保实际执行标准与消费比例支出法测算的理论低保标准最为接近，并且实际执行标准仅能满足城乡居民的基本吃穿等生存型消费需求，贫困群体居住等最低消费需求不能得到满足。同时，利用微观数据中的“主观低保线”与实际低保标准进行比较，进一步说明了当前低保标准不足以满足贫困人群的最低消费需求。低保标准与地方财力、经济发展水平有较强的正相关关系，说明地方政府低保标准制定受到了两者的制约。

在低保标准的区域性差距方面，本书使用了多种差距的测度方法，测算了2007—2017年城市低保标准区域差距，以及2008—2017年农村低保标准区域差距。在低保标准总体差距方面，城镇低保标准在市级层面的差距较低，而在省级层面和县级层面的差距较大；农村低保标准在市级层面最为均衡，省级层面最不均衡。分区域的测算结果表明：城镇低保标准差距在不同区域均为县级政府之间的不均衡程度最强，农村则为省级层面最均衡。泰尔指数分解结果表明：在城镇低保标准差距来源方面，全国组间不平等占比相对较高，而中部和东部地区组内不平等的成分更多，同时东部地区组内差距和组间差距在四个地区中相对较高；在农村低保标准差距来源方面，组间不平等的占比相对更高，而从分区域来看，除东部地区组间不平等贡献率相对更高以外，其他三个地区组内不平等占比相对更高。Dagum基尼系数分解结果表明：从区域内差距、区域间差距和超变密度贡献率的大小来看，区域间的差距在城乡低保标准区域总体差距的贡献率最高，2007—2017年省级、市级和县级层面城镇低保标准差距中，平均分别有61.05%、43.59%和

41.01%的差距来源于区域间的差距，2008—2017年省级、市级和县级层面农村低保标准区域内不平等的平均贡献率分别达到73.87%、57.62%和51.28%。此外，2008—2017年省级、市级和县级层面的城乡低保标准比值均值分别为2.30、2.48和2.56。

在以上基础上，进一步测算了2008—2016年城市和农村人均低保支出的区域差距情况。低保支出水平总体差距方面，省级层面城镇人均低保支出差距相对较小，市级、县级层面相对较不平衡，而不同层级政府间农村人均低保支出差距差别较小。分区域的测算结果表明：城镇人均低保支出差距方面，东部和中部地区表现为县级层面的差距最大，西部和东北地区表现为市级层面的差距最大；各区域农村人均低保支出差距在“精准扶贫”战略实施之后均有所降低。泰尔指数分解结果表明：不论是全国还是分区域，省份内部的城镇人均低保支出不均等是造成各市级或各县级单位城镇人均低保支出差距的主要来源，这同样适用于农村人均低保支出水平差距情况。Dagum基尼系数分解结果表明：从城镇低保支出差距来源的贡献率来看，在不考虑超变密度贡献的情况下，省级层面分解结果显示，区域间的差距对总体差距贡献相对较大，而市级和县级层面分解结果显示，区域内部的差距对总体差距贡献相对较大；从农村低保支出差距的各个来源来看，除了超变密度贡献以外，地区间的差距贡献了更多的农村人均低保总支出差距。从整体来看，城乡间低保支出差距在近年来逐年降低，但是差距相对较大，省级、市级和县级层面的城乡低保人均支出比值平均值均为2.2左右。结合全国和各省的财政可承受能力，认为在原有的财力水平下，逐步缩小城乡低保支出差距具有一定的可行性。

城乡低保的收入分配效果方面，利用2008—2016年的省级宏观数据，通过构建计量模型实证研究了城乡低保制度实施产生的收入分配效果。实证结果表明：（1）城市低保支出对城镇居民收入水平有着显著的促进作用，农村低保的实施也有利于促进农村居民的收入水平提高。（2）分地区的回归结果显示，城市和农村低保实施对不同地区城市或农村居民收入促进作用存在差异。（3）城乡低保支出差距的扩大，在一定程度上导致了城乡居民收入分配格局的恶化，即扩大了城乡居民收入差距，但是仅在东部地区的影响较为显著。此外，城市低保人均支出对城乡间居民收入差距影响较弱，农村人均低保支出与城乡居民收入分配差距存在“倒 U 型”关系。(4) 同时，还使用数据分别测算了剔除低保收入和包含低保收入两种情形下，城市内部居民收入差距、农村内部居民收入差距及城乡间居民收入差距变化。通过对比发现，低保制度的实施对于降低居民收入差距有一定的积极作用，并且在不同地区的作用存在差别，城乡低保制度的实施对于西部地区居民收入分配格局的改善作用最为明显。

本书最后就城乡低保标准制定、改善城乡低保标准区域差距、缩小城乡低保支出区域差距、更好地发挥城乡低保在改善城乡居民收入分配中的作用等提出了政策建议。

梁城城

2022 年 11 月

目　　录

第 1 章

绪　　论

1.1　研究背景与意义

1.1.1　研究背景

改革开放以来，我国的经济水平得到了快速发展。国家统计局公布的数据显示，1978 年我国名义人均 GDP 为 385 元/人，到 2017 年底增长到了 59660 元/人。经济自由化和全球化带来的后果之一是区域差距的拉大（Fujita M & Hu D，2001）①，我国居民收入基尼系数也一直居高不下，2003 年全国居民收入基尼系数为 0.479，在 2008 年高达 0.491，接着下降至 2015 年的 0.462，之后略有反弹，其中 2016 年为 0.465，2017 年为 0.467，居民收入差距高位徘徊的原因之一是收入再分配政策力度支持不够（李实等，2018）②。为了缩小居民收入差距、实现共同富裕，我国大力推进减贫事业的发展，越来越重视城乡贫困人口的生活保障。可以说，近年来居民收入分配差距的缩小，与我国政府在社会保障和扶贫攻坚的重要举措密切相关（朱高林、邢立维，2016）③。

---

① Fujita M，Hu D. Regional Disparity in China 1985—1994：The Effects of Globalization and Economic Liberalization [J]. The Annals of Regional Science，2001，35（1）：3 - 37.

② 李实，岳希明，史泰龙，等．中国收入分配格局的最新变化——中国居民收入分配研究［M］．北京：中国财政经济出版社，2018.

③ 朱高林，邢立维．新常态下我国居民收入分配格局的新变化［J］．上海经济研究，2016（11）：20 - 30.

目前，我国城乡均已实施最低生活保障制度，城市低保制度和农村低保制度先后在全国范围内建立起来。1993 年，城市最低生活保障制度率先在上海市建立，1994—1996 年，民政部经历座谈、调研和试点后，将由地方政府财政全额负担的“大连模式”推广至全国范围内。到了 1999 年底，全国所有城市都已建立了城市低保制度，尽管各地的低保制度仍存在差异，但基本趋同（朱旭峰、赵慧，2016）①。2007 年，为贯彻落实党的十六届六中全会精神，切实解决农村贫困人口的生活困难，国务院印发了《关于在全国建立农村最低生活保障制度的通知》（国发〔2007〕19 号），至此，农村最低生活保障制度也在全国得以建立。同时，伴随着《国家八七扶贫攻坚计划（1994—2000）》和《中国农村扶贫开发纲要（2001—2010）》政策的出台和实施，扶贫事业取得了丰硕的成果（范小建，2012）②，农村贫困发生率显著降低（李培林、魏后凯，2016）③，2014 年以来我国已进入精准扶贫新阶段（黄承伟，2016）④。世界银行统计的数据显示，改革开放以来我国贫困人口比重逐年下降，我国贫困线以下人口比重从 1978 年的 97.5%，降低到了 2017 年的 3.1%，贫困人口减少速度之快令世界瞩目。

根据民政部统计数据，2007 年第 3 季度，全国城市最低生活保障人数为 2237.7 万人，最低生活保障户数为 1047.2 万户，最低生活保障平均标准为每人每月 179.2 元；全国农村最低生活保障人数为 2781.3 万人，最低生活保障户数为 1277.1 万户，最低生活保障平均标准为每人每月 70.9 元。截至 2017 年第 4 季度，全国城市最低生活保障人数达到 1264.1 万人，最低生活保障户数为 742.7 万户，最低生活保障平均标准为每人每月 540.6 元；全国农村最低生活保障人数达到 4047.1 万人，最低生活保障户数为 2251.4 万户，最低生活保障平均标准为每人每月 358.4 元。由以上数据可知，2007 年第 3 季度至 2017 年第 4 季度，城市和农村低保标准均有所提高，其中城市

---

① 朱旭峰，赵慧．政府间关系视角下的社会政策扩散——以中国城市低保制度为例（1993—1999）[J]．中国社会科学，2016（08）：95 - 116 + 206.

② 范小建．中国农村扶贫开发纲要（2011—2020 年）干部辅导读本 [M]．北京：中国财政经济出版社，2012.

③ 李培林，魏后凯．中国扶贫开发报告（2016）[M]．北京：社会科学文献出版社，2016.

④ 黄承伟．中国扶贫开发道路研究：评述与展望 [J]．中国农业大学学报（社会科学版），2016，33（05）：5 - 17.

低保平均标准提高了 2.02 倍，农村低保平均标准提高了 4.06 倍，城乡间低保标准差距总体表现出缩小趋势。到 2018 年底，城乡最低生活保障制度在城市和农村已经分别实施了 20 年和 12 年，产生了许多积极的作用，但在各地还存在一定的差别，低保制度实施过程中在不同地区之间差距有多大？在不同地区之间低保差距又呈现出怎样的演进规律？

城乡低保制度的核心是低保标准的制定。从城市层面来看，我国并没有制定全国统一的低保标准指导线，也没有官方统一的城市贫困线（魏后凯、邬晓霞，2009①；陈宗胜、于涛，2017②），主要是因为我国城市的贫困监测体系并不完备，没有开展专项的城市贫困情况调查（冯贺霞，2016）③。从农村层面来看，我国同样没有制定全国统一的低保标准指导线，但是有官方公布的农村贫困线（李力等，2012）④，根据《中国统计摘要 2017》数据，我国的贫困标准有三种，分别为 1978 年标准、2008 年标准和 2010 年标准，其中 1978 年农村贫困标准为人均纯收入 100 元，在 2010 年之前几乎每年都制定一个贫困标准（2010 年的贫困标准为 1274 元），2011 年制定了新的贫困标准即每人每年 2300 元（2010 年不变价），截至 2017 年底我国仍以 2300 元作为现行的贫困标准。当前我国的农村扶贫标准和农村低保标准并未实现"两线合一"（朱梦冰、李实，2017）⑤，2014 年之前有较多省份的农村低保标准低于贫困线，但在 2014 年之后，这一局面得以扭转。因为全国没有统一的低保指导标准，导致我国城乡低保标准差距较大，民政部官网数据显示，城市低保标准方面，2017 年第 4 季度省级层面低保月平均标准最高为 970 元（上海），最低为 408.96 元（新疆），极值比为 2.37；农村低保标准方面，2017 年第 4 季度省级层面（不包含港澳台）低保年平均标准最高为

---

① 魏后凯，邬晓霞．中国的反贫困政策：评价与展望［J］．上海行政学院学报，2009，10（02）：56－68.

② 陈宗胜，于涛．中国城镇贫困线、贫困率及存在的问题［J］．经济社会体制比较，2017（06）：40－53.

③ 冯贺霞．城市贫困与反贫困政策［M］//左常升．中国扶贫开发政策演变．北京：社会科学文献出版社，2016.

④ 李力，欧涉远，李霞．对农村贫困线及贫困发生率的反思——基于国家统计局和民政部的数据［J］．宏观经济研究，2012（08）：54－61.

⑤ 朱梦冰，李实．精准扶贫重在精准识别贫困人口——农村低保政策的瞄准效果分析［J］．中国社会科学，2017（09）：90－112＋207.

11640 元（上海），最低为 3334.98 元（青海），极值比为 3.50。从城乡之间低保标准的差距来看，当前全国已有三个省份实现了统一的城乡低保标准，分别为北京、天津和上海三个直辖市，另外，江苏和浙江的城乡低保标准差距相对较小，其余大多数省份农村低保标准均不足城市低保标准的 70%。

低保标准是判定一个家庭是否被救助的重要依据，家庭人均收入低于该标准的家庭才有资格得到低保救助。当前我国政府采用“补差”的方式发放低保金，这部分资金构成了地方政府的低保支出，被救助人口得到的人均低保支出高低，是衡量各地对低收入群体救助程度的重要指标。根据《中国民政年鉴 2017》的统计数据，2016 年全国城市低保财政支出为 640.50 亿元，全国农村低保财政支出为 1051.80 亿元。从各省的城市人均最低生活保障补助水平（不含春节补助）来看，2016 年最高为 9698.3 元（北京），最低为 3482.0 元（河南），极值比为 2.76；农村人均最低生活保障补助水平（不含春节补助）最高为 8209.2 元（北京），最低为 1371.3 元（西藏），极值比为 5.99。2016 年省级层面的城乡低保人均支出比值为 2.1，比值最低的为 1.18，比值最高的达到了 6.1。由此可见，我国城乡低保标准和人均低保支出存在着较为严峻的不均衡问题。

国务院于 2012 年 7 月发布的《关于印发国家基本公共服务体系“十二五”规划的通知》（国发〔2012〕29 号）①，以及在 2017 年 1 月发布的《关于印发“十三五”推进基本公共服务均等化规划的通知》（国发〔2017〕9 号）②，均指出要推进包括城乡社会救助在内的公共服务均等化，同时缩小省域范围内的社会救助差距。习近平总书记在十九大报告中指出，我国的主要矛盾已由“人民日益增长的物质文化需要同落后的社会生产之间的矛盾”转变为“人民日益增长的美好生活需要和不平衡不充分的发展之间的矛盾”。因此，为了促进居民的美好生活，需要解决区域发展的不平衡以及地方民生投入不充分的问题。发展的不平衡包括区域发展不平衡、领域发展不平衡和群体发展不平衡。区域不平衡包括城乡发展不平衡、区域间发展不平衡和发

① 国务院．国务院关于印发国家基本公共服务体系“十二五”规划的通知（国发〔2012〕29 号）[EB/OL]. http://www.gov.cn/zhengce/content/2012-07/19/content_7224.htm, 2012-07-19.

② 国务院．国务院关于印发“十三五”推进基本公共服务均等化规划的通知（国发〔2017〕9 号）[EB/OL]. http://www.gov.cn/zhengce/content/2017-03/01/content_5172013.htm, 2017-03-01.

达与落后地区发展不平衡，群体发展不平衡指不同社会群体（比如高收入群体和低收入群体）共享发展成果有差距①。到 2020 年，中国将全面建成小康社会，尽管绝对贫困得以消除，相对贫困仍将长期存在，那时公共服务和社会保障上的不平等问题将凸显（王小林、Sabina Alkire，2009②；左停，2017③；李小云、许汉泽，2018④）。城乡最低生活保障起着满足低收入人民最基本需求、改善贫困人口的生活、缩小低收入者与高收入者贫富差距的作用。社会救助中的专项转移支出对于促进地方均等化发展，确实能起到一定作用（李丽琴、陈少晖，2012）⑤，但是低保作为区域差别化的经常性救助，是否能起到同样的作用？城乡最低生活保障制度是否起到改善收入分配的效果呢？这种效果在城乡之间又有哪些差别呢？本书首先通过从省级、市级和县级层面，由浅入深全方位剖析城市和农村低保标准、人均低保支出的区域性差距，利用多种差距测算工具，多视角认识区域差距的演变过程。在此基础上，进一步分析了城乡低保支出对城乡居民收入分配格局的影响。

1.1.2　研究意义

1.1.2.1　理论意义

本书的理论意义主要体现在以下两点。

第一，本书的研究丰富和完善了收入再分配理论。低保作为一项兜底的社会制度，对低收入群体的基本生活水平具有一定的保障作用，在调节居民收入分配中的作用非常直接。为了更好地实现城乡低保的收入分配功能，需

---

① 半月谈．半月谈专稿：发展的不平衡不充分指什么？[EB/OL]．http：//www.banyuetan.org/chcontent/sz/wzzs/szft/20171228/242852.shtml，2017-12-28.

② 王小林，Sabina Alkire．中国多维贫困测量：估计和政策含义［J］．中国农村经济，2009（12）：4-10+23.

③ 左停．贫困的多维性质与社会安全网视角下的反贫困创新［J］．社会保障评论，2017，1（02）：71-87.

④ 李小云，许汉泽．2020 年后扶贫工作的若干思考［J］．国家行政学院学报，2018（01）：62-66+149-150.

⑤ 李丽琴，陈少晖．专项转移支付存在的合理性：政治逻辑与实证检验［J］．当代财经，2012（10）：44-52.

要明晰城乡低保的区域性差距。通过系统地评估城市和农村低保的区域性差距，找出我国城乡低保制度存在的问题。通过从多个层面分析城乡低保制度对居民收入差距的影响，明确城乡低保在收入分配效果方面存在的差异，认识到二元化的城乡低保制度会对城乡间居民收入差距产生影响，更加全面地认识城乡低保的收入分配功能。通过实证分析城乡人均低保支出差距对城乡间居民收入差距的影响，明确了要实现城乡低保在城乡居民间的收入分配调节功能，需要控制城乡间低保支出的差距。

第二，本书的研究丰富了低保研究领域对区域差距的分析。尽管现有文献涉及低保标准和低保支出差距的相关探索，但是研究不够全面，也不够系统。本书首先从低保制度入手，找出低保制度本身存在的问题，围绕低保标准这一核心问题进行了由浅及深的分析。低保支出产生的区域性差距，在很大程度上是由低保标准的区域性差距造成的，而低保标准的区域性差距，有很大一部分原因在于低保标准制定这一制度性问题。首先，从低保标准制定这一问题出发，找出我国城乡低保标准在具体制定过程中存在的问题；其次，从省级、市级和县级层面测算了城市和农村低保标准的区域性差异，分四大区域分析城乡低保标准差距的区域性特征，还分析了城乡间低保标准差距的演化规律，分析了低保标准的组内差距和组间差距，以及区域内差距、区域间差距和超变密度贡献；最后，采用了类似的方法，对城乡人均低保支出的区域性差距进行了分析。现有文献仅仅就其中的一个方面进行研究，缺乏系统性，并且大多聚焦于分析农村低保的区域性差距，对于城市低保的区域性差距关注得较少。本书的研究层次更加多元化，可以说是较为全面、系统地研究了城乡低保的区域差距问题。

1.1.2.2 现实意义

本书的现实意义主要体现在以下两个方面。

一方面，本书的研究有利于更好地发挥低保制度在收入分配中的作用，使得全体居民享受到公平的低保制度。低保制度作为一项最基本的公共服务，在推进均等化的进程中存在哪些问题？是否做到了公平？城乡低保在省份内部与省份之间、区域内部与区域之间的差距究竟有多大？在近几年呈现出何种演进趋势？目前为止，并没有学者或研究机构就这些问题作出较为系统、全面的回应。只有通过系统、全面地测算城乡低保标准和低保人均支出的差距水平，找出低保制度运行过程中存在的问题与不足，才能进一步更好地发挥低保在“第二次分配”中的作用，凸显出低保制度的优势。

另一方面，通过多维度测算城乡低保的区域性差距现状，评估低保制度在收入分配中的效果，可以明确低保制度的优化方向。本书系统地评估城乡低保近年来在实施中存在的问题，为进一步优化城乡低保制度、为城乡全面脱贫后继续发挥低保制度的兜底作用做好准备。城乡低保是中央政府和地方政府的共同事权，但低保标准制定在很大程度上具有高度分权化的特征。首先，我国并没有全国性的城市和农村的低保标准指导线（部分省份制定有全省的低保指导标准），低保标准实际是由各地县（区）级政府部门，根据当地经济发展水平、财力水平和物价等因素制定的。其次，由于全国的低保标准并没有制定上限和下限，导致部分地区制定的标准并不能够满足居民的基本生活需求，或者超出居民基本生活需求。通过测算城乡低保的区域性差异，明确城乡低保差距的来源所在，评估当前分权化低保制度存在的问题，为改革城乡低保制度提供数据支撑。

1.2 研究目标与思路

1.2.1 研究目标

本书的研究目标主要有以下三个。

第一，评估当前政府部门采用的最低生活保障标准测算方法存在的问题。本书在对国内外低保制度现状、标准制定方法等进行介绍的基础上，总结出我国低保标准制定存在的不足。结合居民基本生存需求，同时综合考虑生存型消费、享受型消费和发展型消费，使用多种方法计算理论低保标准，比较民政部门低保标准与理论低保标准差异，找出我国当前执行低保标准存在的问题。

第二，测算出我国现行的最低生活保障制度的保障标准的区域性①差距以及时间演进特点，具体分为城市内部的低保标准（支出）差距、农村内部低保标准（支出）差距及城乡之间低保标准（支出）差距。为了更加精准地测算出以上三类区域差距，本书分别使用县级、地市级和省级低保标准（支出）数据，分不同区域测算区域间低保标准（支出）差距，从而为改善区域间低保差距状况提供翔实的数据支撑。

第三，实证分析城乡低保政策在城市和农村的具体实施效果，并检验城乡低保是否存在区域效果差异，以及这种差距具体有多大，从而为进一步提高低保的实施效果提供相关的实证证据。同时，检验低保政策的区域性收入分配效果，探讨低保在不同区域实施效果的差异。

1.2.2 研究思路

为了清晰展示本书的研究思路，绘制如下技术路线图，如图 1－1 所示。

第一章介绍研究背景和研究意义、研究目标与思路、研究内容与方法、文献回顾与评述、创新点与不足。

第二章主要阐述了本书的主要概念和最低生活救助涉及的理论基础。

第三章主要梳理国外低保制度和我国城乡低保发展情况，通过比较分析，总结归纳我国低保制度存在的具体问题。

第四章对我国低保理论标准线进行了测算，通过使用多种方法，同时结合部分微观数据测算不同年份或省份理论低保标准，比较低保理论线与实际标准之间的差异，分析差异的大小特征，并进一步分析了这种差异产生的原因。

第五章主要测算地区之间低保标准的具体差距，利用省级、市级和县级层面的低保数据，首先分析低保差距的整体变化情况，接着分东、中、西、东北四大区域测算城市低保区域差距、农村低保区域差距和城乡低保比的区

---

① 本书主要分东、中、西、东北四个区域来测算区域性差距，其中：东部地区包括北京、天津、河北、山东、上海、江苏、浙江、广东、海南、福建 10 个省（直辖市）；中部地区包括山西、江西、安徽、河南、湖北和湖南 6 个省；西部地区包括内蒙古、重庆、四川、贵州、云南、广西、陕西、甘肃、青海、宁夏、西藏和新疆 12 个省（自治区、直辖市）；东北地区包括辽宁、吉林和黑龙江 3 个省。本书均采用这一地区分类方法。

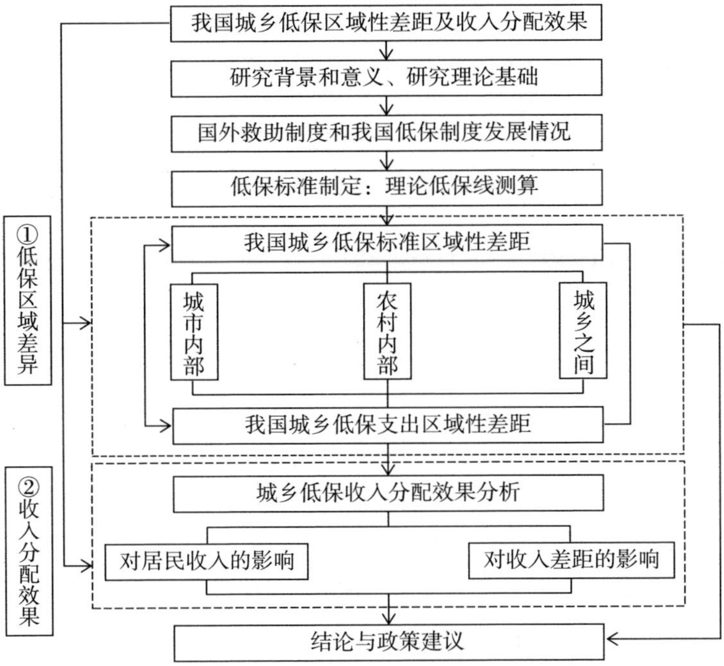

图 1－1　技术路线图

域差距，使用区域差距分解方法对城乡低保标准区域差距进行分解，分析城乡低保标准区域差距的具体原因。

第六章测算地区之间人均低保支出的差距水平。同样使用省级、市级和县级三个层面的城市和农村低保人均支出数据，分别测算三个层面全国和四大区域城乡低保人均支出差距。进一步利用差距分解方法，测算城乡低保人均支出差距的来源与构成。

第七章使用宏观数据实证研究城乡低保对城乡居民收入水平产生的影响，并且分四大区域实证分析了城乡低保制度的实施在各个区域的收入效应差异。同时，实证研究城乡低保支出差距对城乡居民收入差距的影响，测算城乡低保制度实施前后城乡内部及城乡间的居民收入差距变化。

第八章为结论与政策建议，就城乡低保标准制定、缩小城乡低保标准差距、缩小城乡低保支出差距及更好地发挥低保对居民收入分配的改善作用提出了政策建议。

1.3 研究内容与方法

1.3.1 研究内容

本书研究的重点之一是评估城乡低保的区域性差距，主要包括两个层面的差距：一是低保实际实施过程中各地标准的差距；二是各地在低保支出中存在的区域性差距。低保实际实施过程中各地标准的差距具体分为三个方面：(1) 城市内部低保标准的区域性差距；(2) 农村内部低保标准的区域性差距；(3) 城乡间低保标准的区域性差距。通过系统性地测算区域低保差距，综合评价低保标准存在差距的合理性，以及将该差距控制在多大的范围内更合适。各地在低保支出中存在的区域性差异同样包括三个方面：(1) 城市内部人均低保支出的区域性差距；(2) 农村内部人均低保支出的区域性差距；(3) 城乡间人均低保支出的区域性差距。

本书研究的另一个重点是评估低保在各地产生的区域性收入分配效果的差异，具体包括三个方面：一是实证研究城乡低保支出对城乡居民收入影响的区域性差异；二是实证研究城乡低保制度差异化的实施对城乡居民收入差距的影响；三是测算城乡低保制度的实施对城市内部、农村内部和城乡之间收入差距的影响，该测算结果与实证研究结果互为补充。

1.3.2 研究方法

(1) 文献研究法。收集整理最低生活保障理论和最低生活保障效果的相关文献资料，对现有的研究成果加以梳理和归纳，发现现有文献研究存在的不足，为本书的研究提供相关思路和借鉴方法。

(2) 实证研究法。一是从理论角度测算低保线，从而评估实际低保标准与理论低保线之间的差距。二是通过利用中国县级、市级和省级低保标准、人均低保支出相关数据，使用不平等测度方法，从多个层面对我国城乡低保标准、人均低保支出地区性差距进行动态测度，从而总体上认识我国低保标准区域性差距现状。具体来说，使用了泰尔指数和基尼系数两种方法，并且对泰尔指数和基尼系数进行了分解。三是从宏观层面基于中国宏观统计数据，利用计量模型研究我国实施城市和农村低保制度产生的收入分配效果。

（3）比较分析法。一是通过梳理我国城乡低保的发展历程，探究两者产生区域差异的制度性原因，同时比较城乡低保在我国不同区域的差距程度，并进一步比较这种差距产生的区域效果有何不同。二是通过介绍国外社会救助制度的发展与实施情况，找出可供我国社会救助中的低保制度借鉴之处，为完善我国低保制度明确方向。

（4）规范分析法。在文献研究、实证研究和比较分析结果的基础上，通过归纳和演绎、分析与综合等方法，将研究结果进行加工，在最低生活保障理论的基础上，论证我国在城乡低保制度进一步改革方面的路径选择。

1.4　文献回顾与评述

1.4.1　低保标准测算文献回顾

城乡低保标准是由各个地区的民政部门根据一定的方法测算出来的，规范的低保标准制定方法由民政部于2011年提出（民发〔2011〕80号），主要有基本生活费用支出法、恩格尔系数法和消费支出比例法三种方法。为了检验官方低保标准的合理性，国内较多学者对我国理论低保标准进行了研究，主要是根据省级宏观数据进行测算。有以单个省份为例计算低保理论标准的，比如杨秀丽等（2014）① 以黑龙江省为例，测算了该省的农村低保线，通过使用扩展线性支出模型，计算了有食品自给能力和无食品自给能力两种人群的理论低保标准，发现官方公布的标准要明显低于该水平。曹海涛

① 杨秀丽，徐秋，董博文，等．黑龙江省农村低保标准测算与分析——基于扩展线性支出法［J］．辽宁大学学报（哲学社会科学版），2014（06）：108－114.

(2017)[①] 使用安徽省数据，基于马丁法测算了该省高标准的低保标准和高标准的低保标准，发现前者为后者的 1.6—1.8 倍。豆红玉和韩旭峰（2016)[②] 基于 ELES 模型，从农村居民需求出发，利用甘肃省 2010—2014 年农村居民的收入和消费数据测算了其低保标准，并使用恩格尔系数法对之进行检验，发现甘肃省低保方面取得了一定的进步，但是低保水平偏低，仅能满足食品方面的需求。谢东梅和刘丽丽（2017)[③] 采用扩展线性支出系统模型，选择使用保障农村居民生存权、健康权和教育权等五类生活支出测算了福建省 2007—2011 年农村最低生活保障理论标准，发现福建省实行的农村低保支出标准偏低。耿晋娟（2013)[④] 从低保支出占可支配收入、消费支出和食品支出的比重来看，认为山西省的城市低保标准偏低，并且采用 ELESM 模型计算的城市低保标准在救助对象的基本生活保障上有很大的提高。郝秀琴(2013)[⑤] 通过引入低保救助强度系数（α）和生活救助强度系数（β）两个指标，对河南省各市农村低保救助效果进行了分析，研究发现各市的低保救助强度和生活救助强度呈现出一定的差异，并且随着时间的推移低保救助效果进入理想区域的地市逐渐增多。郝秀琴（2014)[⑥] 利用了 C－D 生产函数和计量模型计算了河南省低保支出的最优规模，经比较发现测算的最优规模与实际低保标准有一定的差距，说明河南省低保标准偏低。王振军和牛叔文(2008)[⑦] 基于满足人最基本的需求，通过建立人体每天所需的食品消费线性规划模型，求解出了甘肃省三类地区的最低食品消费情况，结合恩格尔系数，

① 曹海涛．城市低保标准的科学设定探析——基于马丁法的实证研究［J］．内蒙古科技与经济，2017（24）：7－8.

② 豆红玉，韩旭峰．甘肃省农村低保标准实证分析及对策研究［J］．社会保障研究，2016（05）：55－62.

③ 谢东梅，刘丽丽．福建省农村最低生活保障标准测算探讨——基于扩展线性支出系统模型［J］．福建论坛（人文社会科学版），2017（06）：193－199.

④ 耿晋娟．基于改进的 ELESM 法的城市居民最低生活保障标准测算——以山西省为例［J］．兰州学刊，2013（12）：99－107.

⑤ 郝秀琴．河南省农村最低生活保障制度救助强度：时空差异与政策调整［J］．财政研究，2013（10）：74－77.

⑥ 郝秀琴．农村最低生活保障支出最优规模估计——以河南省为例［J］．地方财政研究，2014（09）：47－52.

⑦ 王振军，牛叔文．农民食品消费与最低生活保障的关联［J］．改革，2008（03）：93－97.

估算出了三类地区的贫困线。陈珍珍（2013）[①] 使用同样的方法，以厦门市作为研究对象，结合低收入居民的收入特征，估算了 2011 年城镇和农村低保理论标准，发现城镇理论低保标准与实际标准相差不大，而农村理论低保标准则明显低于实际标准。方卫东等（2001）[②] 利用收入分布函数法，对我国城市家庭的贫困线和贫困率进行了测算，认为这一测算方法具有较强的可靠性。

也有部分学者利用多省份或者全国 31 个省份的理论低保标准，比如江华和杨雪（2014）[③] 通过将农村和城镇居民需求层次与扩展线性支出模型相结合，计算了 2006—2010 年全国的平均农村和城镇居民低保线，并分地区测算了东部、中部和西部地区典型省份农村和城镇的低保线，从城乡低保线对比、CPI 和城乡居民可支配收入比重等多个维度进行对比分析，对城乡现行的低保线进行了评估，发现东中西部典型省份城镇低保支出占人均食品支出、人均收入和人均消费的比重均低于农村，认为城镇低保的保障标准存在上升空间。王志斌（2011）[④] 对 2010 年 31 个省份的低保标准进行了测度，研究认为我国城市低保标准水平偏低，与城市的经济发展水平不一致。孙睿等（2011）[⑤] 基于实地调查数据和农村低保运行数据的分析发现，我国农村低保资金方面还存在较大的缺口。柳清瑞等（2013）[⑥] 基于扩展线性支出模型（ELES）测算了生存型、基本型和发展型三种理论低保水平，并且分析了理论标准与实际救助之间的差距，认为现行农村低保救助标准偏低，不足以覆盖低保户基本的生活需求。边恕（2014）[⑦] 通过使用 ELES 模型，测算了中国城市 2003—2011 年的城市低保理论标准线，测算结果表明实际低保线为理论低保线的 43.7%—56.2%，其认为采用阶梯式的低保线，即低保标

---

① 陈珍珍．我国城乡居民最低保障标准确定问题研究［J］．中国经济问题，2013（01）：25－34.

② 方卫东，糜仲春，程永宏．社会保障制度中贫困线和贫困率的测算［J］．上海经济研究，2001（02）：63－66.

③ 江华，杨雪．农村低保线评估——基于需求层次与扩展线性支出法测算［J］．人口与经济，2014（01）：116－123.

④ 王志斌．我国城市低保线测算的实证研究［D］．重庆：重庆理工大学，2011.

⑤ 孙睿，史建民，段玉恩．我国农村低保资金供需状况的实证分析［J］．东岳论丛，2011（01）：165－168.

⑥ 柳清瑞，王玥，翁钱威，等．农村低保线的理论标准及实际给付差距分析［J］．沈阳师范大学学报（社会科学版），2013（06）：1－5.

⑦ 边恕．城市居民最低生活保障阶梯式救助与负所得税机制研究［J］．中国人口科学，2014（01）：7－19＋126.

准占居民消费比重分食品线（19%）、基本生活线（29%）、持续生活线（34%）、初步发展线（42%）以及全面发展线（55%），确定低保线，将具有一定的便捷性。杨立雄和杨俊（2016）① 采用了修正的马丁法计算了北京市的低保标准，发现该方法计算的结果比现行标准高出20%—30%，认为提高北京市低保支出对于北京市的财政压力不大，并且低保支出对经济增长的乘数为0.9—1.5。通过比较较为常用的贫困线计算方法，比如预算标准法、马丁法、1天1美元、恩格尔系数法、生活形态法、比例法等，杨立雄（2010）② 认为马丁法在可操作性、数据的可获得性、理论的完备性等方面具有优势，而且与最低生活保障目标一致。此外，还有学者采用“综合法”来测算生存线、温饱线和脱贫线（张秉铎、唐钧，1997）③，采用多层次需求法测算不同层次需求的最低生活保障线（洪大用，2003）④，采用收入分布函数对城市贫困线进行测算（王兢，2005）⑤。

国外关于贫困线制定方面的研究相对要早很多。世界银行报告提出的每天1.25美元或1天2美元的国际贫困标准，被较多国家采用（World Bank，2009）⑥。部分发达国家最低生活保障介于工资中位数的20%—60%，平均水平为工资中位数的35%，许多经济合作与发展组织（OECD）国家制定了超出基本需求的最低生活水平计划的政策目标，旨在保证社会可接受的最低水平，以维持体面的生活。保障的门槛被细化以反映家庭规模和人口结构的差异，区域生活费用的差异以及价格和当地工资的变化（Umapathi et al.，2013）⑦。Goedhart et al.（1977）⑧ 认为贫困线应该随着家庭的人口规模变化

① 杨立雄，杨俊．提升最低生活保障标准对财政支出和经济增长的影响研究——以北京市为例［J］．江淮论坛，2016（05）：135－140＋154．

② 杨立雄．贫困线计算方法及调整机制比较研究［J］．经济社会体制比较，2010（05）：52－62．

③ 张秉铎，唐钧．城市居民最低生活保障线制度研究［M］．南京：江苏人民出版社，1997．

④ 洪大用．如何规范城市居民最低生活保障标准的测算［J］．学海，2003（02）：122－127．

⑤ 王兢．拟合的收入分布函数在贫困线、贫困率测算中的应用［J］．经济经纬，2005（02）：66－68．

⑥ World Bank. From Poor Areas to Poor People：China's Evolving Poverty Reduction Agenda an Assessment of Poverty and Inequality in China［J］. The Word Bank，2009.

⑦ Umapathi N，Wang D，O'Keefe P. Eligibility Thresholds for Minimum Living Guarantee Programs：International Practices and Implications for China［R］. The World Bank，2013.

⑧ Halberstadt V，Kapteyn A，et al. The Poverty Line：Concept and Measurement［J］. Journal of Human Resources，1977：503－520.

而变。Hagenaars A. & Van Praag B. （1985）[①] 以收入中位数与贫困线的大小关系来判断贫困线是相对的，或是绝对的。Orshansky M. （1969）[②] 建议采用生活必需品的平均消费支出作为贫困线。此外，还有一些国外的文献讨论贫困线的主观指标法、食物比率法、剥夺指标法等（Flik R. & Van Praag B.，1991[③]；Callan T. & Nolan B.，1991[④]；Van Praag et al.，1980[⑤]；Hagenaars A.，2017[⑥]；Colasanto et al.，1984[⑦]）。

总的来说，多数学者认为我国现行的低保标准过低，不利于区域之间的平等发展。陈传波（2011）[⑧] 利用了 16035 户城乡居民最低生活需求数据，将最低收入的 20% 人口的最低生活需求中位数与对应的城乡低保线进行比较，发现低保对城镇居民存在过度救助，而对农村居民存在救助不足的问题，同时越是贫困的地区救助力度越弱。张乃亭（2015）[⑨] 认为我国农村低保资金占 GDP 和财政支出的比重均比较低，给财政支出带来的压力较小，因此应提高农村低保的保障水平。王桂胜（2014）[⑩] 认为现有的低保线制定方法不足，应采用多种规划方法确定低保线，从而确保公平和效率的目标得以实现。李鹏和张奇林（2017）[⑪] 认为需要在原有的低保标准测算方法上，

---

① Hagenaars A J M, Van Praag B M S. A Synthesis of Poverty Line Definitions [J]. Review of Income and Wealth, 1985, 31 (2): 139 - 154.

② Orshansky M. How Poverty is Measured [J]. Monthly Lab. Rev., 1969, 92: 37.

③ Flik R J, Van Praag B M S. Subective Poverty Line Definitions [J]. De Economist, 1991, 139 (3): 311 - 330.

④ Callan T, Nolan B. Concepts of Poverty and the Poverty Line [J]. Journal of Economic Surveys, 1991, 5 (3): 243 - 261.

⑤ Van Praag B, Goedhart T, Kapteyn A. The Poverty Line: A Pilot Survey in Europe [J]. The Review of Economics and Statistics, 1980: 461 - 465.

⑥ Hagenaars A J M. The Definition and Measurement of Poverty [M] //Economic Inequality and Poverty: International Perspectives. Routledge, 2017: 148 - 170.

⑦ Colasanto D, Kapteyn A, Van der Gaag J. Two Subjective Definitions of Poverty: Results from the Wisconsin Basic Needs Study [J]. The Journal of Human Resources, 1984, 19 (1): 127 - 138.

⑧ 陈传波. 城乡居民的最低生活需求与低保标准 [J]. 农业经济问题, 2011, 32 (08): 38 - 44.

⑨ 张乃亭. 中国农村最低生活保障适度水平与支付能力研究 [J]. 山东社会科学, 2015 (07): 142 - 147.

⑩ 王桂胜. 我国最低生活保障线制定原理及多目标规划法的应用 [J]. 人口与经济, 2014 (04): 103 - 108.

⑪ 李鹏, 张奇林. 兼得公平效率——家庭规模和结构视阈下城乡低保标准与救助对象精准识别 [J]. 宁夏社会科学, 2017 (01): 115 - 118.

嵌入家庭规模、结构及支出等微观因素，引入家庭因素系数，将低保标准从“一地一标”优化为“一家一标”。姚建平（2011）① 认为应利用居民消费支出、低保标准以及低保标准的消费替代率三者之间的关系，制定全国相对统一的低保标准。贫困线与物价波动、区域经济水平及居民收入有着密切的关系，杨立雄（2009）② 认为只与物价挂钩，不与收入挂钩的贫困线，会导致贫困标准的购买力下降，与地区经济发展水平相关会导致居民区域间生活质量出现差距。

1.4.2　低保标准（支出）区域性差距文献回顾

由于低保标准是由各个地方的民政部门制定出来的，主要是根据当地居民的生活水平或消费水平，进行一定的测算形成当地的标准。当前城乡低保实行的是一个县或一个区一个标准，除了北京、上海和天津等直辖市实现各个县区城乡低保标准一致以外，全国其他地区城市内部、农村内部和城乡之间均表现出一定的差距，低保标准的区域性差距也导致了低保支出区域性差距。国内文献方面，涉及低保标准或低保支出水平差距测算的文献相对较少，主要就某一级政府或农村的差距问题进行了研究。李春根和夏珺（2015）③ 通过对全国 31 个省（自治区、直辖市）低保标准占居民人均收入或消费比重、低保支出占地方财政支出比重比较，发现我国农村低保支出在省域层面上存在较大的差距。白晨和顾昕（2016）④ 利用 2008—2014 年省级农村低保数据、基尼系数和泰尔指数等不同的测算公式，探究了省际和省内的低保支出不平等，认为县级政府低保支出不平等性有所降低，但是省份之

① 姚建平．城市居民最低生活保障标准的统一问题探讨——以消费支出比例法为例［J］．社会科学，2011（09）：76－84.

② 杨立雄．物价波动、收入增长和地区差距对中国贫困线的影响［J］．经济理论与经济管理，2009（11）：12－18.

③ 李春根，夏珺．中国农村低保标准保障力度的变化轨迹和省域聚类分析——基于 31 个省域的实证分析［J］．中国行政管理，2015（11）：98－104.

④ 白晨，顾昕．省级政府与农村社会救助的横向公平——基于 2008—2014 年农村最低生活保障财政支出的基尼系数分析和泰尔指数分解检验［J］．财政研究，2016（01）：67－74.

间的不平等性明显高于省内的不平等程度。进一步，白晨和顾昕（2018）[①]进一步利用2012—2015年城市低保支出数据，借助二阶段嵌套泰尔指数分解方法，测算了县区级城市低保支出的横向不平等，认为省份内部差距是区县级城市低保差距的主要来源。杨雪和王志斌（2011）[②]测算了31个省（自治区、直辖市）省际的城市低保差距，认为省际之间的低保差距应该与经济发展水平差距相适应。王小川和张文政（2016）[③]从横向公平的角度考察了甘肃省14个市（州）的低保支出水平，认为市（州）实现了横向公平，但是也存在不公平的内在基础。Zhang S（2017）[④]研究了中国城乡之间低保的差异，发现即使在控制了人口和社会经济因素后，城乡低收入家庭获得的公共援助金额也存在很大差异；与城市受助家庭相比，农村受助家庭公共援助收益过低且医疗费用的占比过高，说明农村家庭的援助不足问题尤为突出。

在国外，社会服务和社会救助方面的区域差距同样是存在的（Clements M B J，1997[⑤]；Kurian N J，2000[⑥]；Boutayeb A & Helmert U，2011[⑦]）。关于低保支出地区之间差距的产生原因，也有相关学者提出自己的观点。一是地区间经济水平方面的原因。赵卓（2017）[⑧]分析了不同省份之间的低保标准差距，发达地区的低保标准明显高于中西部欠发达地区，但是北京和上海的农村低保标准明显高于广东省，主要是因为广东省内部经济发展水平的差距

---

① 白晨，顾昕．中国社会安全网的横向不平等——以城镇最低生活保障为例［J］．中国行政管理，2018（01）：109－115.

② 杨雪，王志斌．城市低保线省际水平差异实证研究——基于31省（市、自治区）的扩展线性支出法测算［J］．人口与经济，2011（02）：69－76.

③ 王小川，张文政．农村低保水平及其与地方经济发展关系的实证分析——基于甘肃省14个市（州）2011—2013年统计数据［J］．甘肃理论学刊，2016（04）：135－142.

④ Zhang S，Ci Q，Zhan M. Public Assistance in Urban and Rural China：A Tale of Two Stories［J］. International Journal of Social Welfare，2017，26（4）：303－313.

⑤ Clements M B J. Income Distribution and Social Expenditure in Brazil［M］. International Monetary Fund，1997.

⑥ Kurian N J. Widening Regional Disparities in India［J］. Economic and Political Weekly，2000，35（7）：538－550.

⑦ Boutayeb A，Helmert U. Social Inequalities，Regional Disparities and Health Inequity in North African Countries［J］. International Journal for Equity in Health，2011，10（1）：23.

⑧ 赵卓．农村居民的最低生活保障制度研究［J］．中国农业资源与区划，2017（04）：85－89＋134.

偏大。Solinger D J 和 Hu Y（2012）[①] 认为，一方面，更富裕的城市更愿意推掉那些被认为不适合现代化城市的街道，将其社会援助资金的大部分分配给低收入群体，以吸引他们留在本辖区；另一方面，较贫穷的地方则允许这些人在外面工作，希望他们能够更好地支持辖区建设，从而节省城市资金。二是地方政府财政体制或财力方面的原因。分权对社会服务供给区域差距的影响普遍存在（West L A & Wong C P W，1995[②]；Rodríguez-Pose A & Gill N，2004[③]；McLean I & McMillan A，2003[④]）。李春根（2017）[⑤] 认为低保支出水平受到财政分权体制的影响，作者通过利用 2005—2014 年的省级面板数据，研究发现农村和城市低保支出水平受到财政收入分权和财政支出分权的影响，具体表现为财政支出分权抑制城乡低保支出水平，而财政收入分权则对城乡低保支出水平有促进作用，并且中西部地区受到财政收入分权的影响更显著。吴敏和刘冲（2018）[⑥] 使用地级市层面的数据，实证分析了财政收入分权对城乡低保标准和低保人均支出的影响，发现财政收入分权对两者有显著的促进作用，并且城市的开放程度越高，这种促进作用越明显。王增文（2009）[⑦] 认为各个省份财力的差异导致了农村低保在各个省份的救助水平存在差异，并利用农村低保救助系数和生活救助系数对这种横向的差异进行消除。彭宅文（2017）[⑧] 认为地方政府对社会保险发展的偏好对城市低保有一定的挤出作用，并且政府财政分权、社会阶层间互联网政治参与差异及地

---

① Solinger D J，Hu Y. Welfare，Wealth and Poverty in Urban China：The Dibao and Its Differential Disbursement ［J］. The China Quarterly，2012，211：741 －764.

② West L A，Wong C P W. Fiscal Decentralization and Growing Regional Disparities in Rural China：Some Evidence in the Provision of Social Services ［J］. Oxford Review of Economic Policy，1995，11 （4）：70 －84.

③ Rodríguez-Pose A，Gill N. Is There a Global Link Between Regional Disparities and Devolution? ［J］. Environment and Planning A，2004，36 （12）：2097 －2117.

④ McLean I，McMillan A. The Distribution of Public Expenditure Across the UK Regions ［J］. Fiscal Studies，2003，24 （1）：45 －71.

⑤ 李春根．促进还是抑制：财政分权体制对低保支出影响的一个实证 ［A］ //中国财政学会．中国财政学会 2017 年年会暨第 21 次全国财政理论研讨会论文集 ［C］．中国财政学会：中国财政学会，2017：13.

⑥ 吴敏，刘冲．财政分权与城乡居民低保支出 ［J］．经济科学，2018 （05）：17 －29.

⑦ 王增文．农村最低生活保障制度的济贫效果实证分析——基于中国 31 个省市自治区的农村低保状况比较的研究 ［J］．贵州社会科学，2009 （12）：107 －111.

⑧ 彭宅文．财政转移支付、地方治理与城市低保发展——基于省际面板数据的实证分析 ［J］．公共行政评论，2017 （03）：71 －98 ＋215.

方政府竞争对城市低保发展有一定阻碍作用，缺乏问责使得地方政府分配低保资源激励不足。肖萌等（2017）[①] 利用中国省际面板数据，实证分析了城市低保水平的影响因素，研究发现城市低保受到中央转移支付和地方预算约束的影响，与人均可支配收入呈正向关系，并且人均可支配收入的增长速度要快于低保支出速度。李鹏（2017）[②] 利用宏观统计数据实证研究发现，城乡低保支出水平受到财政分权和城市化的显著影响，并且相对而言农村低保受到的影响更大。

为此，有大量的观点认为应该制定公平的低保制度。Smith et al.（2010）[③] 发现农村地区的最低生活成本高于城市地区，这不是因为农村家庭预算的成本通常较高，而是因为类似于运输和家用燃料等特殊的额外开支，在大多数支出类别中，农村家庭与城市家庭的家庭需求相同。李寿荣和李鸿雁（2014）[④] 认为公平的低保制度是城乡居民在实现人权时的基本保障，而城乡二元结构是造成城乡低保存在差距的主要原因。汪柱旺（2013）[⑤] 认为公平和效率是低保制度的两个重要方面，在具体的实施过程中应该坚持“公平优先，以效率促进公平”的原则。梁平和张洋（2008）[⑥] 认为我国的低保标准面临着区域差距和城乡差异的困境，应该统一低保管理体制及低保标准测算方法，从而缩小地区间低保支出的差距。毕天云（2017）[⑦] 认为应该实行城乡一体的低保制度，实现农村与城市低保制度的统一，从而促进城乡公平发展，推动户籍制度改革与新型城镇化的建设。祝建华（2016）[⑧] 认为为了

---

① 肖萌，李飞跃，斯华景．城市低保支付水平的影响因素［J］．城市问题，2017（11）：64－71.

② 李鹏．挤出还是促进——地方财政分权、市场化与低保救助水平差异［J］．北京社会科学，2017（03）：111－118.

③ Smith N, Davis A, Hirsch D. A Minimum Income Standard for Rural Households［J］. Commission for Rural Communities（CRC）Working Paper, 2010.

④ 李寿荣，李鸿雁．城乡居民最低生活保障制度的公平研究——以 2004—2014 年的数据资料为依据［J］．北京科技大学学报（社会科学版），2014（05）：52－63.

⑤ 汪柱旺．最低生活保障制度的价值取向：公平优先，以公平促进效率［J］．求实，2013（05）：50－53.

⑥ 梁平，张洋．构建全体公民最低生活保障体系——基于城乡差异和地区差距的统筹分析［J］．湖北行政学院学报，2008（04）：84－88.

⑦ 毕天云．论我国城乡居民最低生活保障制度的整合［J］．天津师范大学学报（社会科学版），2017（02）：66－71.

⑧ 祝建华．最低生活保障制度城乡统筹发展：目标驱动、制度原则与路径构建［J］．苏州大学学报（哲学社会科学版），2016（04）：26－33＋191.

实现基本服务均等化以及城乡统筹发展的目标，应逐步推动城乡低保制度和标准的统一。高峰和韩学平（2014）[①]、白小平（2014）[②]、张军和柯健（2013）[③] 均认为当前的城乡二元体制导致了城乡低保标准的差距。陈建东和赵术高（2014）[④] 认为我国低保标准存在保障水平低、城乡差距大以及地区间差距大的问题，应该科学设定低保线、消除城乡差别，均衡低保收入、优化各级转移支付。

1.4.3 低保制度实施效果文献回顾

我国早期包括低保在内的扶贫开发存在财政投入力度不足并且“碎片化”、造血式扶贫的效率不足、社会组织参与扶贫的积极性不高及扶贫退出机制不完善等问题（辜胜阻、李睿等，2016）[⑤]。由于低保支出的地区差异，导致了低保制度的实施在不同区域产生的具体效果有所不同。现有文献主要使用宏观数据和微观数据，从不同角度研究了低保政策产生的具体效果。与微观数据的研究文献相比，使用宏观数据研究低保产生效果的文献相对较少。

从宏观角度来看，低保产生的具体效果包括瞄准效果、就业效果、受益范围和减贫效果等。曹艳春（2016）[⑥] 使用2002—2014年的宏观统计数据，从多个维度对我国城市低保的瞄准靶向性进行了实证研究，发现被救助对象的瞄准精确度偏低、政策供需匹配精准存在错位、对低保人群促进收入增长效果精准及法律信息环境等外力精准方面匹配度不高。李盛基等（2014）[⑦]

① 高峰，韩学平．论城乡二元格局下居民最低生活保障立法模式［J］．学术交流，2014（05）：65-69.

② 白小平．东西部居民最低生活保障实证分析与社会救助立法的完善［J］．兰州学刊，2014（03）：158-164.

③ 张军，柯健．统筹城乡居民最低生活保障制度的障碍与对策——基于重庆市城乡差异的视角［J］．农村经济，2013（01）：47-51.

④ 陈建东，赵术高．我国最低生活保障制度演进与展望［J］．经济研究参考，2014（33）：21-31.

⑤ 辜胜阻，李睿，杨艺贤，等．推进“十三五”脱贫攻坚的对策思考［J］．财政研究，2016（02）：7-16.

⑥ 曹艳春．我国城市“低保”制度的靶向精准度实证研究［J］．中央财经大学学报，2016（07）：3-12.

⑦ 李盛基，吕康银，朱金霞．农村最低生活保障制度的减贫效果分析［J］．税务与经济，2014（03）：62-69.

通过利用中国 1990—2008 年的时间序列数据，研究了农村低保对劳动力供给和贫困的影响，发现农村低保抑制了劳动力的供给，但是改善了低收入者之间的收入分配，并认为农村减贫的主要原因不是低保，而是经济增长的作用。袁国敏（2013）① 使用 2003—2010 年全国省级面板数据实证研究了城市低保对劳动力市场的影响，发现城市低保有助于降低失业率，并没有“福利依赖”的负面现象。刘丹和卢洪友（2018）② 分析了农村低保支出中的受益群体，他们以 2008—2012 年的 118 个地级市农村低保为研究对象，通过实证分析发现农村低保支出的边际收益率受地区经济发展水平的影响，经济发展水平高的地区即富裕城市在农村低保中受益最大，相反，经济水平落后的城市在农村低保中的收益较小。他们还测算了经济落后地区和经济发达地区低保支出边际收益率的差距，发现 2008—2012 年农村的低保边际收益率差距呈现出扩大的态势。在低保政策的减贫效果方面，陈建东等（2010）③ 对 2002—2007 年全国和各省低保实施过程中城市居民收入差距、农村居民收入差距以及城乡居民收入差距变化进行比较，发现低保支出在降低居民收入差距方面确实有一定的抑制作用，但是作用有限。杨翠迎和冯广刚（2014）④ 利用 2007—2011 年中国 31 个省构成的省级面板数据，实证分析了城市和农村低保对于城乡收入分配的影响，研究发现城市低保支出扩大了城乡居民间的收入差距，而农村低保支出则有助于缩小城乡收入差距。Yang et al.（2012）⑤ 利用 2010 年中国城市就业和社会保障调查数据，采用 RD 法和匹配法对我国低保效果进行了评估，发现低保计划对减轻贫困的效果有限，认为这可能是由于低保程序的目标不明，另外，家庭的健康状况和生活条件是影响低保方案定位的因素，低保方案可能会改变家庭的支出行为，低保补贴

---

① 袁国敏．我国最低生活保障制度对劳动力市场的影响［J］．中国人口·资源与环境，2013（S2）：480－483.

② 刘丹，卢洪友．谁从增加的农村低保支出中受益？——基于边际受益归宿的分析［J］．财经论丛，2018（02）：30－38.

③ 陈建东，马骁，秦芹．最低生活保障制度是否缩小了居民收入差距［J］．财政研究，2010（04）：62－65.

④ 杨翠迎，冯广刚．最低生活保障支出对缩小居民收入差距效果的实证研究［J］．人口学刊，2014（03）：33－40.

⑤ Yang L. Urban Di Bao Program：Targeting and Its Effect［J］．Chinese Academy of Social Sciences（CASS）Working Paper，2012.

可能会降低贫困家庭的食品支出率。朱炯（2018）[①] 通过使用模糊断点（Fuzzy RD）分析方法，分析了农村低保对私人转移支付的影响，发现享受农村低保的家庭，获得的私人转移支付增加了57.2%。曹艳春（2016）[②] 基于2007—2014年我国贫困人口统计数据，发现农村低保制度显著改善了西部农村居民的生活水平，同时2011年后农村低保改善贫困的效果逐渐减弱。陈宗胜和于涛（2017）[③] 认为虽然城市低保制度在消除城市贫困方面起了重要作用，并已经接近消除绝对贫困，但是对“流动人口”仍存在“真空地带”，导致城市贫困治理存在内部“二元结构”的问题。较多的实证研究分析了包含低保在内的社会保障支出产生的减贫效果和收入分配效果（汪昊、娄峰，2017[④]；黄文正等，2014[⑤]；邓大松、仙蜜花，2013[⑥]；丁煜、朱火云，2013[⑦]；孙文基、李建强，2011[⑧]），多数观点认为我国的社会保障制度对收入分配存在“逆向调节”效应（丁少群、许志涛，2013[⑨]；王茂福、谢勇才，2012[⑩]；袁竹、齐超，2012[⑪]）。

微观数据方面，主要研究了低保的瞄准效果、减贫效应、收入分配效应、支出行为和就业行为影响等。微观数据大多使用CHIP数据、CFPS数据

---

① 朱炯．私人转移支付的“利他动机”与“交换动机”——基于农村“低保”政策的自然实验证据［J］．经济科学，2018（05）：81－93.

② 曹艳春．农村低保制度对贫困群体生活水平改善效应研究［J］．中国人口科学，2016（06）：88－97＋128.

③ 陈宗胜，于涛．中国城镇贫困线、贫困率及存在的问题［J］．经济社会体制比较，2017（06）：40－53.

④ 汪昊，娄峰．中国财政再分配效应测算［J］．经济研究，2017，52（01）：103－118.

⑤ 黄文正，何亦名，李宏．社会保障城乡收入差距调节效应的实证研究［J］．经济体制改革，2014（06）：19－22.

⑥ 邓大松，仙蜜花．社会保障转移支付对收入分配差距的调节效应——基于东部12个省市的实证研究［J］．社会保障研究，2013（06）：3－9.

⑦ 丁煜，朱火云．我国社会保障水平对城乡收入差距的影响［J］．人口与发展，2013，19（05）：23－29.

⑧ 孙文基，李建强．财政性社会保障支出、收入分配与经济增长的实证检验［J］．统计与决策，2011（02）：112－115.

⑨ 丁少群，许志涛．社会保障水平、收入分配与经济增长的互动关系研究——基于VAR模型的实证分析［J］．中国经济问题，2013（06）：3－12.

⑩ 王茂福，谢勇才．关于我国社会保障对收入分配存在逆向调节的研究［J］．毛泽东邓小平理论研究，2012（06）：46－50＋103＋115.

⑪ 袁竹，齐超．我国再分配逆向调节的成因及对策探析［J］．税务与经济，2012（01）：33－37.

和 CHARLS 数据等微观数据，相比较而言，CHIP 数据的实证研究较多。低保的瞄准效果方面，我国城市和农村低保资源配置效率较低，错保、漏保现象比较严重（张松彪等，2017①；Kakwani et al.，2017②；解垩，2016③；霍萱、林闽钢，2016④），收入、财产、消费、村庄特征等因素都可以对其产生影响（张翔、张晓鑫，2017⑤；乐章、程中培，2017⑥；韦璞，2013⑦），而按照多维贫困的标准则提高了瞄准率（朱梦冰、李实，2017⑧；黄瑞芹，2013⑨；李艳军，2013⑩）。姚建平（2018）⑪ 采用生计资产、收入和主观评价等指标计算了中国城市低保的瞄准率，发现瞄准率存在偏误在所难免，产生偏误的原因主要有正式文件中规定的资格限制、执行过程中的潜规则、家计调查技术难题和实施调查过高的行政成本。张昊（2017）⑫ 通过实地考察并基于 632 户农村低保家庭数据发现，农村低保对象的识别更多地将老龄、残疾等个体特征作为识别依据，而收入特征则相对弱化。韩华为和徐月宾⑬

---

① 张松彪，曾世宏，袁旭宏．精准扶贫视阈下城乡居民低保资源配置差异及瞄准效果比较分析——基于 CHIP2013 数据的实证［J］．农村经济，2017（12）：37 - 43.

② Kakwani N，Li S，Wang X，et al. Evaluating the Effectiveness of the Rural Minimum Living Standard Guarantee（Dibao）Program in China［R］. 2017.

③ 解垩．中国农村最低生活保障：瞄准效率及消费效应［J］．经济管理，2016（09）：173 - 185.

④ 霍萱，林闽钢．城乡最低生活保障政策执行的影响因素及效果分析［J］．苏州大学学报（哲学社会科学版），2016（06）：28 - 35.

⑤ 张翔，张晓鑫．家庭电力消费、家庭收入与最低生活保障制度的瞄准率［J］．中国人口科学，2017（02）：60 - 69 + 127.

⑥ 乐章，程中培．收入是低保制度的唯一认定标准吗？——基于政策文本与中国家庭追踪调查数据的分析［J］．学习与实践，2017（07）：88 - 97.

⑦ 韦璞．村庄特征与农村低保瞄准偏误的实证研究——基于场域理论视角的探析［J］．理论月刊，2013（10）：157 - 162.

⑧ 朱梦冰，李实．精准扶贫重在精准识别贫困人口——农村低保政策的瞄准效果分析［J］．中国社会科学，2017（09）：90 - 112 + 207.

⑨ 黄瑞芹．民族贫困地区农村最低生活保障目标瞄准效率研究——基于两个贫困民族自治县的农户调查［J］．江汉论坛，2013（03）：61 - 65.

⑩ 李艳军．农村最低生活保障目标瞄准研究——基于代理财富审查（PMT）的方法［J］．经济问题，2013（02）：80 - 84.

⑪ 姚建平．中国城市低保瞄准困境：资格障碍、技术难题，还是政治影响？［J］．社会科学，2018（03）：61 - 72.

⑫ 张昊．农村低保评审乱象的成因及治理——基于定性定量混合研究方法的分析［J］．中国农村观察，2017（01）：14 - 28 + 140.

⑬ 韩华为，徐月宾．农村最低生活保障制度的瞄准效果研究——来自河南、陕西省的调查［J］．中国人口科学，2013（04）：117 - 125 + 128.

(2013) 利用2010年河南省和陕西省两地的农村低保调查数据，研究了农村低保的瞄准效果，农村低保的获得因素包括家庭收入等多方面的原因，但仅从收入维度识别低保户则会出现较大的瞄准偏误，如果从多维角度进行识别，低保偏误率将会下降。赖志杰（2013）① 认为我国的低保对象中存在“应保未保”“应退未退”和“保不应保”等瞄准偏误现象，认为这主要是因为低保申请者中存在“弃真错误”与“福利欺诈”，并且社会救助服务人员存在“取伪错误”与审查不力等现象。此外，低保在社区之中还存在“精英俘获”的现象（韩华为，2018）②。国外针对类似制度减贫效果的研究也有很多，比如 Behrendt C （2000）③、Ben – Shalom et al. （2011）④、Brunori et al. （2009）⑤、Gouveia & Rodrigues （1999）⑥、Nelson et al. （2012）⑦、Tasseva（2012）⑧ 等。

低保对贫困发生率的影响方面，采用不同的数据进行分析所得出的结论存在一定的差异。徐超和李林木（2017）⑨ 利用 CHIP2013 的微观数据实证分析了城乡低保对家庭的减贫效果，研究发现城乡低保对于家庭的贫困脆弱性并没有明显的影响，反而会使得家庭在未来更可能陷入贫困。同时，他们使用 CFPS2012 的调查数据，进一步证实了这一结论。陈宗胜和文雯（2015）⑩

---

① 赖志杰．“瞄偏”与“纠偏”：社会救助对象的确定——以最低生活保障制度为例［J］．理论探索，2013（02）：73 – 76.

② 韩华为．农村低保户瞄准中的偏误和精英俘获——基于社区瞄准机制的分析［J］．经济学动态，2018（02）：49 – 64.

③ Behrendt C. Do Means – Tested Benefits Alleviate Poverty：Evidence on Germany，Sweden and the United Kingdom from the Luxembourg Income Study［J］. Journal of European Social Policy，2000，10（1）：23 – 41.

④ Ben – Shalom Y，Moffitt R A，Scholz J K. An Assessment of the Effectiveness of Anti – Poverty Programs in the United States［R］. National Bureau of Economic Research，2011.

⑤ Brunori P，Chiuri M C，Peragine V. The Economic Effects of a Local Minimum Income Support Program［R］. SERIES Working Paper，2009.

⑥ Gouveia M，Rodrigues C F. The Impact of a “Minimum Guaranteed Income Program” in Portugal［J］. 1999.

⑦ Nelson K. Counteracting Material Deprivation：The Role of Social Assistance in Europe［J］. Journal of European Social Policy，2012，22（2）：148 – 163.

⑧ Tasseva I V. Evaluating the Performance of Means – Tested Benefits in Bulgaria［R］. ISER Working Paper Series，2012.

⑨ 徐超，李林木．城乡低保是否有助于未来减贫——基于贫困脆弱性的实证分析［J］．财贸经济，2017（05）：5 – 19 + 146.

⑩ 陈宗胜，文雯．中国城市低保制度的减贫效应研究——基于“中国家庭收入调查2002和2007”的实证分析［J］．产业经济评论（山东大学），2015（03）：59 – 78.

利用 CHIP2002 和 CHIP2007 的调查数据，分析了城市低保的减贫效果，研究发现查收低保对于缓解城市低收入群体绝对贫困和相对贫困均有一定的效果，但是不同地区和不同家庭的减贫效果存在差异，通常对处于深度贫困家庭的减贫效果最好。文雯（2015）① 研究了城市低保对于城市居民贫困深度和贫困强度的影响，研究发现城市低保政策对于缓解城市居民贫困深度和贫困强度方面有较大的改善作用。孙巍和冯星（2018）② 使用 CFPS 数据和门槛回归模型，发现政府补助与居民脱贫效果之间的关系并非线性的，只有当补助标准到达一定的水平时才有利于居民脱贫。低保对城乡老年群体的贫困具有一定的异质性，即最低生活保障金对城市老人的贫困影响较为微弱，但是却提高了老年人的贫困（解垩，2015）③。苏春红和解垩（2015）④ 基于 2011 年的 CHARLS 数据，实证分析不同类型转移支付的减贫效率，研究发现低保等转移支付瞄准效果好、减贫效率高、溢出效应较小。Gao et al.(2009)⑤ 通过使用中国家庭住户调查数据研究了城市低保的效果，发现城市低保在一定程度上降低了贫困率，并大大降低了贫困差距和符合条件贫困人口的贫困程度，但是低保的覆盖面和救助金额影响了其减贫效果。刘一伟(2018)⑥ 利用 2014 年的中国家庭追踪微观调查数据，实证研究了农村低保农村居民多维贫困（贫困深度、贫困强度和贫困广度）的影响，研究结果发现农村低保对于缓解农村居民多维贫困效果不明显。但是，韩华为和高琴(2017)⑦ 使用同样的微观数据，并利用反事实推断方法和多维贫困测算方法，发现农村的低保救助水平不足，并且低保救助对获得低保的人群减贫效果明显，对应保未保的个体减贫效果不显著，还发现农村低保暂时不存在负

---

① 文雯．城市低保与家庭减贫——基于 CHIPS 数据的实证分析［J］．人口与经济，2015（02）：108－118.

② 孙巍，冯星．政府补助支出福利政策的脱贫效应［J］．改革，2018（08）：138－148.

③ 解垩．公共转移支付与老年人的多维贫困［J］．中国工业经济，2015（11）：32－46.

④ 苏春红，解垩．财政流动、转移支付及其减贫效率——基于中国农村微观数据的分析［J］．金融研究，2015（04）：34－49.

⑤ Gao Q，Garfinkel I，Zhai F. Anti-Poverty Effectiveness of the Minimum Living Standard Assistance Policy in Urban China［J］. Review of Income and Wealth，2009，55：630－655.

⑥ 刘一伟．“错位”还是“精准”：最低生活保障与农户多维贫困［J］．现代经济探讨，2018（04）：109－115.

⑦ 韩华为，高琴．中国农村低保制度的保护效果研究——来自中国家庭追踪调查（CFPS）的经验证据［J］．公共管理学报，2017（02）：81－96＋156－157.

向的行为激励。Chen et al.（2015）① 基于 2015 年国家统计局的调查数据进行测算，发现城市和农村居民享受最低生活保障后，城市和农村贫困发生率都有不同程度的降低。Golan et al.（2014）② 使用与官方已发布的数据相匹配的住户调查数据，发现该计划为贫穷受益者提供了充足的收入，但并未显著降低总体贫困水平，部分原因是受益人数相对于贫困人口数量较小，扩大覆盖面比提高救助金额可能会产生更多的减贫效果，用全国统一的低保门槛代替当地多样化的低保线，理论上可以减少贫困。杨穗和鲍传健（2018）③ 通过总结中国改革开放四十年社会减贫的实践，认为我国的社会减贫存在减贫制度构建不完整、救助水平较为低下、地区之间救助水平不均衡及基层经办管理能力薄弱等问题。

不同的社会保障制度对居民收入分配或多或少都有一定的作用（王延中、龙玉其，2013④；王延中等，2016⑤）。在低保收入分配效果方面，大多数研究均认为低保制度对收入分配或多或少存在改善作用。陈宗胜等（2016）⑥ 利用 CHIP2002 和 CHIP2007 的数据，对我国城市低保的再分配效果进行了实证检验，发现经过救助后我国居民的基尼系数均表现出一定的下降，但是降低幅度有限，部分低收入家庭间的贫富关系受低保补助而发生改变。刘小珉（2015）⑦ 使用了 2011 年的“西部民族地区经济社会发展问卷调查”数据，实证研究了民族地区实施农村低保制度达到的减贫效果，研究发现民族地区农村低保在一定程度上缓解了收入差距水平，但是也存在“人

---

① Chen，K.，G. Wu，X. He，et al. From Rural to Rural Urban Integration in China：Identifying New Vision and Key Areas for Post - 2020 Poverty Reduction Strategy［EB/OL］. International Food Policy Research Institute，http：//ebrary. ifpri. org/cdm/ref/collection/p15738coll2/id/133049，2018.

② Golan J，Sicular T，Umapathi N. Any Guarantees? China's Rural Minimum Living Standard Guarantee Program［J］. Social Protection & Labor Policy & Technical Notes Disscussion Paper，2014.

③ 杨穗，鲍传健 . 改革开放 40 年中国社会救助减贫：实践、绩效与前瞻［J］. 改革，2018（12）：112 - 122.

④ 王延中，龙玉其 . 社会保障与收入分配：问题、经验与完善机制［J］. 学术研究，2013（04）：31 - 37.

⑤ 王延中，龙玉其，江翠萍，等 . 中国社会保障收入再分配效应研究——以社会保险为例［J］. 经济研究，2016，51（02）：4 - 15 + 41.

⑥ 陈宗胜，文雯，任重 . 城镇低保政策的再分配效应——基于中国家庭收入调查的实证分析［J］. 经济学动态，2016（03）：11 - 20.

⑦ 刘小珉 . 民族地区农村最低生活保障制度的反贫困效应研究［J］. 民族研究，2015（02）：41 - 54 + 124.

情保”和“腐败保”等问题。宁亚芳（2015）[①] 则通过使用云南省农村调查数据，发现农村低保在缓解收入不平等和贫困方面的作用有限，并且在不同地区和不同民族之间存在差异。曹艳春（2016）[②] 通过利用2007—2014 年中国贫困人口统计数据，研究了低保支出的收入分配效应和替代效应，收入分配方面低保支出缩小了救助对象与中低收入群体的收入差距，替代效应方面低保支出与农户收入形成完全替代，促进了其家庭消费支出。还有观点认为，尽管中国的扶贫家庭政策不断得到改善和扩大，但其覆盖面仍然很小，并且在减轻贫困方面效果不佳。大多数低保资格规定相当严格，在政策和计划中建立了严重的社会排斥。这些方案的管理需要精简，以消除障碍并提高可及性，应采用“全人”的观点指导中国的反贫困家庭政策，解决贫困人口需求的各个方面，改善他们的生活质量和机遇（Gao Q & Zhai F，2012）[③]。林瑾等（2017）[④] 对比分析了低保和所得税对居民收入差距的影响，发现两者对城乡居民收入差距均有一定的调节作用，但是低保的调节作用低于所得税的调节作用。李实等（2017）[⑤] 利用 CHIP2013 的数据研究了包括离退休金、养老金和低保金等转移性支出对收入再分配的调节作用，研究发现社会保障制度对收入再分配的调节作用在城乡之间存在差异，并且在城市地区的调节作用更为明显。国外方面的研究主要侧重于分析社会救助或者社会福利制度对收入分配的调节效果，Korpi W 和 Palme J（1998）[⑥] 通过对不同类型福利国家进行实证研究发现，面向贫困群体的转移支付有助于缩小收入不平

---

① 宁亚芳．民族地区农村最低生活保障制度缓贫效应分析——来自云南的证据［J］．中州学刊，2015（02）：77－81.

② 曹艳春．农村低保制度对贫困群体生活水平改善效应研究［J］．中国人口科学，2016（06）：88－97＋128.

③ Gao Q，Zhai F. Anti－Poverty Family Policies in China：A Critical Evaluation［J］．Asian Social Work and Policy Review，2012，6（2）：122－135.

④ 林瑾，米丽凤，何慧芹．个税与低保对居民收入分配的综合调节分析［J］．会计之友，2017（13）：93－96.

⑤ 李实，朱梦冰，詹鹏．中国社会保障制度的收入再分配效应［J］．社会保障评论，2017，1（04）：3－20.

⑥ Korpi W，Palme J. The Paradox of Redistribution and Strategies of Equality：Welfare State Institutions，Inequality，and Poverty in the Western Countries［J］．American Sociological Review，1998：661－687.

等。Jesuit D 和 Mahler V（2004）[①] 分析了 14 个国家社会保障支出的再分配效果，发现社会保障对降低收入差距的贡献率远高于税收所起的作用。Wang C 和 Caminada K（2011）[②] 基于 36 个国家的数据得出了类似的结论。然而，也有部分研究发现，社会保障制度不仅没有缩小收入差距，反而对居民收入差距有推波助澜的作用。Moene（2001[③]）、Wallerstein（2003[④]）、Kenworthy L 和 Pontusson J（2005）[⑤] 利用 OECD 国家的数据，实证发现社会福利政策加剧了许多国家居民收入不平等。国内的实证研究得到了类似的结论，认为我国的社会保障制度扩大了居民收入分配差距，主要是我国社会保障的二元体制和瞄准偏误造成的（黄祖辉等，2003[⑥]；杨天宇，2009[⑦]；王茂福、谢勇才，2012[⑧]）。

对于消费支出、就业行为等影响，相关的微观实证较少。梁晓敏和汪三贵（2015）[⑨] 通过使用农村贫困监测数据，发现农村低保支出有助于促进农村居民的福利水平，提高了居民的消费性支出（食品支出、转移性支出和医疗支出）水平和储蓄率，但是却降低了生产性支出水平。李威和毕向阳（2016）[⑩] 使用“中国城乡困难家庭社会政策支持系统建设项目”数据，采

---

① Jesuit D，Mahler V. State Redistribution in Comparative Perspective：A Cross – National Analysis of the Developed Countries［J］. Luxembourg Income Studay（LIS）Working Paper，2004.

② Wang C，Caminada K. Disentangling Income Inequality and the Redistributive Effect of Social Transfers and Taxes in 36 LIS Countries［J］. Mpra Paper，2011.

③ Moene K O，Wallerstein M. Inequality，Social Insurance，and Redistribution［J］. American Political Science Review，2001，95（4）：859 – 874.

④ Moene K O，Wallerstein M. Earnings Inequality and Welfare Spending：A Disaggregated Analysis［J］. World Politics，2003，55（4）：485 – 516.

⑤ Kenworthy L，Pontusson J. Rising Inequality and the Politics of Redistribution in Affluent Countries［J］. Perspectives on Politics，2005，3（3）：449 – 471.

⑥ 黄祖辉，王敏，万广华. 我国居民收入不平等问题：基于转移性收入角度的分析［J］. 管理世界，2003（3）：70 – 75.

⑦ 杨天宇. 中国居民收入再分配过程中的“逆向转移”问题研究［J］. 统计研究，2009（4）：19 – 24.

⑧ 王茂福，谢勇才. 关于我国社会保障对收入分配存在逆向调节的研究［J］. 毛泽东邓小平理论研究，2012（6）：46 – 50.

⑨ 梁晓敏，汪三贵. 农村低保对农户家庭支出的影响分析［J］. 农业技术经济，2015（11）：24 – 36.

⑩ 李威，毕向阳. 城市低保对象福利依赖问题的实证研究——基于倾向得分匹配法的分析［J］. 社会建设，2016（05）：17 – 28.

用倾向得分匹配模型研究了城市低保对象是否存在就业惰性的问题，研究发现城市低保对象不存在就业惰性的问题。兰剑和慈勤英（2016）[①] 利用城市低保调查数据研究了城市低保“反福利依赖政策”的具体效果，发现该政策具有两方面的效果，一方面对低保受助者就业有促进作用，另一方面也对其就业意愿和工作的积极性产生了抑制作用。李娟（2017）[②] 认为当前城市低保对就业的负向影响日益凸显，应该通过对就业的低保对象提高补贴比例这一举措，从而促进城市低保对象主动就业。与就业意愿相关联的是“福利依赖”，韩克庆和郭瑜（2012）[③] 基于“中国城市低保制度绩效评估”调查数据，从定性和定量两个维度研究了福利依赖在城市低保受助对象中是否存在，研究发现城市低保受助对象有较强的就业意愿，从而认为城市低保上不存在“福利依赖”现象。安华和葛越（2017）[④] 认为当前的城市最低生活保障制度在不断提高覆盖范围和保障水平的同时，也导致了受助者的福利依赖，并使得低保对象的就业意愿受到抑制。安永军（2017）[⑤] 认为我国低保对象存在“福利叠加”的现象，导致了政策效果的偏离，同时降低了财政资源的使用效率。戴瑾（2011）[⑥] 认为相比于低保制度，负所得税制度对于促进居民再就业的作用更加明显。付春香（2014）[⑦] 同样也认为，负所得税将会覆盖更多的群体，这是其制度优势。Gao et al.（2015）[⑧] 通过经验分析发现，随着低保的继续扩大，低保可能会对接受者产生一些负向激励，包括在休闲和社交活动上花费的时间减少，工作和教育活动的时间缩短以及闲置时

---

① 兰剑，慈勤英．促进就业抑或强化“福利依赖”？——基于城市低保“反福利依赖政策”的实证分析［J］．西南大学学报（社会科学版），2016（03）：36－44＋190.

② 李娟．构建城市低保对象就业激励机制研究［J］．经济纵横，2017（09）：43－48.

③ 韩克庆，郭瑜．“福利依赖”是否存在？——中国城市低保制度的一个实证研究［J］．社会学研究，2012（02）：149－167＋244－245.

④ 安华，葛越．就业促进视域下的城市最低生活保障制度优化研究［J］．宁夏社会科学，2017（05）：110－117.

⑤ 安永军．农村低保政策中的“福利叠加”现象及成因［J］．西北农林科技大学学报（社会科学版），2017（05）：121－125.

⑥ 戴瑾．负所得税制度再就业激励功能研究［J］．财政研究，2011（01）：58－61.

⑦ 付春香．征税抑或补贴——我国最低生活保障制度的反思与重构［J］．财经问题研究，2014（06）：11－15.

⑧ Gao Q，Wu S，Zhai F. Welfare Participation and Time Use in China［J］. Social Indicators Research，2015，124（3）：863－887.

间增加，认为低保的未来改革及其补充政策和计划需要考虑如何最好地促进参与者的经济和整体福祉。李秉文（2010）[①] 从效率角度出发，认为“全民就业”式的社会救助模式比“全民低保”式的社会救助模式更好。

此外，国外方面的研究显示，类似于低保的收入保障政策有助于降低老年人的残疾率（Herd P，2008[②]），具有收入效应和替代效应（Kopits G & Gotur P，1980[③]），减少了劳动力的供给（Krueger A B & Pischke J S，1992[④]；Krueger A B & Meyer B D，2002[⑤]；Mastrobuoni G，2009[⑥]）。Gao Q 和 Zhai F（2017）[⑦] 发现低保户对其经济前景不那么乐观，并且比那些具有类似社会人口特征的非低保户同龄人更不快乐。影响低保户幸福的可能原因是未来5年预计收入增长不足，而不是他们对社会收入分配和不平等的看法。

1.4.4 文献评述

关于低保理论标准线，现有的文献主要使用省级宏观居民收入消费数据测算理论低保线，研究结果发现各省实行的低保支出标准与理论低保线存在一定的差距，大部分结论认为低保线应该在原来的基础上有所提升。但是，现有的测算结果并没有考虑到省级政府区域内部之间的差距，这主要是因为县级宏观数据并没有统计到城乡居民收支等方面的数据。本书利用部分年份的微观调查数据测算更为细致的理论低保线，进一步比较两者之间的差距。

---

① 李秉文．社会救助：“全民就业”式优于“全民低保”式［J］．经济学家，2010（11）：28－33.

② Herd P，Schoeni R F，House J S. Upstream Solutions：Does the Supplemental Security Income Program Reduce Disability in the Elderly?［J］. The Milbank Quarterly，2008，86（1）：5－45.

③ Kopits G，Gotur P. The Influence of Social Security on Household Savings：A Cross－Country Investigation［J］. Staff Papers，1980，27（1）：161－190.

④ Krueger A B，Pischke J S. The Effect of Social Security on Labor Supply：A Cohort Analysis of the Notch Generation［J］. Journal of Labor Economics，1992，10（4）：412－437.

⑤ Krueger A B，Meyer B D. Labor Supply Effects of Social Insurance［J］. Handbook of Public Economics，2002，4：2327－2392.

⑥ Mastrobuoni G. Labor Supply Effects of the Recent Social Security Benefit Cuts：Empirical Estimates Using Cohort Discontinuities［J］. Journal of Public Economics，2009，93（11－12）：1224－1233.

⑦ Gao Q，Zhai F. Public Assistance，Economic Prospect，and Happiness in Urban China［J］. Social Indicators Research，2017，132（1）：451－473.

同时，绝大多数文献在进行测算时，并没有结合财政部门的规范方法进行比较，并且测算方法较为单一。另外，根据我国 2014 年 5 月开始实行的《社会救助暂行办法》的相关规定①，社会救助应当保障基本生活，同时低保标准应结合上年度居民人均食品消费、必需的衣物和水电燃煤（燃气）等因素制定，但是现有的标准制定主要集中在食品消费方面，即侧重在“温饱”的“饱”上面，而对于除了“吃”以外的“衣、住、行”则基本没有考虑在内。根据我国确定的“十三五”脱贫攻坚规划，2020 年要实现农村贫困人口“两不愁三保障”②，其中“两不愁”即要实现吃、穿不用愁，因此在考虑最低生活保障标准的制定时，不仅应考虑食品方面，同时还应考虑其他方面的基本保障。本书将基于居民基本生活需求，同时考虑贫困群体多方面的消费需求，计算出相应的低保标准线，比较各种理论低保标准线与实际低保标准的差别。就低保标准或贫困线的测算方法而言，扩展线性支出法和马丁法在文献中使用较多，主要是因为这两种方法理论较为完备、数据方便获得（柳清瑞、翁钱威，2011）③。因此，本书将采用这两种方法测算城乡理论低保标准，并与民政部门采用的低保标准制定方法相结合，比较实际低保标准与理论低保标准的差距。

关于低保区域差距，一方面，现有文献大多研究了农村低保支出的区域差距，而缺乏对城市低保支出区域差距以及城乡之间低保支出差距区域性特点的相关研究；另一方面，在多数区域低保差距测算中，仅从某一级政府层面考虑，并没有同时考虑多个层级政府低保支出的差距状况，这样并不能全面准确刻画我国城乡低保支出差距的全貌。另外，低保标准也是衡量政府对贫困群体保障程度的一个重要指标，现有文献同样较少地从这一角度来探讨城市低保标准、农村低保标准、城乡低保标准的差距水平，这恰恰是现有研究存在的不足。本书将从县级层面、市级层面和省级层面多个维度，测算区域之间低保支出和低保标准差距。同时，还分区域测算城市之间、农村之间

---

① 国务院．社会救助暂行办法［EB/OL］. http：//www. gov. cn/zwgk/2014 - 02/27/content_2622770. htm，2014 - 02 - 27.

② 刘永富．到 2020 年实现“两不愁三保障”核心是“两个确保”［EB/OL］. http：//www. cpad. gov. cn/art/2015/12/16/art_105_49220. html，2015 - 12 - 26.

③ 柳清瑞，翁钱威．城镇低保线：实际给付与理论标准的差距与对策［J］. 人口与经济，2011（04）：77 - 84 + 89.

和城乡之间的低保差距。

关于低保制度的效果，现有文献大多使用省级层面的宏观数据和微观调查数据研究低保支出产生的具体效果，但或多或少存在一定的不足。宏观层面，现有文献主要研究城市或农村低保对居民收入分配差距和减少贫困等方面的影响，大多数文献仅根据宏观数据研究了其中一种低保制度产生的效果，并没有考虑两种制度的差异对具体实施效果的影响（杨翠迎、冯广刚，2014）①；微观层面，主要使用 CHIP 和 CFPS 等大型微观调查数据研究了低保的实施效果，主要关注了低保的瞄准效果、就业影响和分配效应等。由于微观调查数据一般需要间隔几年，调查数据年份不连续，导致大多数研究仅选择其中一两个截面进行实证研究，并没有比较低保政策效果时间轴上的变化情况。而且，微观调查数据研究结果通常受数据质量的影响，比如样本的分布、有无极端值等都会对实际研究产生影响（Li Shi et al.，2013②；罗楚亮、李实，2019③；甘犁等，2012④）。在研究低保效果方面，CHIP 数据所涉及的城乡低保个体相对较少，实证文献多通过构造贫困线和贫困率指标测算减贫效果（陈宗胜、文雯，2015⑤；文雯，2015⑥；谢东梅，2009⑦；Gustafsson & Deng，2007⑧；Goh et al.，2009⑨），以转移性收入研究包含低保在内的社会保障的收入分配效果，并没有把低保单独剥离出来进行研究

---

① 杨翠迎，冯广刚．最低生活保障支出对缩小居民收入差距效果的实证研究［J］．人口学刊，2014，36（03）：33－40.

② Li，Shi，Hiroshi Sato，and Terry Sicular. Rising Inequality in China：Challenges to a Harmonious Society［M］. Cambridge University Press，2013.

③ 罗楚亮，李实．中国住户调查数据收入变量的比较［J］．管理世界，2019，35（01）：24－35＋226.

④ 甘犁，尹志超，贾男，等．中国家庭金融调查报告［M］．成都：西南财经大学出版社，2012.

⑤ 陈宗胜，文雯．中国城市低保制度的减贫效应研究——基于“中国家庭收入调查 2002 和 2007”的实证分析［J］．产业经济评论（山东大学），2015，14（03）：59－78.

⑥ 文雯．城市低保与家庭减贫——基于 CHIPS 数据的实证分析［J］．人口与经济，2015（02）：108－118.

⑦ 谢东梅．农村最低生活保障制度分配效果与瞄准效率研究［D］．福州：福建农林大学，2009.

⑧ Gustafsson B，Deng Q. Social Assistance Receipt and Its Importance for Combating Poverty in Urban China［J］. Social Science Electronic Publishing，2007.

⑨ Goh C，Xubei L U O，Nong Z H U. Income Growth，Inequality and Poverty Reduction：A Case Study of Eight Provinces in China［J］. China Economic Review，2009，20（3）：485－496.

(李实等，2017[①]；郭庆旺等，2016[②]；高文书，2012[③])，研究不同类型社会保障支出的收入分配效果，用到了微观数据与宏观数据的匹配（蔡萌、岳希明，2018)[④]。这些测算都是通过构造贫困线等间接方式考察低保的减贫效果或收入分配效果，这主要是因为低保对象在现实世界中是少数群体（大型微观问卷中，享受低保的样本占比同样较低)，因此很难直接通过享受低保个体收入变化测算出收入分配的具体效果。另外，现有文献大多研究了低保政策的总体效果，并没有探索不同地区之间低保政策效果的具体差异，微观数据由于调查区域和时间的限制，很难涵盖全国所有地区样本，只能对某一个时间截面产生的效果进行评估。此外，现有文献仅评估城市或者农村低保制度的具体效果，没有同时结合两种制度，分析两种制度的同时实施所产生的具体效果，本书通过构造城乡低保支出区域差距指标，研究城乡低保人均支出差距对城乡间居民收入分配格局的影响，弥补了现有研究的不足。由于不同地区的城乡低保制度可能会产生不同的效果，因此本书还将分析不同区域低保效果的差异。本书侧重研究低保制度实施的收入分配效果。

1.5　创新点与不足之处

1.5.1　本书的创新点

本书可能的创新点如下：

(1) 多角度、全方位测算各地低保标准和人均低保支出的区域性差异。

① 李实，朱梦冰，詹鹏. 中国社会保障制度的收入再分配效应 [J]. 社会保障评论，2017，1(04)：3－20.

② 郭庆旺，温新新，等. 中国政府转移性支出的收入再分配效应 [J]. 世界经济，2016，39(08)：50－68.

③ 高文书. 社会保障对收入分配差距的调节效应——基于陕西省宝鸡市住户调查数据的实证研究 [J]. 社会保障研究，2012 (04)：61－68.

④ 蔡萌，岳希明. 中国社会保障支出的收入分配效应研究 [J]. 经济社会体制比较，2018(01)：36－44.

第一，部分文献测算城乡低保区域差距仅考虑城市内部、农村内部或者城乡之间低保差距的一种情况，本书将同时考虑三方面低保差距的具体情况，综合测度我国低保区域性差距。第二，现有文献较少考虑低保标准区域性差距，更多地关注低保支出的区域性差距，本书的研究以低保标准为出发点，进一步联系了政府在低保支出上的区域性差距。第三，同时考虑县级、市级和省级低保区域差距情况，基于多种差距分解方法，从多个维度分解城乡低保标准和低保人均支出的区域性差距来源。

（2）现有文献鲜有从宏观角度同时检验城乡低保实施对城乡居民收入分配格局的影响，缺乏城乡低保制度差异化实施对收入分配效果的实证研究，本书将两种低保制度同时纳入实证分析框架，实证分析城乡低保支出差距对城乡居民收入差距的影响，本书的研究弥补了国内研究城乡低保实施效果的不足。在实证研究的基础上，进一步采用了测算的方法，量化了城乡低保制度实施前后城市内部、农村内部和城乡之间收入分配差距的变化情况，与实证研究结论互为补充。通过实证分析和测算，丰富了我国的收入分配理论。

1.5.2 本书的不足之处

本书的不足在于：

（1）尽管考虑到了价格指数对低保群体购买力的影响，但是实际分析时仅采用了省级层面的数据，这主要是考虑到市级和县级层面的价格指数无法获取，因此在考虑地区间价格差异时，仅使用了省级层面的低保标准和低保人均支出进行区域之间的比较。另外，不同的收入群体受通货膨胀的影响不一样，通常而言，低收入群体受到的影响最大（王志平，2011）[①]。因此，低收入群体的消费者价格指数与居民的平均价格指数还存在一定的差异，即使用消费者价格指数对低保标准和低保人均支出进行平减，也并不能完全反映出低收入群体的真实购买力或生活成本。

（2）本书主要研究了城乡低保标准和人均低保支出区域差距大小，主要

① 王志平．科学衡量通胀中真实的民生——论动态的消费价格指数的调整［J］．探索与争鸣，2011（12）：74－77.

采取了分区域的测算方式，这只是分区域测算方式的一种。在实际的测算中，可以进一步考虑分地区财力强弱或经济发展水平高低，按照不同分类方法，测算不同组别的城乡低保标准和人均低保支出的组别差距。另外，还可以考虑贫困县、连片贫困地区或非贫困县的城乡低保标准（支出）差距大小、专门分析民族地区的差距大小等。因此，未来的研究可以采取上述区域分类方式，测算不同地区或区域的城乡低保标准或人均低保支出的区域性差距。

| 第2章 |

概念界定和理论基础

在进行城乡低保标准和支出水平的区域性差距分析之前，需要对相关概念和理论基础进行分析。首先，对研究中涉及的相关概念进行界定和辨析，其次，结合公共产品理论、基本公共服务均等化理论、政府职能理论、反贫困理论、收入分配理论和社会公平理论对最低生活保障制度进行分析。

2.1 最低生活保障的内涵

2.1.1 最低生活保障制度

最低生活保障（也称“低保”，文中两者的含义相同）制度是指为了维持居民最基本的生活消费需求，而制定的最低生活保障标准，当家庭人均收入水平低于这一设定的标准、致使生活陷入贫困时，都有权利按照政府规定的法定程序申请和享受最低生活保障给予生活救助的一种制度安排。原民政部部长多吉才让（1995）① 对最低生活保障制度的定义是：以保障居民基本生活为目的，科学、合理地确定最低生活保障标准，对家庭成员人均收入低

① 多吉才让．民政部长多吉才让谈居民最低生活保障制度［J］．财政，1995（12）：56.

于设定的最低生活保障标准的给予差额补助。作为贫困问题的一种补救制度，是社会保障制度中的重要组成部分，充当着社会保障体系中最后一道“安全网”的作用。

根据上述定义，可以知道“最低生活保障”包含四方面的含义。其一，享受最低生活保障是国家赋予每个公民的权利。在现代社会中，造成贫困的原因有很多，既有个人因素、家庭因素，也有社会因素和经济环境因素等。但是总的来说，造成贫困的原因更多的是来源于个人和家庭之外的因素。在世界范围内，最低生活救助被视作一项纯粹的政府行为，是政府提供的纯公共品，同时也是政府主导的转移支付和收入再分配。《宪法》明确了居民享受最低生活保障救助的权利，《宪法》第 45 条规定：“中华人民共和国公民在疾病、年老或者丧失劳动力的情况下，有权利从国家或者社会获得物质帮助”。其二，最低生活保障的目的是帮助贫困群体脱离贫困，其仅在居民的收入水平低于一定的标准时才能够发挥作用。因此，政府规定了一套特定的程序方法调查居民的家庭收入水平，一般包括个人申请、基层民政部门受理、各级人民政府审批、民主公示等程序。因此，制定合理的低保标准有助于正常发挥社会救助的相应作用。其三，最低生活保障仅仅在于满足居民最低生活需求，目的是在公平与效率之间寻求一个平衡点。最低生活保障救助体现了一定的“人道主义”和政府的“父爱主义”，只要被救助者是真的贫困，不论致贫的原因是什么，均可以享受到最低生活保障的救助。当然，当被救助者的收入水平高于最低生活保障的救助标准时，即可以不再享受相关救助。其四，最低生活保障制度是社会保障制度中的重要组成部分，为了让人们在缺失劳动能力、年老或者没有固定收入的情况下，能够依靠最低生活水平保障的救助维持基本的生活水平，因此确定最低生活保障的具体标准具有重要意义。

2.1.2　最低生活保障对象

根据最低生活保障制度的含义可知，当居民收入水平低于一定标准时，就可以成为最低生活保障制度的救助对象。由于我国城乡低保制度分别运行，因此城市低保的保障对象和农村低保的保障对象存在区别。根据《城市居民最低生活保障条例》（中华人民共和国国务院令第271号），城市低保的保障对象是“持有非农业户口”“共同生活的家庭成员人均收入低于当地城市居民最低生活保障标准”的城市①居民。根据国务院2007年颁布的《在全国建立农村最低生活保障制度的通知》（国发〔2007〕19号），农村低保的救助对象是“家庭年人均纯收入低于当地最低生活保障标准的农村居民，主要是因病残、年老体弱、丧失劳动能力以及生存条件恶劣等原因造成生活常年困难的农村居民”。城市低保对象中，不仅包含了市辖区的居民，还包含了县城居住居民，因此城市低保实际也可称作“城镇低保”，本书中两者含义相同。

2.1.3 最低生活保障标准与贫困线

最低生活保障标准（或称“最低生活保障线”）是贫困居民的基本生活基准水平线。根据《社会救助暂行办法》（国务院令第649号）第十条规定，最低生活保障标准，由省、自治区、直辖市或者设区的市级人民政府按照当地居民生活必需的费用确定、公布，并根据当地经济社会发展水平和物价变动情况适时调整。

大多数文献将最低生活保障标准与贫困线等同，其实两者存在一定的差别。“贫困线”的最早论述来源于布思，他认为低于极少收入水平以下即为“赤贫”。国外学者朗特里（Rowntree）② 1899年给贫困线作出的定义为：没有列入治疗疾病所需要的费用，也没有烟酒的费用，或有余钱可以供老年或殡葬之用（王荣党，2017）③。Orshansky（1963）④ 根据对生活经验的总结，将贫困线定义为饮食支出的三倍，美国至今仍使用这一方法确定贫困线。世界银行（2000、2001）⑤ 给出的定义是：贫困线是收入或者消费支出水平的

---

① 《城市规划法》明确指出：“本法所指的城市，是指国家按行政建制设立的辖市、市、镇”，因此将“城市”和“城镇”的含义等同，认为城市居民与城镇居民的含义一致。

② B. Seebohm Rowntree. Poverty: A Study of Town Life [M]. London: Macmillan, 1901: 8.

③ 王荣党. 贫困线经典定义的百年演变：特质与内核 [J]. 贵州社会科学，2017 (01): 136－143.

④ Orshansky M. Children of the Poor [J]. Soc. Sec. Bull., 1963, 26: 3.

⑤ 安东尼·B. 阿特金森，弗兰科伊斯·布吉尼. 收入分配经济学手册 [M]. 蔡继明，等译. 北京：经济科学出版社，2009.

临界线，在临界线以下，一个家庭被确定为贫困家庭。

贫困线实际上是国家来量化居民生活条件的经济指标，也是用来区分贫困家庭和非贫困家庭的一项判断标准；而低保标准作为是否对贫困家庭进行救助的判断标准，其从属于低保制度，是低保制度中区分救助人口和非救助人口的依据。贫困线和低保标准的联系是，低保标准的制定可以以贫困线作为参考依据。两者的区别是，“贫困线”界定的是一个家庭是否贫困，而低保标准是界定是否对一个家庭实施救助的临界线。因此，贫困线和低保线的制定有着不同的目的，但是低保标准的制定通常是以贫困线为参考的。目前两个较为常用的国际贫困标准是日均 1.25 美元和日均 2 美元（何秀荣，2018）①。

2.1.4　最低生活保障金

根据最低生活保障标准的定义，低保标准是判断是否对贫困家庭进行救助的判断标准，因此低保标准并不是受救助家庭的每个成员所得数额。最低生活保障金是被救助者实际所得到的低保救助。我国最低生活保障金的给付，按照“补差”的形式发放给被救助者，这里的“补差”是指：按照居民收入水平与低保标准之间的差额，将补助金发放给低保救助者。我国的城乡低保金以家庭为单位进行核算，根据家庭人均收入水平的情况，按照公式“家庭月最低生活保障金 =（月低保标准 - 家庭人均收入水平）× 家庭人口数”，可以得到全部家庭成员的最低生活保障金。

对于城市低保而言，其所称的家庭收入，“是指共同生活的家庭成员的全部货币收入和实物收入，包括法定赡养人、扶养人或者抚养人应当给付的赡养费、扶养费或者抚养费，不包括优抚对象按照国家规定享受的抚恤金、补助金”。对于农村低保而言，“在核算申请人家庭收入时，申请人家庭按国家规定所获得的优待抚恤金、计划生育奖励与扶助金以及教育、见义勇为等方面的奖励性补助，一般不计入家庭收入，具体核算办法由地方人民政府确定”。

---

① 何秀荣．改革 40 年的农村反贫困认识与后脱贫战略前瞻［J］．农村经济，2018（11）：1 - 8.

2.2 社会救助和社会救济的内涵

2.2.1 社会救助的内涵

社会救助是指当居民因自然事件因素或社会因素而使生活陷入困难、并依靠个人的能力难以维持较低的生活水平时，由各级政府或者社会力量根据法定的程序和救助标准，采用现金、实物或者服务的形式对困难群体进行救助，从而使其能够维持最低生活水平的一种救助方式。

社会救助具有以下几方面的特征：一是保障的对象是全体居民。由于现实生活中的风险是难以预测的，因此所有的居民都有可能成为社会救助的对象，只要是陷入困难的居民，不能够维持基本的生存都能够向政府部门申请社会救助。二是权利义务的单边性。对于被救助者而言，只要达到相应的条件，就有权要求社会救助，而不需要任何义务；对于施救者或者实施救助的国家而言，对于困难群体的救助是职责所在，如果没有尽到救助职责和义务，救助机构需要承担一定的法律责任。这与社会保险有所不同，后者要求被保险者首先履行相关义务，才能享受被保险的权利。三是供给的生活标准是最低的。相对于整个社会保障体系中的其他社会保障项目而言，社会救助的层次是最低的，其仅仅在于维持被救助者的最低生活消费需求。而像社会福利和社会保险等社会保障项目，保障的是更高层次的居民生活，能够满足居民的高质量生活需求。

2.2.2 社会救济的内涵

社会救济与社会救助一样，同属于社会保障的范畴，指国家和社会对陷入生活困境的公民，给予物质接济和扶助，以保障其最低生活标准的制度。社会救济方式主要包括自然灾害救济、孤寡病残救济、失业救济和城乡困难户救济等。当前的社会救济对象主要包括：无依无靠、无生活来源的孤儿、老人、残疾人以及不能维持最低生活的贫困家庭。目前，国内的社会救济主要针对特殊群体和极端贫困的家庭。

2.2.3　社会救助与扶贫

扶贫是国家对贫困地区和贫困家庭的帮扶，是国家治理贫困的一种方式。扶贫开发是指帮助贫困地区和具有一定生产能力的贫困家庭，给予政策、资金和技术等方面的支持，通过经济开发、发展社会生产，从而帮助其摆脱贫困的社会救助项目。

从定义可以看出，扶贫开发与社会救助、最低生活保障的政策目标存在一定的差异，但是这些制度都是减少贫困的具体方式，低保等社会救助主要解决绝对贫困的问题，而扶贫开发更多地转向于解决相对贫困的问题。现有文献将低保等社会救助制度等方式称作"输血式扶贫"，而将扶贫开发称作"开发式扶贫"，可见低保等社会救助通过"输血"让贫困群体生存下去，才能进一步去"造血"，发挥贫困群体的主观能动性，从而脱离贫困。

2.2.4　五保户与低保户

五保户是面向农村的特殊群体实施的社会保障制度。对于农村没有劳动能力、又缺乏经济来源的老人、儿童、孤儿和残疾农民，他们的生活由村集体供养，并实行保吃、保穿、保住、保医、保葬（孤儿保教），简称"五保"，这类群体称为"五保户"。相比较而言，低保户的群体范围更广，只要是收入水平低于低保标准的城市或农村家庭都可以申请低保，成为低保户。但是，五保户和低保户的福利保障不能兼得，被救助对象只能依据实际情况选择一种社会保障。

2.3 最低生活保障救助理论基础

2.3.1 公共产品理论

公共产品是相对于私人产品而言的一类“产品”，其可以追溯至大卫·休谟（1739）[①] 在《人性论》中提出的“共同产品（Common Good）”。在此之后，亚当·斯密（1776）[②] 在其著作《国富论》中首次界定了政府供给公共产品职能的大致范围，比如国防、秩序和法律等。其后的学者则进一步将公共产品的范围进行扩大，比如 Breton（1964）[③] 将公共产品范围扩大至国家主义，Cooper（1977）[④] 将管制、稳定和收入分配纳入公共产品的范畴。给公共产品作出最权威定义的是萨缪尔森，他先后提出了“集体消费物品”和“公共消费物品”，并将其定义为一个人对物品的消费不会减少其他人对消费的减少（Samuelson，1955）[⑤]。萨缪尔森将公共产品的特性归纳为“非排他性”和“非竞争性”。其中，非排他性是指个人是否付费不会影响消费者对该商品的消费量，非竞争性是指一个消费者对该商品的使用不会影响其他人对该种商品的使用。此外，部分公共产品或服务还具有“庇古外部性”，比如大规模的疫苗接种（Buchanan，1968）[⑥]。Reisen et al.（2008）[⑦] 认为公共产品具有可持续性，即其在现在或者未来均对消费者使用公共产品有效性

① 大卫·休谟．人性论［M］．北京：台海出版社，2016.

② 斯密．国富论［M］．郭大力，王亚南，译．南京：译林出版社，2011.

③ Breton A. The Economics of Nationalism［J］. Journal of Political Economy，1964，72（4）：376－386.

④ Cooper R N. Worldwide vs. Regional Integration：Is There an Optimal Size of the Integrated Area?［R］. Center Discussion Paper，1974.

⑤ Samuelson P A. Diagrammatic Exposition of a Theory of Public Expenditure［M］//Essential Readings in Economics. Palgrave，London，1995：159－171.

⑥ Buchanan J M. The Supply and Demand of Public Goods［J］. Chicago：Rand Mc－Nally，1968.

⑦ Reisen H，Soto M. Financing Global and Regional Public Goods Through Oda：Analysis and Evidence from the OECD Creditor Reporting System［M］//Development Finance in the Global Economy. Palgrave Macmillan，London，2008：124－150.

产生影响。

公共产品可分为纯公共产品和准公共产品，根据公共产品的具体属性，可以由政府、市场和两者合作提供。从理论角度而言，社会保障中的最低生活保障属于纯公共产品，居民个人不用缴纳费用即可享受，属于政府部门的单方面支付行为，有正外部性。首先，从非排他性来看，某个居民从最低生活保障制度中享受生活补助不会妨碍其他居民享受最低生活保障的相关权利，不会减少其他居民享受低保服务的数量和质量。其次，从非竞争性来看，任何居民享受最低生活保障相关权利，不会影响其他人享受该权利，也不会影响到其他居民的利益。因此，最低生活保障制度的以上两条特性，决定了最低生活保障应该由政府来提供低保，否则将没有相关主体提供该产品。

从实践的角度来看，最低生活保障属于准公共品，具有一定排他性和竞争性。一方面，最低生活保障标准高低的制定由各个辖区负责，因此各个辖区仅对本地区的居民实行救助，而其他辖区的居民则无法享受本地区的此项服务。另外，享受低保服务还应该达到一定的门槛，即生活水平低于一定的标准才能有资格享受到最低生活保障服务，否则不能享受最低生活保障服务。另一方面，在一个地区最低生活保障救助资金总额一定情况下，随着低保救助人数的增加，每个人得到的低保救助水平就会有所降低，因此产生救助对象之间的潜在竞争。如果辖区之外的居民由于某种原因进入本辖区，并可以享受该辖区的低保服务，本辖区居民享受该服务时就会产生竞争，每个居民享受服务的标准将会降低。

任海霞（2016）① 将社会救助的公共产品分为地方开放性的公共品、软公共品、非经济公共品、公益品和“权益—伦理型”公共品等类别。冯俏彬和贾康（2010）② 将“权益—伦理型”公共品定义为政府提供的“私人产品”，包括教育、就业、医疗、住房以及对低收入者的救济等，其特点是并没有明显的非排他性和非竞争性。具体来说，低保具有消费上的竞争性，并且在受益对象上具有排他性。最低生活保障被认为是居民的基本权利之后，

① 任海霞．中国社会救助财政支持研究［D］．北京：中央财经大学，2016.

② 冯俏彬，贾康．权益—伦理型公共产品：关于扩展的公共产品定义及其阐释［J］．经济学动态，2010（07）：34－42.

政府出于民生的考虑，将低保纳入自身的职责范围之内，经过一定的公共选择程序之后，将“私人产品”变为政府提供的公共产品。这决定了低保制度必须按照政治原则进行分配，政府必须保障达到相关条件的居民获得最低生活的基本保障，通过税收方式获得低保救助资金，再发挥其“第二次分配”的功能，从而实现社会的公平发展。

2.3.2 基本公共服务均等化理论

基本公共服务均等化的含义是指由政府部门提供的、为适应经济社会发展需要的最基本的公共服务和公共产品，这是实现人的生存和发展基本保障的均等化，同时这也体现了社会的公平正义之所在。根据基本公共服务满足人类全面发展的层次不同，具体可以将基本公共服务分为4个方面：(1) 满足基本生存需要的公共服务，比如就业和最低生活保障等；(2) 具有公共事业性质的公共服务，比如医疗、教育、就业和再就业服务等；(3) 具有公益性质的公共服务，比如环境保护、园林绿化等；(4) 具有维持安全性质的公共服务，比如警察、国防等。其中，(1) 属于生存型公共服务，(2)—(4) 属于发展型公共服务。公共服务的均等化并不是指平均分配，而是指让居民有平等的机会享受到同等的公共服务，我国目前实施的公共服务均等化通常选择的是最低标准的均等化。该理念首次在十六届六中全会正式提出，之后在十七大报告、十七届三中全会、十八届三中全会、十八届四中全会、十八届五中全会等重要会议上均有“基本公共服务均等化”的相关表述。由此可见，我国推进基本公共服务均等化具有一定的连续性，并且实施过程具有一定的阶段性。

福利经济学中蕴含了大量的公共服务均等化思想（于树一，2007）①，比如，庇古的福利社会思想认为国民经济收入与社会福利具有相互促进的作用，庇古主张通过增加国民收入达到居民福利最大化。该思想是城乡最低生活保障制度的物质理论基础，只有国家有足够的经济实力，才能够促进低保制度的可持续。补偿原则的基本思想是将社会中受益者得到的好处补偿给受

① 于树一．公共服务均等化的理论基础探析［J］．财政研究，2007（07）：27－29.

损者的损失，从而使社会上所有人总体受益量大于受损量，达到增进社会总体福利的目的。国家通过国家税收手段，将经济发展中受益较多的一方获得的部分经济利益，通过最低生活救助转给利益受损的一方，从而使整个社会的福利最大化。社会福利函数的基本思想是：将社会上单个人的福利相加，从而得到全社会的福利函数。低保制度对每个符合条件的人进行救助，而个体福利的增加将导致社会总体福利的增加。通过一定的认定标准和保障标准，低保制度将会产生福利叠加效应，促进全社会福利的提升。阿玛蒂亚·森认为，社会的整体福利来源于对个体能力的培养和促进其发展，因此最低生活保障制度不仅满足救助者的基本生活需要，也有助于提高居民的生存能力和自我发展能力，对于促进低收入者未来发展有着重要的作用。

安体富和任强（2007）[①] 认为均等化有三种标准：第一种是最低标准，即保底要求；第二种是平均水平，即基本公共服务供给达到中等程度的平均水平；第三种是结果均等，即所有的个体享受同样的标准。他们认为这三种标准是一个动态的过程，即在地区财力水平较低的情况下，基本公共服务最开始是保底，然后是达到中等程度的平均水平，最后是达到结果均等。龚金保（2007）[②] 根据马斯洛的需求层次理论认为，实现基本公共服务均等化应按照马斯洛需求层次金字塔由下往上的顺序：首先应满足居民生理上的需要，对于我国而言，基本公共服务应以满足居民的衣、食、住等方面需要的最低生活保障制度为第一次序；其次是社会救助和双下岗救助；然后才是其他层次基本公共服务的均等化。王泽彩（2007）[③] 认为按照“财富均富”的思想，为实现基本公共服务均等化应该注重调节财政分配的起点公平，然后是注重财政分配过程公平，最后实现财政分配结果的均等。

最低生活保障制度是不同地区之间、不同收入群体之间的财政转移支付制度安排，目的是实现基本公共服务的均等化，低保服务的均等化要求在具体实现的过程中应该做到机会均等、过程均等以及结果均等。机会均等要求所有地区的居民都能够有相同的机会得到低保救助，过程均等则要求低保资

---

① 安体富，任强．公共服务均等化：理论、问题与对策［J］．财贸经济，2007（08）：48－53＋129.

② 龚金保．需求层次理论与公共服务均等化的实现顺序［J］．财政研究，2007（10）：33－35.

③ 王泽彩．财政均富：实现公共服务均等化的理论探索［J］．财政研究，2007（01）：25－28.

金再分配的过程中做到公开公正、避免“寻租”，结果均等是指不同地区居民得到的救助数量和质量大致相当。

2.3.3 政府职能理论

西方国家的政府职能理论大致经历了五个阶段（童颖华、刘武根，2007）①。其中，第一阶段为政府职能理论的萌芽时期，时间是15世纪初至17世纪末，主要标志是重商主义的产生，其开始重视政府在经济活动中所起的作用，并主张政府建立一定的市场秩序以及开辟世界市场。第二阶段是“有限政府理论”，时间是18世纪初至20世纪初，代表人物是亚当·斯密、洛克等，他们主张自由主义思想，其中斯密在《国富论》中将政府的角色描述为“守夜人”，政府只需要维护国家和居民安全、提供公共服务和公共产品。第三阶段是“政府干预理论”，时间是20世纪30年代至70年代，该理论的代表人物是凯恩斯和美国制度学派等，他们认为仅仅依赖市场这只“看不见的手”配置资源会产生一定的盲目性，而市场本身又不能克服这些盲目性，因此需要政府这只“看得见的手”进行干预，从而解决市场有效需求不足及周期性经济波动的问题。第四阶段是“新自由主义”的政府失灵理论，时间是20世纪70年代至80年代，主要代表有公共选择学派、理性预期学派、供给学派等，其中“公共选择理论”认为西方国家遭遇的“滞胀”是由于政府的过度干预造成的，这会造成效率低下、缺乏竞争等问题，因此政府的职责应转移到维护市场秩序上来，而不应给市场施加干预。第五阶段是“政府适度干预理论”，时间是20世纪80年代以后，具有代表性的理论有新制度学派和新公共管理学派等，其主张政府将一些公共产品和公共服务交给市场提供，推进公共部门与私人部门的合作，并推进非政府组织的作用。总的来说，当前西方政府职能理论主要有两个方面，其一是国家自由主义，其二是政府干预主义。

国内关于政府职能理论主要是在继承和发扬马克思主义相关理论基础上

① 童颖华，刘武根．国内外政府职能基本理论研究综述［J］．江西师范大学学报（哲学社会科学版），2007（03）：21－25.

形成的。马克思主义思想关于政府职能的理论主要有：(1) 政府职能有限理论。该理论认为政府是在生产力发展到一定阶段后产生的，出于公共管理的需要而对政府活动的边界进行界定，所以政府是有限的，政府掌管公共权力的职能就是为了管理公共事务。(2) 政府职能二重论。政府的第一种职能是参与社会管理，比如政府的宏观经济调控，第二种职能是统治职能，主要是为了维护阶级利益。(3) 政府职能双向作用理论。政府职能的作用就像一把"双刃剑"，即政府职能既可以产生积极作用，也可能带来负面影响。(4) 政府职能演变论。政府职能的二重性在不同的发展时期，会有不同的侧重，在和平时期主要以社会管理为主，在动乱时期主要以统治职能为主。

从干预主义来看，最低生活保障属于政府提供的公共产品的范畴，起着调节收入分配的作用。从自由主义来看，最低生活保障制度具有维持社会安定和谐的作用，同时也是政府社会管理的一部分。最低生活保障体现了政府的职能，首先政府是最低生活保障参与的主体之一，主要对最低生活保障资金进行管理、规划、分配和筹集；其次，政府在最低生活保障资金的获取和分配中，提供了稳定的制度供给，通过预算制度的安排，政府可以通过税收等手段筹集到足够的资金，通过分配制度的安排，政府以平等的分配方案将救助资金发放到符合条件的居民手中；最后，政府在分配和筹集最低生活保障资金时，利用其自身的权力来影响收入分配格局。

2.3.4　反贫困理论

对贫困权威的定义来自世界银行和 1998 年诺贝尔经济学奖获得者阿玛蒂亚·森。其中，世界银行《1981 年世界发展报告》中指出："当某些人、某些家庭或某些群体没有足够的资源去获取他们那个社会公认的，一般都能享受到的饮食、生活条件、舒适和参加某些活动的机会，就是处于贫困状态"①；《1990 年世界发展报告》中对贫困的定义是："缺少达到最低生活水准的能力"②；世界银行在《2000/2001 年世界发展报告》中对贫困的定义

---

① Nelson D R. Political Structure of the New Protectionism: A Background Study for World Development Report: 1981 [M]. World Bank, 1981.

② The World Bank. World Development Report 1990 [M]. Oxford University Press, 1990.

为:“贫困除了物质上的匮乏、低水平的教育和健康外,还包括风险和面临风险时的脆弱性,以及不能表达自身的需求和缺乏影响力”[①]。阿玛蒂亚·森(1998)[②] 认为,贫困必须被视为一种对基本能力的剥夺,而不仅仅是收入低下。左菁 (2007)[③] 认为,贫困是社会上部分人由于物质资料匮乏,导致其生活水平低于最低水平的一种社会状态。

贫困产生的原因多种多样,有来源于自身能力不足方面的因素,也与受教育水平有关,也存在制度供给不足方面的因素,也与资源禀赋、历史因素和社会秩序等有关。古典政治经济学观点认为贫困是由个人和市场共同作用的结果,马尔萨斯的人口理论认为人口增长速度快于物质资料生产速度,因此为了消除贫困需要控制人口增长速度,马克思认为贫困产生的原因是资本家对物质的掠夺,导致生产资料的分配不均匀,因此需要建立社会主义来消除贫困。阿玛蒂亚·森将贫困的原因从经济方面的因素,扩展到了政治、文化和社会制度等多个方面,使得贫困问题成为多个学科(如经济学、政治学、社会学和伦理学等)的交叉问题(马新文,2008)[④]。根据反贫困的难度,可以将反贫困的进程分为“减少贫困”“缓解贫困”和“消除贫困”三个阶段。其中,前两个阶段主要通过提高贫困对象的收入水平和自我发展能力实现,而实现最后一个阶段较为困难。

根据中国的实践,我国的国家领导人在我国的不同发展阶段也提出了各自的反贫困思想。毛泽东在中共八大指出,我国社会主义建设初期的矛盾集中地体现在人民日益增长的物质、文化的需求与现实的落后之间,他认为解决上述矛盾需要解放和发展生产力。邓小平在 1992 年的“南方谈话”中指出,社会主义的本质就是“解放生产力,发展生产力,消灭剥削,消除两极分化,最终达到共同富裕。”要实现共同富裕、消除贫困,必须通过发展生产力来解决。江泽民将消除贫困定位为党的根本宗旨,同时认为应该将扶贫

---

① Gillis M, Shoup C, Sicat G P. World Development Report 2000/2001 – Attacking Poverty [M]. The World Bank, 2001.

② 阿玛蒂亚·森. 论经济不平等 不平等之再思考 [M]. 王利文,于占杰,译. 北京:社会科学文献出版社,2006.

③ 左菁. 中国“反贫困”社会救助法律制度——农村最低生活保障制度实施的制度障碍分析 [J]. 河北法学,2007 (07):57 – 62.

④ 马新文. 阿玛蒂亚·森的权利贫困理论与方法述评 [J]. 国外社会科学,2008 (02):69 – 74.

工作从救济式转向为开发式，将社会扶贫作为我国扶贫工作的一项重要经验。胡锦涛提出了“四个注重”“三个结合”“三位一体”等一系列扶贫思想，并且将其纳入科学发展观的贯彻和落实之中。习近平通过深入贫困地区实地调研，提出了精准扶贫的扶贫思路，为扶贫事业发展提供了新的理论支撑。

为了减少贫困，甚至是消灭贫困，各个国家都会采取不同的手段。反贫困通常有预防性扶贫、救济式扶贫和开发式扶贫三种手段，反贫困的最低层次是满足居民的最低生活需求，通常使用的形式是救济式扶贫。最低生活保障是我国救济式扶贫的一项基本制度，作为贫困人口基本生活的最后一道防线，对于实现贫困人口自身发展有着重要的作用。另外，最低生活保障作为一种转移支付手段，对于改善收入分配，缩小收入差距有着十分重要的作用，同时也维持着社会的稳定与和谐。

2.3.5　收入分配理论

收入分配理论是关于收入的来源和归属的理论，该理论也被称为生产要素价格理论。其中，收入是由生产要素共同创造的，分配则是在提供生产要素后获得的收入份额。在古典经济学派中，收入分配的代表人物有斯密和李嘉图。斯密认为，在特定的条件下，一般劳动量决定支配的劳动量并且货物可以买卖，劳动所得成果全部归劳动者所有；随着资本的不断积累，生产资料私有化的情形下，劳动者对生产资料附加的价值包括劳动者的工资所得、资本家的利润和地租三个部分。李嘉图的收入分配理论建立在劳动价值论的基础之上，其收入分配理论同样包括工资、利润和地租三方面的理论。他认为，劳动者在土地上所取得的一切产品是劳动、资本和机器联合作用的结果，产品在资本所有者、土地和劳动者之间进行分配。① 新古典经济学派的集大成者马歇尔从生产要素价格的决定来研究收入分配理论，他认为市场要素的价格取决于市场要素的供求关系。凯恩斯学派将投资纳入收入分配框架

① 比罗·斯拉法．大卫·李嘉图全集（第一卷政治经济学及赋税原理）［M］．郭大力，王亚南，译．北京：商务印书馆，2013.

中，认为政府支出可以改善收入分配，发现了政府支出的乘数效应。以萨缪尔森为代表的古典综合学派认为，根据生产要素对物质资料生产的贡献大小，可以确定工资、地租和利息的分配比例。发展经济学中也涉及收入分配理论，具体包括库兹涅茨的“倒 U 型曲线”理论、刘易斯二元经济理论、罗斯托的经济发展阶段理论和缪尔达尔的“累积因果循环”理论。其中，库兹涅茨“倒 U 型曲线”理论的核心观点是经济发展与收入差距的“倒 U 型”假说，刘易斯认为经济发展过程中劳动力的调整会使得收入分配趋于合理，罗斯托认为经济发展的不同阶段收入分配情况呈现出不同的特征，缪尔达尔认为经济发展的不平衡会导致收入差距越来越大。

马克思主义的分配理论主要包括了马克思、恩格斯、列宁和斯大林等人的收入分配观点。马克思和恩格斯收入分配理论的核心是按劳分配，其建立在生产资料公有制和实行计划经济的基础之上，在生产、交换、分配和消费的关系中研究收入分配，区分了作为生产条件的分配和作为产品的分配两种形式，指出产品的分配由生产条件的分配来决定。列宁肯定了资金和工资作为按劳分配实现方式的必然性，认识到了消灭商品货币的长期性，认为可以采用实物结算等方式代替货币，并最终消灭货币。斯大林则将“各尽所能”和“按劳分配”两者进行结合，他指出在社会主义社会，人们根据自己的劳动量获取报酬，劳动报酬不是按需分配，而是按照劳动付出的多少进行分配。关于按劳分配，国内学者结合我国的实际情况做了一些分析（赵人伟，1985）①，将按劳分配分为“绝对”和“相对”两种。

由于依靠市场行为初次分配不可避免地会带来一些收入差距，需要通过政府的收入再分配手段来校正初次分配收入差距过大的问题。收入差距过大的产生原因是多方面的，白景明和陈宏（1990）② 认为生产资料所有权归属格局、市场需求格局、劳动技能差异和二元经济结构是造成经济收入差距过大的主要原因。在初次分配中形成的收入分配差距过大的问题，可以通过再

---

① 赵人伟．劳动者个人收入分配的若干变化趋势［J］．经济研究，1985（03）：10－19.

② 白景明，陈宏．收入分配不公的表现形式、成因及对策［J］．中国经济问题，1990（01）：19－25.

分配环节进行调整（蔡昉、王美艳，2014）[①]。而解决收入分配问题，政府需要从制度设计入手（赵人伟，2011[②]；王小鲁，2013[③]；王朝明，2004[④]）。政府调节收入分配常用的手段包括税收和转移支付。税收手段方面，直接税和间接税都会影响收入分配，直接税的调节作用更加直接（郭庆旺、吕冰洋，2011）[⑤]。西方国家更多地注重采用遗产税和赠与税调节收入分配，而国内更多注重个人所得税和房产税的使用（白景明、周雪飞，2003[⑥]；苏海南等，2013[⑦]）。转移支付方面，世界各国普遍采用了向贫困者转移支付的方式，低保是我国对低收入者进行转移支付的一种常用方式。相比较而言，税收调节收入分配的方式通常是调节高收入者，低保主要调节低收入群体（丁元竹等，2007[⑧]）。因此，最低生活保障作为一种调节低收入者收入分配的手段，从短期来看校正了初次分配结果的不公平，从长期来看则为初次分配的机会均等创造了前提，为低收入者脱离贫困创造了一定的条件，有利于缩小居民间的收入分配差距。

2.3.6　社会公平理论

2.3.6.1　当代西方社会公平思想

当代西方社会公平理论的主要代表人物有：罗尔斯、诺奇克、德沃金和阿玛蒂亚·森等，他们在批判和继承自由主义公平分配思想的基础上，形成了各自的社会公平理论体系。这里主要以他们为代表，介绍当代西方的社会

---

① 蔡昉，王美艳．中国面对的收入差距现实与中等收入陷阱风险［J］．中国人民大学学报，2014，28（03）：2－7.

② 赵人伟．收入分配差距较大的形成原因与解决途径［J］．求是，2011（02）：32－33.

③ 王小鲁．解决收入分配问题要靠制度改革［J］．中国党政干部论坛，2013（03）：11－14.

④ 王朝明．中国转型期城镇反贫困理论与实践研究［D］．成都：西南财经大学，2004.

⑤ 郭庆旺，吕冰洋．论税收对要素收入分配的影响［J］．经济研究，2011，46（06）：16－30.

⑥ 白景明，周雪飞．我国居民收入分配状况及财税调节政策［J］．财经论丛（浙江财经学院学报），2003（03）：24－36.

⑦ 苏海南，胡仙芝，李永忠，等．收入分配公众反映最强烈的六个问题［J］．人民论坛，2013（07）：46－49.

⑧ 丁元竹，白景明，刘应杰，等．分配是民生之源［J］．群言，2007（08）：4－18.

公平理论。

首先是罗尔斯的分配正义公平观。罗尔斯于1971年出版了《正义论》[①]一书，他认为确立社会正义原则是出于社会合作的需要，即通过社会合作才能够产生生产力，否则将没有分配的基础。他认为在社会中的每个个体都追求着不同的目标，如果每个个体都各行其是，会使得社会中的其他社会成员利益受损，因此只有通过互利的社会合作，才能够使每个人都拥有更好的生活。为了维持这种长久合作的关系，需要建立一种社会成员普遍接受的“正义观”，这样才能形成一个有着较好组织的人类联合体。罗尔斯认为正义的社会制度首先要有好的德行，一个良好秩序的社会有两个基本标志，一是有每个社会成员都普遍接受的正义原则，二是社会制度也普遍接受和满足这些正义原则。而正义原则的实现，需要通过社会制度来分配基本的权利和义务，合理地分配权利和义务，才能在全体的社会成员之间形成互惠互利的观念，从而促进成员各司其职，按照一致的原则分配收益。罗尔斯提出了两种原则：第一种原则是每个人拥有的自由体系与全体社会成员普遍接受的自由体系相似，即每个成员拥有平等的权利；第二种原则是社会的经济利益安排应遵循机会平等原则和差别原则。针对机会平等原则，罗尔斯提出了“形式的机会平等”，即所有的社会成员有同样的权利获得有利于自己的社会地位，但要实现“实质的机会平等”则需要赋予每个社会成员一定的能力条件。差别原则的核心是，社会利益的分配应当对社会最不利成员的利益有利。总的来看，罗尔斯的差别原则强调的是起点公平，机会平等原则强调通过创造平等的受教育机会来改善弱势群体的不利地位，他的正义原则为政府进行合理的收入分配提供了理论基础。

其次是诺奇克的持有正义观。诺奇克于1974年出版了《无政府、国家和乌托邦》[②]一书，对罗尔斯的差别原则进行了批判。诺奇克认为财产权是每个人不可剥夺的权利之一，只要这些财产是通过合法的渠道得到的，就有权利持有这些财产。诺奇克的持有正义观包含两个方面的内容：一是确立了

---

① 约翰·罗尔斯．正义论［M］．何怀宏，何包钢，廖申白，译．北京：中国社会科学出版社，2009.

② 罗伯特·诺奇克．无政府、国家和乌托邦［M］．姚大志，译．北京：中国社会科学出版社，2008.

个人权利的首要地位。他认为社会分配中的不平等不应由国家介入，因为这侵犯了个人的权利和破坏了市场的分配机制。二是诺奇克提出了制度三个原则，分别是获取正义原则、转让正义原则和矫正正义原则。其中，获取正义原则是指个体对持有物的最初占有是合法的，那么就是正义的；转让正义原则是指如果利益从一个人转让给另一个人是合法的和自愿的，这种转让就是正义的；矫正正义原则是指通过非法或者不合理手段获取或者转让利益就不是正义的，这时需要对不正义的持有或转让进行矫正。诺奇克的持有正义理论的意义在于两个方面：一是弱化政府在收入分配中的权利，最大化个体的权利；二是正义的过程是动态的，而非静态的，应注重实现过程公平。

再次是德沃金的资源平等正义观。在自由主义的正义观中，德沃金的资源平等正义观试图在“平等自由主义观”与“权利自由主义观”之间寻求平衡点。一方面，德沃金对罗尔斯的平等原则和差别原则进行了发展，但是他指出如果不平等是个人选择的结果，那么个人就应该对此负责；另一方面，德沃金质疑了诺奇克的完全个人责任，他认为过程平等的市场条件下非常容易引发不平等，而对于这种不平等来说，政府应该能够起到应有的作用。为了调和上述两种正义观，德沃金提出了资源平等正义观，具体包括两个方面的内容：一是确立了个人权利的首要地位，二是提出了资源平等的分配观念。第一，在个人权利方面提出了“平等的权利”理论。这里的“平等的权利”包括两个方面：一方面，是有平等分享利益的机会（强调平等待遇）；另一方面，是受到他人平等对待的权利（强调被平等地对待）。在政府层面的“平等的权利”是指政府要平等地对待每个人的权利，不能够厚此薄彼，因此政府应确保社会成员享有相同的资源。第二，在如何分配置资源的问题上，德沃金提出了资源平等分配的理论。他认为正义的分配资源平等应当是对所有的资源平等，也包括公共资源的分配平等。该思想是对罗尔斯观点的继承。总的来看，德沃金的资源平等分配正义观不仅重视起点公平，也重视在实现起点公平的过程中政府和个人所应承担的相应责任。其中，政府的责任是通过税收或者社会保障的形式为贫困群体提供福利补偿，个体的责任在于对自身的主观选择负责。

最后是阿玛蒂亚·森的能力平等正义观。能力平等正义观的核心是“可行能力”，他对功利主义平等、收入平等和罗尔斯的“分配正义公平观”等平等观念进行了批判，将关注重点从消极被动物质分配，转向了积极主动的能力再分配，从而将物质分配领域的平等转向能力平等。总的来看，他的能力平等正义观既强调能力，同样也重视分配过程中的分配平等。阿玛蒂亚·森所指的“可行能力”是指一个人能够实现的各种活动的组合，他认为能力的分配比物品、收入和效用的分配更具有意义。从这个角度来说，解决不平等问题不仅仅应关注资源如何分配，更应该关注社会因素等方面的原因造成的不平等。阿玛蒂亚·森认为能力平等离不开权利平等，只有权利平等才能够保证自由和能力得以发挥。行使权利包括权利保护和权利推进，权利保护确保社会群体中的弱势群体能够得到基本生存所需要的生活必需品，从而保护其发展能力，权利推进是对权利的发展与提升，因此权利是确保能力实现的重要外部因素。

2.3.6.2 马克思的公平观

马克思和恩格斯从历史唯物主义的科学视角提出了他们的公平观，主要体现在如下几个方面：第一，社会的公平正义是具体、历史统一的。从历史的发展角度来看，原始社会的平等即为相互公平对待，奴隶社会事实上的平等不能作为公正的基础，封建社会由于存在着等级制度不能够做到公平公正。进入资本主义社会之后，无产阶级被资本家剥削，只有建立起社会主义制度，摒弃剥削和抛弃私有制才能够使人民共同分享发展带来的结果。马克思从唯物史观的角度，重点剖析了资本主义发展的主要弊端，认为缺乏公平正义是资本主义制度的制度缺陷。第二，将公平和正义置于分配领域。马克思和恩格斯根据当时的社会发展情况，特别强调司法分配的重要性，他们认为未来的社会发展将有丰富的生产资料，生产资料的分配以劳动量的多少为依据，在共产主义社会最终实现按需分配。他们认为按劳分配不是绝对的正义，而是相对正义。社会主义社会中，公有制决定了分配不能够按照生产资料进行分配，但是不够发达的生产力不能够达到按需分配的要求。第三，他们认为公平正义应当遵循以人为本的原则。他们以人类的社会属性为公平理论的起点，革新了西方传统的以人的自然属性为基础的公平正义理论，认为人类的基本需求是发展的基础和基于自然的需要。在追求公平正义的过程中不仅要关注人的自然属性，同样也要注重人类的社会属性，因为社会是人类生存和发展的必要条件。第四，他们认为公平正义本身就包括了平等。马克思曾经指出，平等是共产主义的基础，是共产主义的重要论点。恩格斯也指出，应该认真、公平地处理社会问题，应当尽一切努力，使得现代化的奴隶与人类有着相对称的地位。

2.3.6.3　新中国成立至中共十八大主要国家领导人的公平观

这里主要介绍新中国成立至中共十八大主要国家领导人的公平思想，主要涉及毛泽东、邓小平、江泽民、胡锦涛等主要国家领导人，习近平的公平观点在下一小节专门论述。毛泽东的公平正义思想主要体现在如下几个方面：一是追求男女受教育公平；二是反对绝对的平均主义和两极分化；三是主张国家与国家独立自主、平等相处；四是认为人民享有基本的权利，并且这些权利是不可侵犯的；五是主张性别平等和代际间平等。毛泽东的公平理论与他所处的时代背景有关，他汲取了马克思和恩格斯的《资本论》理论，认识到封建社会和资本主义社会剥削劳苦大众的本质，认为应该建立起一套公平的社会制度，取缔君主制和资本主义制度，从而实现社会公平。

邓小平的公平理论是在改革开放的大背景下形成的，他认为社会主义的本质是解放生产力，发展生产力，消灭剥削，消除两极分化，最终实现共同富裕。在涉及“公平”和“效率”的抉择上，邓小平更注重效率，他主张“先富带动后富”，并且认为“不论黑猫、白猫，抓到老鼠的就是好猫”。这主要是因为当时的社会生产力低下，如果仅注重公平，人民的生产积极性不高，只有通过解放生产力，提高生产的积极性，才能做大“蛋糕”，否则只是低水平的分配。因此，只有通过解放和发展生产力，才能够逐步消灭剥削和被剥削，消除极端贫富等不合理的分配。

江泽民在邓小平的影响之下，提出了“三个代表”重要思想，即中国共产党“代表着中国先进生产力的发展要求，代表着中国先进文化的前进方向，代表着中国最广大人民的根本利益”。其中，代表中国最广大人民的根本利益，需要通过不断地解放和发展生产力，通过不断优化利益分配制度，使全体居民都能够享受到社会发展带来的红利，满足人民对物质文化的需求。

胡锦涛提出了“科学发展观”的发展思想，他在 2003 年 7 月的讲话中提出“坚持以人为本，树立全面、协调、可持续的发展观，促进经济社会和人的全面发展”，按照“统筹城乡发展、统筹区域发展、统筹经济社会发展、统筹人与自然和谐发展、统筹国内发展和对外开放”的要求推进各项事业的改革和发展的方法论——科学发展观。由此可见，“以人为本”是科学发展观的核心，即把人民的利益作为党开展工作的根本出发点，保障人民的各项权利，实现人的全面发展。

2.3.6.4 习近平的公平观

习近平的公平观主要体现在完善社会主义分配制度、推进基本公共服务均等化、缩小城乡差距、完善社会保障体系、坚持教育公平、完善医疗及就业保障。在完善社会主义分配制度方面，习近平认为应对当前的居民收入分配方式进行调节，对不合理的分配格局积极进行改善。习近平要求，要进一步改善收入分配的具体形式，制定高效的收入分配调节调控机制，保障好个人的合法收入，抑制非法收入，提高低收入群体的收入水平，调整高收入阶层的收入水平，提高中等收入阶层比例，缩小区域之间、城乡之间居民的收入水平差距。习近平在十八届三中全会中指出“要形成合理有序的收入分配格局”，通过“改革收入分配制度，促进共同富裕”；在中共十九大报告中进一步指出“城乡区域发展和收入分配差距依然较大”，需要“促进收入分配更合理、更有序”，从而缩小收入分配差距。在推进基本公共服务均等化方面，习近平在担任福建省省长时就指出解决城乡二元结构问题的重要性，他认为户籍制度的取消是社会发展到一定阶段的必然结果，政府应坚定不移地消除户籍制度带来的经济社会差别，消除城乡劳动力市场分割的局面。他指出，应实施城乡统一的户籍制度，对城乡实施统一的公共服务，并不断推进基本公共服务均等化。他在十八届三中全会中指出要“推进基本公共服务均等化”，在中共十九大报告中指出要“加快推进公共服务均等化”，并指出“在 2020 年至 2035 年，基本公共服务均等化基本实现”。关于缩小城乡差距方面，习近平在十八届三中全会中指出“城乡二元结构是制约城乡发展一体化的主要障碍。必须健全体制机制，形成以工促农、以城带乡、工农互惠、城乡一体的新型工农城乡关系，让广大农民平等参与现代化进程、共同分享现代化成果。要加快构建新型农业经营体系，赋予农民更多财产权利，推进城乡要素平等交换和公共资源均衡配置，完善城镇化健康发展体制机制”，并且指出要“健全城乡一体化发展机制、建立统一的城乡建设用地市场”。在完善社会保障体系方面，习近平在十八届三中全会中指出要“建立更加公平可持续的社会保障制度，深化医药卫生体制改革”。并进一步在中共十九大报告中指出“加强社会保障体系建设。按照兜底线、织密网、建机制的要求，全面建成覆盖全民、城乡统筹、权责清晰、保障适度、可持续的多层次社会保障体系”，主要通过全面实施全民参保计划、完善失业工伤保险制度、完善最低生活保障制度、完善社会救助等制度、发展残疾人事业等措施推进社会保障体系的建设和完善。在坚持教育公平、完善医疗及就业保障方面，习近平在中共十九大报告中指出要优先发展教育事业，并且“健全学生资助制度，使绝大多数城乡新增劳动力接受高中阶段教育、更多接受高等教育”；医疗方面，提出要“完善统一的城乡居民基本医疗保险制度和大病保险制度”；就业方面，习近平在中共十九大报告中指出“就业是最大的民生，应努力破除阻碍劳动力流动的机制，使得每个人都有通过自身努力而实现致富的机会，并且提供就业方面的公共服务以促进青年群体和农民工参与就业”。

根据社会公平理论，最低生活保障制度能够让低收入者享受到经济发展的利益，使贫困者受到公平的对待。最低生活保障有利于居民的起点公平，保障了每个人的基本生存权利。通过接受低保救助，可以使低保群体获得一定的自我发展能力，有助于更好地实现能力平等。当前我国处在社会主义初级阶段，收入分配还不足以达到按需分配的条件，但是社会的进步应该使越来越多的人享受到社会发展所带来的好处。绝对的平等和绝对的不平等都是不好的，通过低保营造公平的制度环境，抑制两极分化，消除社会中过大的贫富差距。贫困群体在社会中普遍存在，通过低保制度能够有效保护这部分群体的根本利益，公平的低保制度需要将差距控制在合理的范围内。我国低保制度的建立与实施，体现了中国共产党“以人为本”的发展理念，通过完善城乡低保制度可以使居民享受到更加公平的公共服务，实现社会的“共建、共治、共享”。

综合上述公共产品理论、基本公共服务均等化理论、政府职能理论、反贫困理论、收入分配理论和社会公平理论，最低生活保障这项制度安排可以视作公共产品，并且是一项基本的公共服务，同时具备一定的排他性和竞争性。低保制度作为一项基本公共服务，需要在实施过程中做到“应保尽保”（机会均等）、避免“人情保、关系保”（过程公平）和缩小服务差距（结果均等），只有每个环节做到了均等，才能实现低保公共服务的均等化。当前我国在着力构建服务型政府，通过低保制度的供给，使得贫困群体享受到了应有的公共服务，对于维持社会和谐有着重要意义。低保公共服务的供给属于救济式扶贫，是贫困人口维持生活的“最后一道防线”，应通过合理的低保制度设计，发挥制度的反贫困效果。通过低保制度第二次分配，对依靠市场行为初次分配产生的不公平进行矫正，改善居民间收入分配格局。公平的低保制度，一是需要在不同群体之间公平对待，二是需要在不同地区公平发展，对于我国来说，一方面需要缩小城乡居民间享受低保的差距，另一方面需要缩小不同地区居民享受低保的差距。

| 第 3 章 |

我国城乡低保现状问题分析

本章首先分析了我国低保制度在社会保障中的地位，接着以我国低保发展历史为脉络，回顾我国城市和农村低保的发展情况，利用全国宏观数据简单地勾勒出了我国城乡低保保障的人数、覆盖面、低保标准、低保支出和各级政府分担比例的变化情况。最后，指出我国城乡低保制度在发展过程中存在的主要问题。

3.1 我国低保制度在社会保障中的地位

最低生活保障是社会救助中的一个部分，而社会救助又是社会保障体系中的一个部分。根据国务院 2014 年 2 月颁布的《社会救助暂行办法》[①]，我国的社会救助主要包括最低生活保障、特困人员供养、受灾人员救助、医疗救助、教育救助、住房救助、就业救助和临时救助 8 种方式。除此之外，还有一部分救助来源于社会力量（见图 3－1）。

① 中华人民共和国民政部．社会救助暂行办法［EB/OL］．http：//www.mca.gov.cn/article/gk/fg/shjz/201507/20150715848487.shtml，2014－02－27.

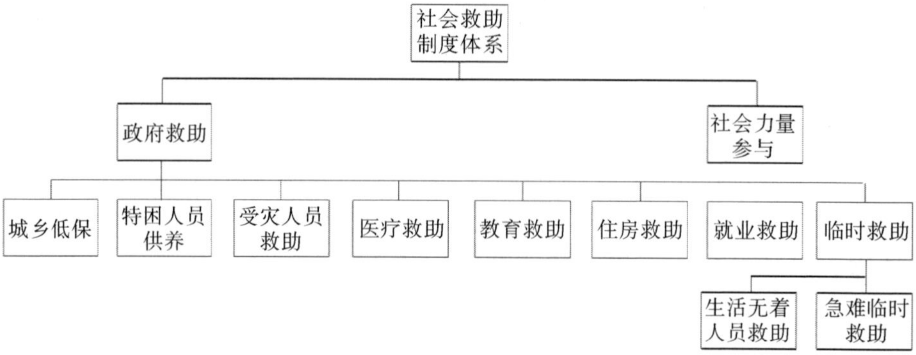

图 3-1　我国的社会救助制度体系框架

我国的社会救助制度建立进程相对较为缓慢，改革开放以来，我国的社会救助制度建设大致可以分为四个阶段（林闽钢，2018[①]；林闽钢，2010[②]）。其中，第一阶段从 1978 年到 1992 年，这一阶段我国的社会救助制度处于起步阶段。该阶段的重要标志是中华人民共和国民政部成立了相关的社会救助部门。在 1978 年，全国人大批准恢复民政部，之后民政部设立了 7 个司局级单位开展城市和农村的福利救济工作。这一时期，农村的社会救助制度主要包括三方面的内容：一是为贫困人员提供定期、定量的救助；二是完善农村的“五保”制度；三是通过开发式扶贫解决农村的贫困问题。与此同时，城市的社会救助工作也得到了较快的发展，建立了福利院和托老院等福利机构，对城市的救济对象和救济标准予以了明确。

第二阶段从 1993 年到 2007 年，这一阶段社会救助体系开始慢慢形成雏形。在此阶段，城市最低生活保障制度从 1993 年开始试点，到 1999 年 9 月国务院出台《城市最低生活保障条例》，意味着城市最低生活保障制度产生法律效力。农村最低生活保障制度则经历了漫长的 15 年时间才得以真正建立起来，试点最早于 1992 年在山西省阳泉市展开，但是直到 2007 年农村低保制度才得以建立。2003 年，民政部、卫生部和财政部联合出台了《关于实施农村医疗救助的意见》，文件指出首先在部分城市建立医疗救助制度，

① 林闽钢. 我国社会救助体系发展四十年：回顾与前瞻［J］. 北京行政学院学报，2018（05）：1-6.

② 林闽钢. 中国社会救助体系的整合［J］. 学海，2010（04）：55-59.

并且在 2005 年建立农村医疗救助制度。2005 年，民政部等三部门又提出开展城市医疗救助的试点工作，直到 2008 年年底，已经建立了覆盖全国所有地区的城乡医疗救助制度。与此同时，民政部联合教育部于 2004 年发布了《关于进一步做好城乡特殊困难未成年人教育救助工作的通知》，表明教育救助制度的逐步建立。2007 年，国务院发布了《关于解决城市低收入家庭住房困难的若干意见》（国发〔2007〕24 号），提出“城市廉租住房制度是解决低收入家庭住房困难的主要途径”，意味着我国的住房保障（救助）制度得以建立。至此，我国的救助体系日渐完善，不仅仅有保障低收入群体的最低生活保障制度，还有各种专项的救助制度，共同筑建起了我国社会救助制度雏形。

第三阶段从 2008 年到 2014 年，在该阶段我国社会救助体系中的临时救助制度得以完善。2007 年之后，民政部在全国范围内探索建立临时社会救助制度，以帮助遭遇意外事件而陷入贫困的家庭，至 2013 年年底全国的 26 个省（自治区、直辖市）均制定了相关制度。2014 年 10 月，国务院颁布了《关于在全国建立临时救助制度的通知》，这意味着我国临时救助的“短板”被补齐，形成了相对完备的社会救助体系。

第四阶段为 2014 年以来，该阶段的重要标志是《社会救助暂行办法》的出台，该暂行办法于 2014 年 2 月由国务院颁布。尽管是“暂行办法”，但是它第一次以法规的形式规定了我国的社会救助制度的具体组成，构建了一个由政府主导、社会力量共同参与的社会救助体系，标志着我国的社会救助进入了一个新的发展时期。

通过近四十年的发展，我国的社会救助逐渐从单部门行动转向多部门协同，由城乡二元救助体系逐渐转向统筹式发展，由政府救助逐渐转向政府与社会力量公共参与的社会救助体系新格局。根据各个社会救助制度的确立时间，可以看出我的最低生活保障制度是在整个社会救助制度中较早建立起来的，说明了低保救助在我国整个社会救助体系中具有基础性作用。我国的低保制度旨在满足贫困群体的最低生活需求，具有“兜底”的作用。相比而言，我国社会救助体系中的其他救助则是起辅助作用，比如特困人员救助主要面向满足特定条件的城乡老年人、残疾人以及未满 16 周岁的未成年人，而非针对所有类别贫困人群；受灾人员救助具有一定的临时性，并不像低保是持续救助；医疗救助、教育救助和住房救助均针对特定种类的救助需求，并非贫困群众的最基本需求；就业救助具有提升贫困群体自身发展能力，从而脱离贫困的作用；临时救助和受灾人员救助相似，同样不具备持续救助的特征。从具体类别来看，低保救助属于长期生活类救助，医疗、教育、住房和就业救助属于专项分类救助，受灾人员和临时救助属于应急类救助，三类救助属于并列关系（谢勇才、丁建定，2015）①。城乡低保制度在整个社会救助体系中的作用最为“基础”，其他的救助制度在一定程度上是对其的补充。只有多种救助制度发挥各自的优势，才能使贫困群体的基本利益得到应有的保障。

3.2 我国城乡低保发展情况

3.2.1 我国城市低保制度发展的历史脉络

我国城市低保制度出台的历史背景是20世纪90年代的国企改革，当时国有企业为了提高生产效率，对企业用工制度进行了全面的改革，由此导致一些国有企业员工失去工作，使得城镇居民的贫困问题变得愈发严峻（李实、John Knight，2002）②。1993年6月，城市低保制度在上海市率先建立并试行，当时设立的低保标准为每人每月120元。次年5月，民政部在全国第十次民政工作会议上提出，要将城市低保试点范围进一步向东南沿海地区扩大。此后，厦门、福州、大连、青岛、无锡、广州分别建立了城市最低生活保障制度。1995年5月，民政部在厦门等地召开城市低保工作座谈会，就各地的具体做法和经验进行交流、总结。同年7月，民政部明确了低保工作的具体思路，即“深入调研、典型引路、逐步推进、重点实施”的十六字方针。当时城市低保的筹资方式是“财政统包”和“分别负担、财政兜底”两种方式，低保标准的确定使用“最低生活消费实算法”，即先通过维持居民最低生活的必需品数量与市场价格乘积计算出最低消费，再考虑财政承受能力确定具体标准（陈

① 谢勇才，丁建定. 从生存型救助到发展型救助：我国社会救助制度的发展困境与完善路径［J］. 中国软科学，2015（11）：39－49.

② 李实，John Knight. 中国城市中的三种贫困类型［J］. 经济研究，2002（10）：47－58＋95.

雁，1996)[①]。此后，城市低保制度逐步推向了全国绝大多数城市，截至 1997 年 8 月底，全国建立了城市低保制度的城市有 206 个。1997 年 9 月，国务院颁布了《关于在全国建立城市居民最低生活保障制度的通知》（国发〔1997〕29 号文)[②]，该通知明确在 1999 年年底，在所有的城市和县级单位城镇均建立起城市低保制度，同时还明确了城市低保制度的保障范围、保障标准和低保资金的来源等问题。城市低保制度能够在 1993—1999 年在全国 200 多个城市迅速建立起来，既有来自同级政府之间的竞争，也有来自上级政府的行政命令和上下级政府间的财政关系的影响（朱旭峰等，2018)[③]。

此后，在 1999 年 9 月国务院第 21 次常务会议通过了《城市居民最低生活保障条例》（以下简称《条例》)[④]，并于同年 10 月正式在全国城市实施。其中《条例》第五条规定："城市居民最低生活保障所需资金，由地方人民政府列入财政预算，纳入社会救济专项资金支出项目，专项管理，专款专用。国家鼓励社会组织和个人为城市居民最低生活保障提供捐赠、资助；所提供的捐赠资助，全部纳入当地城市居民最低生活保障资金。"由此可见，城市低保在实施之初的资金主要来源于地方财政，还有一部分是社会捐赠和资助。对于家庭平均收入在最低生活保障标准以下的居民，可以享受到最低生活保障的救助。其中《条例》第六条规定："城市居民最低生活保障标准，按照当地维持城市居民基本生活所必需的衣、食、住费用，并适当考虑水、电、燃煤（燃气）费用以及未成年人的义务教育费用确定。"可见，城市低保保障的范围较为广泛，涵盖了基本的衣着、食品、住房、家用能源和未成年人的教育费用。

城市低保主要采用了"补差"的形式，当然部分地区有不同的规定。其中，北京市在 2000 年实施的《北京市实施〈城市居民最低生活保障条例〉办法》[⑤]

---

① 陈雁．谁能享受最低生活保障——城市最低生活保障制度的建立与推进［J］．经济世界，1996（08）：4－6.

② 国务院．国务院关于在全国建立城市居民最低生活保障制度的通知［EB/OL］．http：//www.gov.cn/zhengce/content/2016－10/19/content_5121479.htm，2016－10－19.

③ 朱旭峰，赵慧，龚华燕．政府间关系视角下的社会政策扩散——以中国城市低保制度为例（1993—1999）（英文）［J］．Social Sciences in China，2018，39（01）：78－97.

④ 中华人民共和国民政部．城市居民最低生活保障条例［EB/OL］．http：//www.mca.gov.cn/article/gk/fg/shjz/201507/20150715848484.shtml，1999－09－28.

⑤ 北京市民政局．北京市实施《城市最低生活保障条例》办法［EB/OL］．http：//mzj.beijing.gov.cn/news/root/shjz/2011－10/100704.shtml，2000－06－27.

规定，无收入来源、无劳动能力的城市居民可以全额享受城市低保，而有收入来源的城市居民，则按照家庭人均收入与最低生活保障之间的差额进行补助。为了使符合条件的城市低收入群体能够享受到低保对生活的保障作用，国务院于2001年11月颁布了《关于进一步加强城市居民最低生活保障的通知》，提出要将符合条件的城镇居民纳入城市低保的范围之内。

3.2.2 我国农村低保制度发展的历史脉络

相对于城市低保制度的建立，农村低保制度发展相对滞后。我国的农村低保同样是首先在部分地区建立，后经过逐步推广、发展，从而在全国范围内建立农村低保制度。早在1994年我国山西省阳泉市就试点了农村最低生活保障工作，1996年年底民政部下发的《关于加快农村社会保障体系建设的意见》明确要求，即使标准低一点，也要把农村最低生活保障制度建立起来，筹资由各级财政和村集体共同分担（雷晓康、王茜，2009）①。2002年4月，北京市民政局发文《关于建立和实施农村居民最低生活保障制度意见的通知》②，决定从2004年起在北京市全市建立农村最低生活保障制度。到2004年年底，全国共有8个省、1206个市县建立了农村低保制度，涉及235.9万户、488万名农民，其中北京、上海、天津、广东、江苏、浙江六省（直辖市）全面实行了农村低保制度（刘坚，2006）③。2005年10月，时任国务院副总理的回良玉在全国城乡特殊困难群众社会救助工作经验交流会上，提出“有条件的地区要积极探索建立农村低保制度”。

2007年7月，国务院颁发了《关于在全国建立农村最低生活保障制度的通知》（国发〔2007〕19号）④（以下简称《通知》），提出在全国范围内建立农村低保制度。建立农村低保制度的目标是：通过在全国范围建立该制度，将符合条件的农村贫困人口全部纳入保障范围，稳定、持久、有效地解

---

① 雷晓康，王茜．中国最低生活保障制度现状与回顾［J］．社会保障研究，2009（02）：45－55.

② 北京市民政局．关于建立和实施农村最低生活保障制度意见的通知［EB/OL］．http：//mzj.beijing.gov.cn/news/root/gfxwj_shjz/2011－10/102069.shtml，2004－04－23.

③ 刘坚．新阶段扶贫开发的成就与挑战［M］．北京：中国财政经济出版社，2006.

④ 国务院．国务院关于在全国建立农村最低生活保障制度通知［EB/OL］．http：//www.gov.cn/zwgk/2007－08/14/content_716621.htm，2007－08－14.

决全国农村贫困人口的温饱问题。《通知》指出：农村最低生活保障的管理既要严格规范，又要从农村实际出发，采取简便易行的方法，主要包括四个环节，分别是申请、审核和审批→民主公示→资金发放→动态管理。《通知》还规定：农村最低生活保障资金的筹集以地方为主，地方各级人民政府要将农村最低生活保障资金列入财政预算，省级人民政府要加大投入。

3.2.3　城乡低保制度的进一步发展

城乡低保分别于 1999 年和 2007 年在全国范围内建立以后，在具体的低保工作实施中也出现了一些问题，比如低保标准制定不规范、低保信息传递效率不高、低保对象瞄准偏差、没有考虑不同低保群体的特殊需求和地区内部低保标准差距较大等问题。针对这些问题，民政部、国务院或地方政府部门采取了对应的规范手段。

（1）规范城乡低保标准制定。2011 年 5 月，民政部联合发改委等部委共同印发了《关于进一步规范城乡居民最低生活保障标准制定和调整工作的指导意见》（民发〔2011〕80 号），这意味着城乡低保标准的动态调整机制正式建立。《指导意见》明确了三种参考方法来确定各个地方的低保标准，这三种方法分别是恩格尔系数法、基本生活费用支出法和消费支出比例法，明确了低保标准随着生活必需品的价格变化而进行动态调整。同时，《指导意见》还指出，各个地方应引导经济水平相当的地区缩小地区间的低保标准差距，同时条件成熟的地区可以在区域内实行统一的城乡低保标准。

（2）建立“全国最低生活保障信息系统”。2008 年，民政部开始筹备建立“全国在最低生活保障信息系统”的建设，2011 年 8 月，低保信息系统基本建成。截至 2013 年 5 月，低保信息系统的数据交换取得了初步的成果。其中，17 个省使用了全国低保信息系统，其余省份使用的是自建的低保信息系统，共计 15 个省份完成了省部数据交换[①]。低保信息系统的建立和运行，进一步加强了对低保对象的服务和管理，提高了对低保保障对象的服务水平和保障力度。

---

① 中华人民共和国民政部．全国最低生活保障信息系统数据交换取得初步成果［EB/OL］．http：//www.mca.gov.cn/article/xw/ywdt/201306/20130615470161.shtml，2013－05－29.

（3）进一步提高城乡低保的工作效果。2012年9月，国务院发布了《关于进一步加强和改进最低生活保障工作的意见》（国发〔2012〕45号），针对城乡低保工作中存在的问题，提出了改进意见。《意见》要求城乡低保工作应该以应保尽保、公平公正、动态管理和统筹兼顾为基本原则，从完善低保对象的认定条件、规范低保审核审批条件、建立被救助家庭经济状况的核对机制、加强低保对象动态管理、健全低保工作监管机制、建立健全低保工作投诉核查机制、加强低保与其他社会救助制度的衔接七个方面给出了改进建议。为了提高农村低保的瞄准率，遏制人情保、关系保、骗保、错保等不合理现象，2015年3月，民政部联合国家统计局印发了《关于进一步加强农村最低生活保障申请家庭经济状况核查工作的意见》。为了使农村低保制度与农村扶贫开发政策有效衔接，确保精准扶贫战略的顺利实施，国务院于2017年出台了指导性文件（民发〔2017〕152号）①。

（4）部分地区采取了城乡低保分类救助模式。当前，北京市、天津市和上海市都已经实现了低保分类救助，针对不同类别的贫困对象采取不同的救助方式。2014年，北京市民政部门考虑到城乡低保对象的疾病因素、家庭因素以及年龄因素等特征，实施了分类救助，具体的救助方式包括收入核减、标准上浮、就业奖励和救助渐退等。天津市实施了收入核减和标准上浮两种方式；上海市除了收入核减和救助减退的政策以外，还对享受低保家庭的在校学生提供教育救助，对符合廉租房申请条件的家庭可按规定享受廉租房补贴和粮油救助等。各地的分类救助原则和救助方式见表3－1。

（5）城乡低保一体化的实践。城乡低保一体化方面，只有北京市、天津市和上海市三个直辖市，及部分地级市、县级市（如苏州市、仪征市等）在近几年实现了城乡低保标准的统一。2015年7月，北京市延庆县（现为延庆区）实施了城乡统一的最低生活标准，这标志着北京市的13个涉农区县均已实现城乡低保标准的一体化②。截至2017年第4季度，北京、天津和上海

---

① 民政部，国务院扶贫办．民政部，国务院扶贫办关于进一步加强农村最低生活保障制度与扶贫开发政策有效衔接的通知（民发〔2017〕152号）［EB/OL］．http：//xxgk. mca. gov. cn：8081/n1360/155164. html，2017－09－13.

② 北京市民政局．我市提前实现城乡低保标准一体化［EB/OL］．http：//mzj. beijing. gov. cn/news/root/mrmz/2015－06/113807. shtml，2015－05－29.

表3-1　　部分地区分类救助原则和救助方式

地区	救助原则	（一）收入核减	（二）标准上浮	（三）就业奖励	（四）救助渐退
北京①	城乡统筹、重点保障、促进就业、政策衔接	1. 重大疾病或重度残疾按照收入100%核减，抚养人≥60岁，再核减50%；2. 单亲单独抚养低于16岁未成年或大于16岁全日制学生，收入按照100%核减。同时满足，取最高	1. 特困人员、五保供养对象，上浮40%，按月发放；2. 重大疾病，上浮35%；3. 重度残疾人，上浮30%；4. 因公（病）致残返城知青等传统民政救济对象，上浮25%；5. 老人、低于16岁未成年人、大于16岁的全日制学生，上浮20%；6. 低于60岁退休人员、丧失劳动力人员，上浮15%。同时满足，取最高	1. 固定工作，收入扣除低保标准80%；2. 弹性就业人员，分三类情形，扣除80%作奖励，再根据家庭收入/低保标准核定/实际收入计算；3. 就业后，参考1和2	就业后，可以享受6个月的低保救助，前3个月按原低保金100%支付，后3个月减半支付
天津②	根据低收入群体的致贫原因、身体状况等实施分类救助、有就业能力的进行就业援助、特殊困难家庭予以特殊照顾	1. 重度残疾，家庭收入按照扶贫标准100%扣除，中度残疾按50%扣除；2. 重大疾病，家庭收入按照扶贫标准100%扣除，特殊疾病按50%进行扣除；3. 丧偶单亲且子女就学，家庭收入按照低保标准的150%进行扣除，离异且子女上学按照100%进行扣除；4. “双老”无子女且仅领一份退休金，退休金按照低保标准150%扣除。同时满足多项，按高标准执行	1. “三无”人员享受低保政策时，在低保标准基础上上浮50%；2. 孤儿及无人抚养在校学生，按城市低保标准上浮200%发放；3. 享受低保并处于义务教育阶段、享受低保的60岁以上老人，在原差额基础上，上浮10%核发。同时满足多项，按高标准执行	—	—

① 北京市民政局．关于规范和统筹我市城乡居民最低生活保障分类救助制度的通知［EB/OL］．http：//mzj.beijing.gov.cn/news/root/gfxwj_shjz/2014-12/112074.shtml，2014-12-23.

② 天津市民政局．关于完善城乡分类救助政策的通知［EB/OL］．http：//www.tjmz.gov.cn/zwgk/system/2014/07/18/010020412.shtml，2014-07-18.

续表

地区	救助原则	（一）收入核减	（二）标准上浮	（三）就业奖励	（四）救助渐退
上海①	鼓励自立就业脱贫、改善就业人员和退休老人的生活条件	有实际就业行为的，月收入高于本地最低工资标准的，部分收入免于计入家庭收入	—	—	1. 对于依靠政府安置上岗就业退出低保的，一次性发放2至6个月低保金补差的一倍；2. 对于自谋职业就业退出低保的，一次性发放2至6个月低保金补差的两倍

注："—"代表无数据。

资料来源：根据各地民政局官网信息整理得到。

城乡低保标准分别达到每月900元、860元和970元。除了实行城乡低保一体化以外，苏州市于2016年在全国地级市中率先在全国实现最低生活保障"城乡统筹、标准并轨、同城同标"，城乡低保标准统一达到750元/月（为当年全省最高）②；仪征市于2017年，全市城乡低保标准分别由每人每月570元、460元统一提高至每人每月600元③。

此外，部分省份也在探索一体化的实践，但城乡低保标准仍存在一定的差别，比如，湖南省从2014年1月起，城市和农村分别实施了统一的低保指导标准，当年城市低保标准为每月330元，农村低保标准为每月165元。之后的低保指导标准为每年发布一次，其中城市低保标准为上一年度全省最

① 上海市民政局．网上办事大厅，网上咨询［EB/OL］．http：//www.shmzj.gov.cn/gb/shmzj/node7/node27/node869/index1.html/，2018.

② 江苏民政网．率先实现最低生活保障 苏州民政打造全国N个样板［EB/OL］．http：//mzt.jiangsu.gov.cn/art/2016/2/5/art_55087_6758395.html，2016－02－05.

③ 江苏民政网．仪征市民政局强化城乡低保规范化管理［EB/OL］．http：//mzt.jiangsu.gov.cn/art/2018/1/10/art_54981_7281912.html，2018－01－10.

低工资的33%，而农村低保标准为城市低保标准的一半①，并规定各地的标准不能低于全省的指导线，并且可以在该标准基础上适当进行上浮。当然，也有部分省份由于经济发展差距比较大，比如广东省南部沿海城市发展普遍比北部山区要好，导致省份内部的低保标准差距较大。为了实现城乡低保的一体化发展，广东省明确提出在2014年年底之前，低保补贴水平达到全国前10的水平，并根据经济水平具体分为四类地区，有差别地实施各地城乡低保，并对低保群体购物给予适当的优惠补贴②。

3.3 我国城乡低保发展数据描述分析

城乡低保制度从建立到2018年已经分别运行了20年和12年，那么它们在过去的发展情况怎样呢？这里利用全国数据，就城乡低保保障人数、覆盖率、救助标准、低保支出及低保资金分担比例等相关情况进行介绍，从而对低保实施产生的效果有一个大致的认识。

3.3.1 低保保障人数和覆盖面的变化趋势：走势保持一致

尽管城乡低保制度确立分别在1999年和2007年，但在此之前也有少量的贫困群体享受城乡低保救助，这里使用1996—2017年的数据，对城市和农村低保人数的大致变化进行分析。本书使用的城乡低保人数数据来源于中华人民共和国民政部官网③和wind数据库。图3-2呈现了1996—2017年城乡低保人数变化情况，可以看出在城乡低保制度确立之前，享受城乡低保制度的群体较少，1996年享受城市低保的人数为85万人，到1998年仅为184万人；2000年享受农村低保的人数为300万人，到2006年增长到1593万人。在

① 中华人民共和国民政部．湖南省统一全省城乡低保指导标准，明年元旦起执行［EB/OL］．http：//www.mca.gov.cn/article/xw/dfdt/201311/201311155485709.shtml，2013-11-20.

② 广东省人民政府办公厅．关于建立全省城乡低保最低标准制度的通知［EB/OL］．http：//www.gd.gov.cn/gkmlpt/content/0/141/post_141817.html，2013-04-27.

③ 低保标准数据来源见中华人民共和国民政部：http：//www.mca.gov.cn/article/sj/tjjb/qgsj.

城乡低保制度确立之后，城乡低保保障人数迅速增加，然后缓慢回落。城乡低保在 1999 年和 2007 年保障人数分别为 257 万人和 3566 万人，在 2008 年和 2013 年城乡低保的人数分别达到最多，分别为 2335 万人和 5388 万人。从同期的比较来看，城镇低保人口数从 2007 年的 2272 万人，减少到了 2017 年的 1261 万人，平均每年减少 101 万人，这可能是因为城镇人口收入水平提高，使得城镇贫困人口有所减少。农村方面，2007—2017 年农村低保人口数量呈现出先增多后减少的趋势，其中在 2013 年农村低保人口数达到最大，之后则表现出快速减少的趋势，这主要受到国家扶贫政策的影响。农村低保制度在实施之初保障的人口数量快速上升，从图 3 - 2 中可以看出 2007—2010 年农村低保人口数快速上升，2007 年农村低保人数为 3566 万人，到 2010 年年底农村低保人口数量增长到了 5214 万人。2010 年之后农村低保人数增长较为缓慢，到 2013 年农村保障人数达到最大为 5388 万人。此后，伴随着“精准扶贫”政策的实施，农村贫困人口在 2014 年后快速减少，因此享受农村低保的人数也在一定程度上有所减少，至 2017 年年底农村低保人数降低到了 4045 万人。

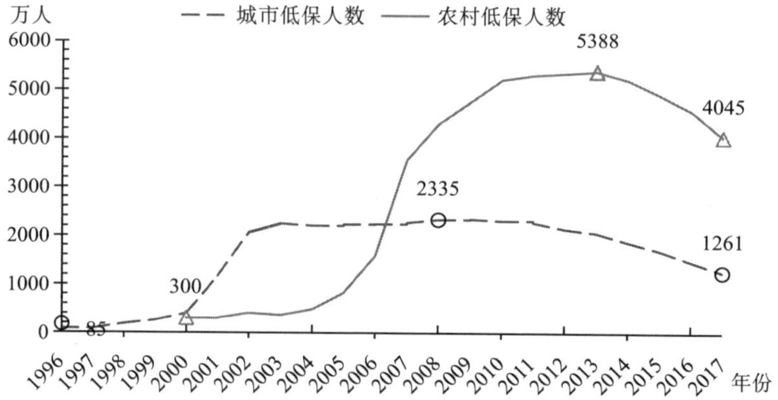

图 3 - 2　1996—2017 年城乡低保人数变化情况

数据来源：wind 数据库。

最低生活保障的覆盖面是指最低生活保障的人口占总人口的比例（张时飞，2009）①，衡量的是最低生活保障的实际辐射范围，对多少比例的人口有

① 张时飞．城乡最低生活保障扩大覆盖面已近拐点_国研网［EB/OL］．http：//d. drcnet. com. cn/eDRCNet. Common. Web/DocDetail. aspx？DocID = 1893437&leafid = 31&chnid = 15，2009.

影响。图 3 - 3 呈现了 1996—2017 年城镇和农村低保覆盖率的变化情况，可以看出农村的低保覆盖率明显高于城市，这主要是因为农村的贫困人口相对更多。城乡低保覆盖率的总体走势与城乡低保人数的走势保持一致，均为“S 型”走势。农村低保覆盖率在 2013 年到达最大值（8.56%），城市低保覆盖率则在 2003 年达到最大值（4.29%），之后缓慢降低。从 2007—2017 年的变化趋势来看，农村低保覆盖率总体先增长后降低，2007 年农村低保覆盖率为 4.99%，到 2013 年增长到了最高水平为 8.56%，之后农村低保覆盖率缓慢降低，到 2017 年降低到了 7.02%。从城市低保覆盖率的变化来看，城镇低保覆盖率逐年降低，从 2007 年的 3.75% 一直降低到了 2017 年的 1.55%，这说明城镇低收入群体的比重越来越小，主要原因是城镇居民收入水平在近几年上升较快。

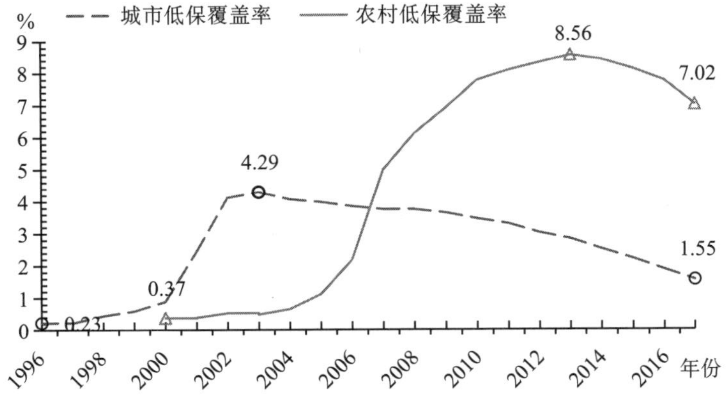

图 3 - 3　2007—2017 年城乡低保覆盖率变化情况

数据来源：wind 数据库。

3.3.2　低保标准和支出的变化趋势：城乡同步增加但存在差距

低保标准是对收入低于相应标准的低收入群体进行补助的依据，因此其高低影响着低保保障的人口范围即保障面的大小，那么城乡总体的低保标准经历了怎样的变化呢？低保标准是在低保制度确立之后（农村地区 2006 年的低保标准为实施农村低保政策地区的平均标准），由民政部门按照一定的时间频率制定的，通常每年的低保标准会有一定的变化。图 3 -4 描述了 1999—2017 年城镇和农村低保标准变化趋势，可以清晰地看到，城市和农村低保标准总体表现出较快的增长速度。城镇低保年标准从 1999 年的 1778 元/人增长到了 2017 年的 6487 元/人，其中 2008—2013 年增长速度较快（每年以高于 10% 的速度增长）。农村低保标准同样也表现出比较快的增长，2006 年农村低保年标准为 851 元/人，到 2017 年增长到了 4301 元/人，增长了 4. 05 倍，年均增长率达到 16. 05%，高于同期城市低保平均年标准的增长率（11. 14%）。

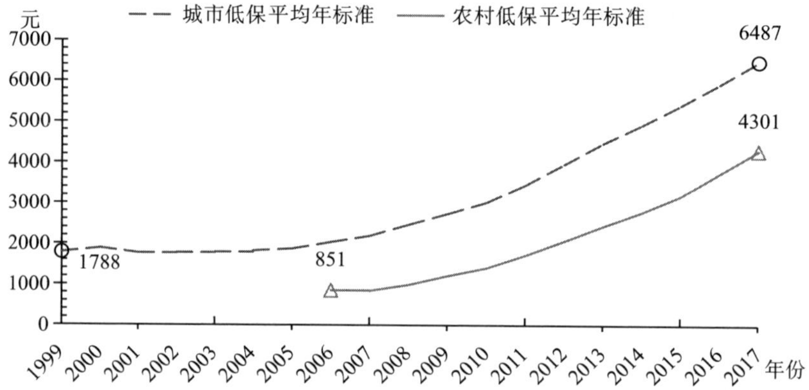

图 3 -4　1999—2017 年城乡低保年平均标准变化情况

数据来源：wind 数据库。

另外，还可以看出低保标准明显高于农村低保标准，从绝对差距来看，城乡低保的差距水平先扩大、后缩小。具体来看，城乡低保年标准差距从 2006 年的 1184 元，逐年扩大至 2015 年的 2236 元，接着缓慢降低至 2017 年的 2186 元。从相对差距角度来看，城乡低保标准比值总体呈现出下降趋势，城乡低保平均年标准比值从 2006 年的 2. 39（正式实施农村低保后，即 2007 年这一比值为 2. 61），降低到了 2017 年的 1. 51。

当前我国的低保救助采用“补差”的形式，即当居民收入水平低于最低保障水平时，政府按照最低保障标准进行补助，使居民达到最低保障水平，因此低保标准的高低不一定代表低保支出水平的实际情况。图 3 -5 呈现了 1996—2017 年城乡低保年人均支出变化情况，可以看出城市和农村低保人均支出水平均表现出增长趋势，说明城乡低保制度对城乡贫困人口的保障力度逐年提高。从 2007—2017 年的情况来看，城镇低保年人均支出在 2007—2009 年、2013 年、2017 年均以超过 20% 的速度增长，城镇低保年人均支出从 2007 年的 1221 元/人，增长到了 2017 年的 5079 元/人，增长幅度达到 3858 元/人，平均每年增长 16.8%。农村低保人均支出从 2007 年的 306 元/人，增长到了 2017 年的 2600 元/人，增长幅度为 2294 元/人，增长了 7.5 倍，年均增长率高达 25.5%。

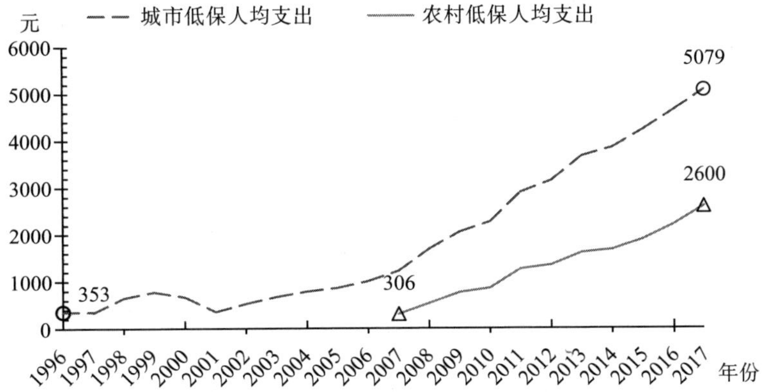

图 3－5　1996—2017 年城乡人均低保支出变化情况

数据来源：wind 数据库。

同时，可以看出不仅仅城镇低保标准高于农村低保标准，城镇低保人均支出同样高于农村低保人均支出。从两者的差距来看，农村低保人均支出与城镇低保人均支出的差距逐年扩大，两者的绝对差值从 2007 年的 915 元扩大到了 2017 年的 2500 元；从比值来看，城镇低保人均支出是农村低保人均支出的 2—4 倍，两者的比值从 2007 年以来总体呈现逐年降低的态势，从 2007 年的 3.99 降到了 2017 年的 1.95。

3.3.3　低保预算安排分担比例的变化趋势：中央和县级承担大部分支出责任

《中国民政统计年鉴》统计了历年用于城市低保和农村低保的民政事业

费预算安排情况①，其中城市低保统计了2005年以来中央支出和全省低保预算安排情况，全省支出包括省级、市级、县级和镇级支出安排（2010年起将县级和镇级支出安排合并为“县级及以下”）。为了使前后一致，本书将县级支出和镇级支出进行合并处理。

表3－2呈现了中国城市低保支出预算安排情况及在各级财政的分担比例。可以看出，城市低保预算规模从2005年的195.56亿元增长到了2016年的1208.55亿元，表现出快速增长的态势，11年间增长了5.18倍。从分担比例来看，中央支出比重从2005年的57.35%提高到了2016年的73.06%，增长了15.71个百分点；而地方财政支出比重从2005年的42.65%降低到了2016年的26.94%，降低了15.71个百分点。这说明，近年来中央政府在保障城市居民基本生活方面，财政保障力度逐年提高。地方城市低保预算安排方面，2005—2014年县级财政在城市低保支出中均为大头，支出比例超过省级财政和市级财政之和，2015年省级财政支出比例相对较高，2016年市级财政支出的比例相对较高。但是，从历年平均水平的情况看，县级以下的财政是城市低保的第二大筹资主体，省级和市级财政的筹资贡献偏低。

表3－2　2005—2016年中国城市低保预算安排及分担比例

年份	城市低保总预算（亿元）	中央安排合计（%）	全省安排合计（%）	省级（%）	市级（%）	县级及以下（%）
2005	195.56	57.35	42.65	10.24	5.57	26.83
2006	230.89	58.90	41.10	11.08	6.35	23.67
2007	276.71	57.77	42.23	10.67	5.83	25.73
2008	405.49	66.45	33.55	10.00	4.91	18.64
2009	500.87	71.69	28.31	8.21	4.46	15.64
2010	530.55	68.53	31.47	9.64	4.68	17.15
2011	689.62	72.80	27.20	10.06	3.94	13.20
2012	651.72	67.37	32.63	10.76	4.61	17.26

① 注：《中国民政年鉴》详细统计了各类社会服务事业费当年预算安排明细表，包括城乡低保各级政府的预算安排情况，但是城乡低保实际支出与预算数据偏离较大，具体可对照年鉴中的“社会服务事业费总体支出情况”中城乡低保金数据进行比对。

续表

年份	城市低保总预算（亿元）	中央安排合计（%）	全省安排合计（%）	省级（%）	市级（%）	县级及以下（%）
2013	767.74	71.06	28.94	9.54	4.61	14.78
2014	750.09	68.71	31.29	9.87	3.96	17.46
2015	1039.91	73.40	23.72	12.67	2.57	11.37
2016	1208.55	73.06	26.94	2.46	14.69	9.80

资料来源：根据历年《中国民政统计年鉴》整理得到。

农村低保在部分地区实施较早，尽管在 2007 年全国统一实施，但 2007 年之前实际统计了部分地区农村低保支出。与城市低保数据类似，农村低保统计了中央和全省预算安排情况，全省预算包括省级、市级、县级和镇级支出安排（2010 年起将县级和镇级支出安排合并为“县级及以下”）。为了使前后一致，本书将县级支出和镇级支出进行合并处理。统计口径方面，2005—2006 年为农村及其他社会救济支出，2007 年为农村社会救济支出，2008 年及之后统一为农村低保支出。

从农村低保预算安排规模来看（见表 3 - 3），低保支出规模从 2005 年的 72.50 亿元增长到了 2016 年的 634.19 亿元，同样表现出快速增长的态势。由于农村低保制度在 2007 年正式建立，因此在 2007 年之前农村低保支出大头均在省级及以下的财政安排（占全部支出的 80% 以上），中央财政给予的转移支付相对较低。在 2008 年之后，中央的农村低保预算安排占比快速提高，占比最高达到 71.24%（2011 年）。从分担比例来看，中央预算安排比重从 2008 年的 40.03% 提高到了 2016 年的 62.89%，增长了 22.87 个百分点；而地方预算安排比重从 2008 年的 59.97% 降低到了 2016 年的 37.11%，降低了 22.87 个百分点。这说明，近年来中央政府在保障农村居民基本生活方面，财政投入力度逐年提高。从 2008 年以来省级以下农村低保预算安排的分担比例来看，省级政府的预算分担比例总体上稳中有降，而中央财政农村低保筹资比例在大多数年份均在 60% 左右。

我国城乡最低生活保障标准均由地方政府制定，然而在低保预算安排方面，均是中央政府占大头，这导致低保标准的制定权与低保支出的事权并不对等。在卢森堡，中央和地方政府在社会救助中承担不同的责任，中央政府负责救助标准的制定，地方政府负责具体的实施，对确定的被救助对象，头3个月到1年的开支由地方财政承担，以后的开支由中央财政负担，直到被救助对象不再满足救助条件（马广博，2009）[①]，这种救助方式有助于减少地方政府对中央政府的依赖，也有利于缩小地区间的救助标准差距。

表3-3　　2005—2016年中国农村低保预算安排及分担比例

年份	农村低保总预算（亿元）	中央安排合计（%）	全省安排合计（%）	省级（%）	市级（%）	县级及以下（%）
2005	72.50	0.39	99.61	25.88	9.88	63.85
2006	136.19	10.50	89.50	23.01	10.15	56.34
2007	188.54	15.91	84.09	23.50	8.16	52.43
2008	233.94	40.03	59.97	27.56	6.73	25.68
2009	387.62	65.92	34.08	13.71	4.48	15.90
2010	450.68	59.69	40.31	17.59	4.24	18.48
2011	705.54	71.24	28.76	13.65	3.16	11.95
2012	689.89	62.53	37.47	16.13	3.99	17.35
2013	893.79	69.04	30.96	14.44	3.30	13.21
2014	886.40	65.85	34.15	15.67	3.44	15.04
2015	709.84	58.19	41.81	20.07	3.65	18.08
2016	634.19	62.89	37.11	13.95	3.84	19.27

资料来源：根据历年《中国民政统计年鉴》整理得到。

3.4　我国城乡低保存在的问题分析

尽管我国城乡低保制度从建立至今，在保障贫困人口基本生活方面取得了不错的成绩，但是在实施运行中还存在着一系列的问题。我国低保制度存在城乡低保制度二元化、低保标准难以满足居民平均的生存型消费、地区间低保标准不统一、各级政府城乡低保支出比例没有制度化等问题，而这些问

① 马广博．澳、德、法、卢四国社会救助制度特色对比及对我国的启示［J］．现代经济探讨，2009（04）：89-92．

题对于实现基本公共服务均等化、改善收入分配和促进社会公平等构成了一定的障碍。

3.4.1　城乡低保制度二元化

我国城乡低保制度分别建立数十年，长期以来一直是两套制度分开运行，使得城乡低保两套制度将城市和农村人为地分割开。近年来，也有较多的呼声提出统筹城乡最低生活保障制度，但是“城乡低保一体化”制度迟迟没有出台。现实层面的原因是，一方面，农村贫困人口较多，实施统一的低保标准会加重地方政府的财政负担；另一方面，农村和城市的生活成本存在差异，实施相同的低保标准实际上对城市贫困群体“不公平”。从制度层面来看，城乡低保制度的二元化受到我国长期以来的二元经济结构和二元户籍制度的影响，由此导致我国的低保制度分割为城乡低保制度，进一步导致了低保制度的人群的城乡差异、属性差异和地区差异（李薇，2013）[①]。相比较而言，城市的低保保障对象范围更广，城市低保保障对象不仅包含了老弱病残和贫困家庭，还涵盖了部分失业人员（孙嘉悦，2019）[②]。城乡低保制度的二元化会导致两方面的问题，一是在保障范围上出现了“真空地带”，不利于实现应保尽保。例如，农民工长期生活在城市，收入高于户籍地农村居民，但由于户口限制，城乡低保均不能申请，导致低保救助出现“真空地带”。二是造成城乡居民之间的保障水平差距较大，城乡间基本公共服务分配不公平。根据图 3－4 和图 3－5 可以看出，尽管城乡间低保标准绝对差距较为稳定，但是城乡人均低保支出的绝对差距却在不断扩大。城乡间低保标准差距存在的制度原因在于，城市低保标准的制定主要依据“基本需求法”，而农村低保标准则是按照“不救不活”的标准进行救助，导致农村低保标准低于城市低保标准（高峰、韩学平，2014）[③]。

---

① 李薇．论城乡最低生活保障制度结构体系的整合［J］．探索，2013（05）：156－160.

② 孙嘉悦．论健全最低生活保障制度与实现新时代“弱有所扶”［J］．贵州社会科学，2019（01）：66－72.

③ 高峰，韩学平．论城乡二元格局下居民最低生活保障立法模式［J］．学术交流，2014（05）：65－69.

实际上，伴随着近年来国家的大力扶贫，农村贫困人口数量正在逐步减少，各地根据实际情况实施统一的城乡低保标准，建立城乡统一的低保制度在一定程度上还是可行的。另外，实施统一的城乡低保救助有利于消除城乡之间的差别，有利于“城乡一体化”战略的顺利实施。伴随着近年来电子商务的日益发达，城乡之间生活必需品的购买成本基本趋于一致，因此从生活必需品成本角度来看城乡贫困群体差异并不大。

3.4.2 低保标准难以满足居民平均的生存型消费

长期以来，我国城乡低保的保障标准可以说是相对较低的。图 3－6 呈现了 2006—2017 年城乡低保标准与居民人均收入水平和人均消费支出的比较情况，可以看出城镇居民低保标准占城镇居民人均收入水平、人均消费支出的比重总体较为平稳，分别维持在 15%—18% 和 17%—20% 的范围内小幅度波动；农村居民低保标准占农村居民人均收入水平、人均消费支出的比重总体稳中有升，两者分别从 2007 年的 23.72% 和 27.75% 增长到了 2017 年的 32.02% 和 36.75%。另外，全体居民的生存型消费支出①（指食品消费和衣着消费总和）占总支出的比重尽管呈现缓慢下降趋势，从 2006 年的 46.88% 下降到了 2017 年 37.13%，但是与城乡低保标准占居民消费比重之间长期存在一定的“剪刀差”。这表明，当前的城乡低保标准不足以覆盖居民基本的生存型消费需求，不能保证生存型贫困者实现基本的生活保障。

与生存型贫困者相比，生活型贫困者数量要更多，其收入超过了基本生存需要，但仍然处于生活困难之中（郭林，2018）②。城乡低保标准过低，不仅不利于实现反生存型贫困，在反生活型贫困中不足以帮助生活型贫困者缩小与非贫困者的收入差距、提高其生活质量、促进其融入社会进而增强摆脱贫困的能力。另外，当前低保标准过于单一，不利于满足贫困人口的异质

① 消费支出可以分为生存型消费、享受型消费和发展型消费，具体参考——中国发展研究基金会“博智宏观论坛”中长期发展课题组，刘世锦，王子豪，蔡俊韬，钱胜存. 2035：中国经济增长的潜力、结构与路径［J］. 管理世界，2018，34（07）：1－12＋183.

② 郭林. 中国社会保障研究2017年进展与前瞻［J］. 社会保障评论，2018，2（02）：27－40.

性需求（豆红玉、韩旭峰，2016）[①]。

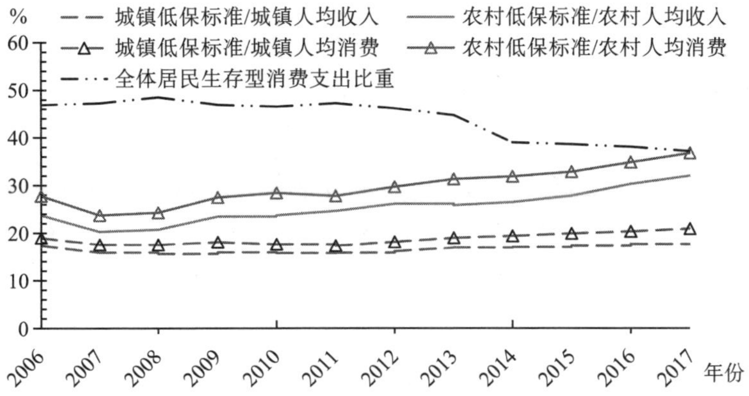

图 3－6　城乡低保标准与居民人均收入水平[②]和人均消费支出[③]的比较（2006—2017 年）

数据来源：wind 数据库。

3.4.3　地区间低保标准不统一

低保标准的制定是由地方政府具体执行，由于没有全国的低保指导线，导致全国各地的低保标准不一（李力等，2012）[④]。尽管城市最低生活保障制度在 1999 年正式确立，但是《城市最低生活保障条例》中并没有明确城市低保标准如何确定，仅仅在《条例》中的第四条规定“城市居民最低生活保障制度实行地方各级人民政府负责制，县级以上地方各级人民政府民政部门具体负责本行政区域内城市居民最低生活保障的管理工作；财政部门按照规定落实城市居民最低生活保障资金；统计、物价、审计、劳动保障和人事等部门分工负责，在各自的职责范围内负责城市居民最低生活保障的有关

① 豆红玉，韩旭峰．甘肃省农村低保标准实证分析及对策研究［J］．社会保障研究，2016（05）：55－62.

② 注：这里的城乡居民收入水平均为人均收入概念，2013 年之后为城乡一体化住户调查数据。

③ 注：城乡居民的人均支出数据来源于《中国统计年鉴 2018》中的“居民收入水平”。

④ 李力，欧涉远，李霞．对农村贫困线及贫困发生率的反思——基于国家统计局和民政部的数据［J］．宏观经济研究，2012（08）：54－61.

工作”，并没有规定低保标准的具体参考依据，这样就导致各个地方政府在制定当地居民低保标准时具有较大的随意性。另外，由于在我国1994年实行财政分权制度以来，地方政府早期的考核均以GDP为导向，地方政府官员在这种政绩观的影响下，将更多的财政支出用于基础设施建设，从而压缩社会保障方面的支出（唐睿、刘红芹，2012①；周黎安，2007②）。因此，在财政分权和GDP政绩观的影响下，地方政府制定的低保标准实际上是偏低的，并且会人为地压缩城市低保支出在财政总支出中的比例，由于各地分权程度存在差别，因此不同地区低保标准和支出差距较大。

农村最低生活保障制度于2007年建立，同样没有对低保标准进行规范，仅仅规定“农村最低生活保障标准由县级以上地方人民政府按照能够维持当地农村居民全年基本生活所必需的吃饭、穿衣、用水、用电等费用确定，并报上一级地方人民政府备案后公布执行”。地方民政机构多数情况下采用“菜篮子法”、最低消费水平比例法、最低工资水平比例法和平均收入比例法等，但比例系数弹性较大，理论依据不够明确。此外，还有部分地区采用“增量法”或参考经济水平相似的地区制定低保标准（陈珍珍，2013③），同样存在不合理成分。

直到2011年，民政部出台《关于进一步规范城乡居民最低生活保障标准制定和调整工作的指导意见》，才对城乡低保标准的制定给出了明确的规定，指出“各地在制定和调整城乡低保标准时，可以采用基本生活费用支出法、恩格尔系数法或消费支出比例法”，同时指出“为确保城乡低保标准的制定和调整符合当地实际，各地可以根据经济发展水平、财政状况等因素对测算得出的低保标准予以适当调整”。这样规定，尽管对低保标准的具体方法进行了规范，但是也给各地地方政府一定的“弹性空间”，对地方政府而言实际上是一种“软约束”。

---

① 唐睿，刘红芹．从GDP锦标赛到二元竞争：中国地方政府行为变迁的逻辑——基于1998—2006年中国省级面板数据的实证研究［J］．公共管理学报，2012，9（01）：9－16＋121－122.

② 周黎安．中国地方官员的晋升锦标赛模式研究［J］．经济研究，2007（07）：36－50.

③ 陈珍珍．我国城乡居民最低保障标准确定问题研究［J］．中国经济问题，2013（01）：25－34.

3.4.4　各级政府城乡低保支出比例没有制度化

低保作为一项基本的公共服务，是中央政府、省级及以下的各级政府的共同事权，但在低保支出所应承担的具体份额方面没有明确的规定。根据全国城乡各级政府低保支出的比例来看，不同年份中央政府、省级政府、市级政府和县级及以下政府低保支出比例变化较大。尽管都是中央政府在低保支出中占大头，但是中央以下的地方政府之间低保支出比例应该怎么分担并没有相关文件进行规定，这就导致基层政府在低保支出中承担了较多的支出任务。这主要是因为，城乡低保人口实际上集中在县级区域和地级市的区级区域内，因而实际上承担支出事权集中在了县级政府和市级政府（县级政府承担更多），支出责任也就更重。考虑到区县级政府财力较弱，在较紧张的财力约束之下，基层政府在制定低保标准时往往会“看米下锅”，随着低保人数的增加，政府通常会控制人均低保支出，压低低保标准，从而导致地区低保标准较为低下（杨立雄，2012）[①]。根据历年的《中国民政统计年鉴》，北京、上海、天津、江苏、浙江和广东等省（直辖市）在多数年份的低保资金预算安排均来源于地方政府，但是从接受中央转移支付预算安排的省份（自治区、直辖市）来看，各级政府在低保资金支出比例上并没有明确，不同年份差别较大。在低保支出测算方面，我国并没有根据地方财力水平、低保人口数量和低保补差水平来科学地计算中央低保金转移支付的多少，省级以下政府的分担数额同样没有标准化的计算公式，由此导致不同层级政府间低保资金应该承担的比例并不稳定。

3.4.5　低保制度执行效果存在偏差

此外，我国的低保制度还存在就业激励不足的问题，容易使救助者产生“福利依赖”的思想，存在“应保未保”“应退未退”和“保不应保”等瞄

① 杨立雄．最低生活保障标准的适度性研究：消费的视角［J］．中国经济问题，2012（05）：52－61.

准偏误现象（赖志杰，2013）[①]。为此，左停（2016）[②] 认为应逐步推广发展型社会救助。针对当前城乡低保存在一系列问题，陈水生（2014）[③] 认为应构建普惠型、中间型与发展型救助相融合的救助制度体系，即低保制度的价值理念是发展型，制度取向是普惠型，救助水平是中间型。

---

① 赖志杰．“瞄偏”与“纠偏”：社会救助对象的确定——以最低生活保障制度为例［J］．理论探索，2013（02）：73－76.

② 左停．反贫困的政策重点与发展型社会救助［J］．改革，2016（08）：80－83.

③ 陈水生．中国城市低保制度的发展困境与转型研究［J］．社会科学，2014（10）：63－71.

| 第 4 章 |

低保标准测算比较与分析

4.1 引　　言

低保标准是确定一个家庭是否被救助的重要依据，只有当家庭人均收入水平低于低保标准时，这个家庭才能享受到低保制度的救助。低保标准的高低决定了低收入人群的保障范围，如果低保标准相对过高，超出基本生活的保障范畴，被救助的人群数量会相对较多，地方政府承担的低保支出责任也就更大；反之，如果低保标准制定得太低，不足以保障基本生活，被救助的低收入人群数量则会相对较少，地方政府承担的低保支出责任也就更小。我国并没有全国统一的低保指导标准，但是在 2011 年民政部等多部门出台了低保标准参考方法，为各地制定低保标准提供了一定的依据。那么，我国当前已经实施的低保标准线，与理论方法计算出的理论低保线之间是否存在差别呢？这种差别究竟有多大呢？

本章从几种常用的低保标准测算方法出发，利用全国宏观数据和微观调查数据，对城乡理论低保标准进行测算，并结合城乡低保实际标准进行比较，总结当前低保标准制定存在的不足，并分析可能改进的方向。当前低保标准线制定，既有官方规定的方法，也有国外常有的测算方法（如扩展支出模型法和马丁法）。首先对这些基本方法的思想进行介绍，接着利用数据进行测算，然后比较不同方法测算结果与实际执行标准之间的差别。最后，利用省级宏观数据分析了城乡低保标准的制定与地区财力水平、经济发展水平的关系。

4.2 低保线测算方法

4.2.1 民政部门规范方法

根据1999年9月国务院发布的《城市居民最低生活保障条例》，当时城市居民最低生活保障的范围主要包括基本的衣着、食品、住房、家用能源和未成年人的教育费用。同时，最低生活保障标准由地方政府，主要是由省（自治区、直辖市）、设区的市和县（县级市）政府民政部门会同财政、统计、物价等部门制定，报本级人民政府批准，通过后即可执行相关低保标准（其中县或县级政府还需要报上级政府备案）。

2007年12月民政部社会保障司发文说明了各地确定低保标准的主要原则①，指出农村低保实行属地管理，具体标准由各地的县级及以上政府制定和执行。各地制定低保标准应该从三个方面考虑：一是应能够维持当地农村居民的基本生活需要，保障困难群众衣、食、用水和用电方面的基本需求；二是应考虑地方经济发展水平和财力状况；三是应考虑当地的物价水平高低。要求所有地区的农村低保标准均不应低于国家的相应标准，东部发达地区可以适当高出该标准，但不能高出太多，否则不利于农村居民进行生产自救行为脱贫。

2011年4月，财政部和民政部出台的《关于加强城乡最低生活保障资金预算执行管理工作的通知》（财社〔2011〕37号）②，提出要建立低保标准与价格上涨的联动机制，确保城乡低收入群体不因物价上涨而影响到他们的生活。同时，要求各级政府部门要优化财政支出结构，提高低保支出比例；

① 民政部．各地确定低保标准的原则是什么？［EB/OL］．http：//www.mca.gov.cn/article/yw/shjz/bsfw/201507/20150700849689.shtml，2007－12－18.

② 财政部，民政部．关于加强城乡最低生活保障资金预算执行管理工作的通知（财社〔2011〕37号）［EB/OL］．http：//sbs.mof.gov.cn/zhengwuxinxi/zhengcefabu/201104/t20110426_542199.html，2011－04－13.

从 2011 年开始，中央政府对享受中央补助的地方，分别对城市和农村低保对象按照每月 15 元和 12 元的增幅提高低保标准，并且要求各地低保标准增长幅度与经济发展水平、居民生活水平的增长幅度保持一致，财政有困难的地区不应低于中央补助的增长幅度。

2011 年 5 月，民政部、国家发展改革委、财政部和国家统计局联合发布了《关于进一步规范城乡居民最低生活保障标准制定和调整工作的指导意见》（民发〔2011〕80 号）（以下简称《意见》）①，指出城乡最低生活保障制度建立以来，取得了积极的成效，但是低保标准的制定还需要一定的规范。主要表现在：一是部分地区标准制定并没有基于科学的评估方法，仅仅是将全国的低保标准和贫困线作为依据，并不能真实反映当地居民的真实需求；二是没有考虑地区的经济发展水平、财政承受能力和生活必需品价格的变化，影响了低保制度的实施效果和困难群体的基本生活水平。为此，《意见》明确指出要不断提高城乡低保标准制定和调整的科学化、精细化和规范化水平，指出要坚持科学性原则、合理性原则、动态性原则和规范性原则。其中，科学性原则是指以维持当地居民基本生活所必需的消费品支出数据为基础，科学测算，充分论证；坚持合理性原则，统筹考虑困难群众基本生活保障需要、当地经济社会发展水平和财力状况，使城乡低保标准与失业保险、最低工资、扶贫开发等政策标准合理衔接；坚持动态性原则，建立和完善城乡低保标准与物价上涨挂钩的联动机制，并随着当地居民生活必需品价格变化和人民生活水平的提高定期调整城乡低保标准；坚持规范性原则，制定和调整城乡低保标准要严格遵循有关政策规定和程序规范，确保公开、公正和透明。

与此同时，《意见》提出了三种参考方法：（1）基本生活费用支出法。根据当地居民的生活费用支出，将其分为食品类生活费用支出和非食品类生活费用支出，由此确定两类生活费用支出的最低生活保障标准。其中，食品类生活费用为购买当地食品所需要的消费支出，具体根据营养学会不同性

① 民政部，国家发展改革委，财政部，国家统计局．关于进一步规范城乡居民最低生活保障标准制定和调整工作的指导意见［EB/OL］．http：//www.mof.gov.cn/zhengwuxinxi/zhengcefabu/201105/t20110518_550422.htm，2011－05－11.

别、从事不同体力劳动成年人群推荐的能量摄入量①，各类食品建议的摄入量②和各类食物当期的市场价格③进行计算。非食品类生活费用，主要包括为维持基本生活所需要的购买衣物、水电煤气、交通和日用品的支出。并且，计算出来的标准还可以根据当地的经济发展情况、居民消费情况和地方财力情况进行调整。(2) 恩格尔系数法。由于恩格尔系数是食品消费占居民总消费支出的比例，为此可以使用“维持最低生活的必需食品支出 ÷ 恩格尔系数”计算居民为维持最低生活支出所需要的总支出。(3) 消费支出比例法。该方法使用上年度低保标准占居民人均消费支出比重，与上年度居民人均消费支出相乘，得出本年的低保标准，公式为：第 T 年低保标准 = 第 $T-1$ 年居民人均消费支出 × (第 $T-1$ 年低保标准/第 $T-2$ 年居民人均消费支出水平)。

总的来说，《意见》为各地制定低保标准提供了一定的参考依据，并且具有一定的科学性和可操作性，但是也存在一定的缺陷。首先，第一种方法中的食品类消费支出比较容易确定，但是非食品类支出标准相对难以统一，同时计算出来的标准还需要结合当地财力作相关调整，这样使得地方政府部门具有较大的随意性。其次，恩格尔系数法使用的恩格尔系数数据，及消费支出比例法使用的上年人均消费支出数据，均为使用历史数据推断当期的低保标准，并非对当前的消费和生活水平情况的真实反映，这种方法也显得不够合理。

4.2.2 扩展线性支出模型法

扩展线性支出模型是由经济学家郎茨于 1973 年提出，具体模型的函数形式为：

---

① 《意见》参考了中国营养学会编著的《中国居民膳食营养素参考摄入量》(2011 年版)，在综合考虑轻体力活动男、女膳食能量推荐摄入量后，建议以 2200 千卡作为测算城乡低保标准时的参考数据。

② 对应 2200 千卡食物的摄入量为：谷类 300 克、大豆类 40 克、蔬菜 400 克、水果 300 克、肉类 75 克、乳类 300 克、蛋类 50 克、水产品 75 克、烹调油 25 克、食盐 6 克。

③ 根据各地的监测数据和调查数据得到。

$$P_iQ_i = P_iR_i + \beta_i(I - \sum_{j=1}^{n} P_jR_j)$$

其中，P_i、P_j 分别代表第 i 种和第 j 种商品的购买价格，Q_i 代表第 i 种商品的购买量，R_i 代表第 i 种商品的基本需求量，$Q_i - R_i$ 代表消费者购买超过第 i 种商品基本需求量以外的量，R_j 代表消费者对第 j 种商品的基本需求量，I 代表消费者的可支配收入，β_i 代表消费者在满足所有商品基本消费需求后，购买超过第 i 种商品基本需求以外（即购买 $Q_i - R_i$）的收入份额。很显然，如果消费者将所有的收入用于消费，则 $\sum \beta_i = 1$；若消费者将可支配收入部分用于个人消费，即存在储蓄行为，则 $\sum \beta_i < 1$。

根据上述的线性支出模型可以得出贫困线，首先对上式作变形处理，得到：

$$P_iQ_i = P_iR_i - \beta_i \sum_{j=1}^{n} P_jR_j + \beta_i I$$

令 $\alpha_i = P_iR_i - \beta_i \sum_{j=1}^{n} P_jR_j$，则上式转变为收入与消费关系函数，$C_i = \alpha_i + \beta_i I$，其中 $C_i = P_iQ_i$，通过估计以上线性方程，可以求解出消费者购买每一种商品下的 $\hat{\alpha}_i$ 和 $\hat{\beta}_i$，进一步对 $\alpha_i = P_iR_i - \beta_i \sum_{j=1}^{n} P_jR_j$ 方程两边同时求和，得到：

$$\sum_{i=1}^{n} P_iR_i = \sum_{i=1}^{n} \hat{\alpha}_i / (1 - \sum_{i=1}^{n} \hat{\beta}_i) = P_M$$

上式的含义是消费者购买所得必需品的全部支出，即求得最低生活保障线。通过估算每类消费品与居民可支配收入之间的函数关系，即可以得出最低生活保障线，但是这种计算方法并没有考虑消费者满足需求实际上是存在一定顺序的。

根据心理学家马斯洛的需求层次理论，人的需求满足是从最基本的生理需求逐步向上发展的。消费者对商品的需求同样满足该理论，消费者首先满足个人的生理需求（比如吃和穿），然后才向更高层次的消费需求发展，比如一些享受型消费和发展型消费。假定消费者具有 n 种消费需求，并对这几种需求进行排序 $i_1 > i_2 > \cdots > i_k > i_{k+1} > \cdots > i_n$（“ > ”代表偏好），其中前 k 种为基本消费需求，第 $k+1$ 种至第 n 种为非必需消费需求。满足居民的最低需求消费，首先应满足食品和衣着消费，其次是居住需求消费，再次才涉及发展型消费，最后为其他的享受型消费（比如旅游、奢侈品消费等）。假定前 k 种商品可以满足基本的消费需求，则可以得到消费者对第 $k+1$ 种到第 n 种商品的消费满足下列关系：

$$P_i Q_i = P_i R_i + \beta_i (I - \sum_{j=1}^{k} P_j R_j - \sum_{j=k+1}^{n} P_i R_i)$$

同样地，求解贫困线方程的等式没变，而贫困线的求解则变为利用前 k 种商品的回归系数进行求解，即为：

$$\sum_{i=1}^{k} P_i R_i = \sum_{i=1}^{k} \hat{\alpha}_i / (1 - \sum_{i=1}^{k} \hat{\beta}_i) = P_M$$

为此，本书尝试结合需求层次理论与扩展线性支出模型，利用不同收入居民的消费数据，求解出对应参数，从而估计出不同消费需求下的贫困线。

4.2.3 马丁法

贫困线有助于将决策者的注意力集中在穷人的生活条件上，并可能为有关发展或贫困计划的政策决策提供信息。贫困线有两个作用：一是确定一个人不被视为“穷人”之前的最低生活标准；二是对居住在农村或城市地区或不同时期的人进行人际比较。马丁法正是由世界银行专家 Ravallion M (1998)① 基于上述思想提出的一种利用食物消费和非食物消费测算贫困线的方法。

主要的思路是：利用食物消费与总消费支出之间的线性关系，确定出高低两条贫困线。首先是低贫困线的确定：在可支配收入既定的情况下，低收入者为了实现最大化效用，会将原来用于食品的消费转移部分用于非食品支出，但是这部分食品支出是维持最低生活必需的支出，因此通过计算低收入群体的食品支出和非食品支出，即可以得到贫困线的对应标准。对于低收入者而言，其非食品支出的比例要低，但是对于高收入者来说，其食品支出比例应明显高于低收入者。为此有两类贫困线，分别是低贫困线和高贫困线。计算低贫困线需要三个步骤：

第一步，通过使用回归方程，确定不同收入群体食品支出占总支出比重

① Ravallion M. Poverty Lines in Theory and Practice [M]. The World Bank, 1998.

（恩格尔系数）、食品贫困线与消费支出之间的关系：

$$E_i = a_L + b_L \ln\left(\frac{X_i}{F}\right) + \zeta$$

其中，E_i 为第 i 组收入群体消费支出中食品支出比重，X_i 表示第 i 组收入群体食品人均消费支出，F 对应年份的食品贫困线。a_L 可以理解为食品支出用于非食品支出的固定比重，即最低食品消费食品（食品贫困线），b_L 可以理解为超出食品贫困线的消费支出将用于非食品支出，ζ 为误差项。

第二步，估计出未知参数后，就可以计算出非食品贫困线。由此得到非食品贫困线 NF，由式 $NF = (1 - a_L)F$ 计算得出。

第三步，将食品贫困线和非食品贫困线相加，得到低保准贫困线 $Pov = F + NF$。

低贫困线考虑的是未达到食物贫困线时，消费者将可支配资金在食品消费和非食品消费之间进行分配。而高贫困线则考虑的是，当居民消费超过低贫困线后，食品消费与总消费之间的关系。在低贫困线下，F 为变量，但在高贫困线下，F 为固定不变的常量。因此，在高贫困线下，仅需要考虑居民消费支出与食品支出的关系即可。通过构建如下计量模型：

$$\ln X_i = a_H + b_H Y_i + \zeta$$

上式中，X_i 代表总的消费支出（采用对数形式），Y_i 代表人均的食品消费支出。a_H 和 b_H 为待估计参数，ζ 为随机误差项。估算出待估计参数后，将低收入群体的食品消费支出代入估计模型，即可以求出高贫困线标准。

4.3　低保线测算与分析

4.3.1　低保线制定需要考虑的因素

4.3.1.1　基本生活需要的内涵与外延

低保是保障低收入群体居民基本生活需要的一种制度设计，这里的基本生活需要内涵的范围，对低保线制定有着最为直接的影响。根据马斯洛的需求层次理论，居民最低的需求层次为生理需求。因此，低保线需要首先能够保障居民最基本的生理需求。生理需求包括多个方面，包含吃饭、穿衣和一些基本的医疗保障等。其中，吃饭的保障线比较容易确定，根据成年人维持正常代谢需要的能量摄入量，确定相应的食品范围，即可以计算出保障居民最低饮食需求的保障线；穿衣方面，需要考虑居民在不同的季节需要的衣物数量，一般情况下一个季节可以有两套衣物可以轮换穿着即可，但需要考虑到衣物的正常磨损或折旧，有条件的地区可以保障多套衣物穿衣需求，同时考虑部分床上用品的更换等；基本的医疗方面，由于低收入群体存在生病就医的可能性，同时医疗报销并不能100%予以报销，因此也需要考虑到部分居民小病就医的开支需求。另外，现代生活中家庭用水、电、天然气等消费已经很普及，所以它们也是在制定低保线时需要考虑的一个保障因素。与此同时，在设计低保制度安排时，不仅仅要解决贫困群体的基本生活，还要给他们“赋能”，增强其自我发展能力（杨立雄，2004）[①]。

4.3.1.2 地理因素

由于不同的地理气候，居民的消费特点也可能存在不同，因此在制定低保标准的时候需要考虑到各个地区地理气候差异。首先，地理位置和气候条件不同，在衣物消费和取暖等方面存在一定差异。比如，东北和西北地区冬季严寒，这些地区对于保障低收入人群的穿着需要有更多的考虑，冬季需要更多的衣物来保暖，衣物方面的支出较多，同时在取暖支出上可能会更多，比如黑龙江地处高寒地带，冬季的时间会达到半年左右，需要更多地考虑到低保对象的取暖费用支出。又如南方等比较炎热的地区，尽管衣物方面的支出可能比较少，但是可能需要使用到电扇和空调等降温设备。其次，地理位置与气候条件不同，农业发展条件存在差异，居民购买食物的成本存在差异。比如高原地带或石漠化地带，农业生产条件恶劣，居民为获得一定的食物成本过高，这就需要考虑这些条件。

---

① 杨立雄．中国城镇居民最低生活保障制度的回顾、问题及政策选择［J］．中国人口科学，2004（03）：73－80＋82.

4.3.1.3　不同类别人群基本需求差异

低保标准的制定也需要对不同类别的人群进行区分对待。

第一，具备劳动能力与不具备或者部分具备劳动能力的人群应加以区别对待。具备劳动能力的人口，可以通过自身的劳动能力实现就业，从而获得额外的收入来源，可以对其进行少量的补助，鼓励其通过就业改变现状；对于丧失劳动能力或者部分丧失劳动能力的人群来说，他们很难通过就业提升其生活水平，只能通过政府的救助维持较低的生活水平，因此低保支出需要对这部分群体给予适当的倾斜。

第二，对于未成年人、成年人和老人群体，低保补助应区别对待。老年人和未成年人属于相对弱势群体，两者都没有直接收入来源，后者还需要接受一定的教育，因此需要增强低保对他们的保障力度。因为儿童处于发展阶段，需要多样化的营养，同时需要接受学校教育，这些都需要一些额外的开支；贫困老人由于没有工作能力，无法创造收入，同时身体抵抗力较弱容易生病，需要一定的医疗保健护理；而成年人具有一定的劳动能力，同时身体的抵抗力较好，可以仅保障其基本的吃穿用需求即可。因此，针对不同类型的人群，低保标准应存在一定的差别，未成年人和老年人的低保标准可以略微高于成年人的低保标准。

第三，是否患有疾病、是否身患残疾同样需要考虑。一般来说，患有疾病（慢性疾病）的困难群体，由于身体的特殊原因，除了在劳动能力方面存在欠缺以外，需要定期服用药物或接受治疗，在吃穿用上也可能存在特殊的需求。因此需要考虑到贫困群体的身体状况，对于患有疾病或身患残疾的贫困群体应制定更高的低保标准。

4.3.1.4　家庭结构因素

首先，需要考虑家庭的人口数量。家庭人口数量不同，会导致居民的生活成本存在差异，假定一人家庭每人每月的最低生活保障金是 1000 元，而两人家庭每人每月需要的保障金则略低一些（比如是 950 元），三人家庭每人每月需要的保障金可能会更低（比如是 900 元）。可以对不同人口数量的家庭设定不同的保障金系数，比如一人家庭的低保金系数为 1，二人或三人家庭的低保金系数为0.8—0.85，四人家庭的低保金系数为0.75—0.80（徐道稳，2001）[①]。主要是因为家庭成员可以共同使用一些生活用品，家庭人口越多，边际生活成本实际上会递减。比如在相同的情况下，多个人使用空调与单个人使用空调的电费相差不大，但是如果考虑人均电费，多人家庭的人均消费更低。因此在制定低保标准时应考虑到这一问题，应该以贫困家庭中人口数量较多的家庭类型，或者平衡不同人口数量的家庭，调查其最低生活需求，合理制定最低生活保障标准。此外，根据家庭人口数量的情况，制定多种类别的低保标准。

其次，应该考虑家庭的人口构成。家庭人口的构成不同，需要保障最低生活所需要的花费也有一定的差异。比如家庭需要抚养的人口比例越大，生活开支则可能就越高。因此，需要将家庭的人口构成考虑在内，根据不同的人口抚养比制定差异化的低保标准。

4.3.2 使用宏观数据测算结果

4.3.2.1 基于民政部参考方法的测算

根据上文的介绍，民政部提出的参考方法有三种，分别是基本生活费用支出法、恩格尔系数法和消费支出比例法。由于基本生活费用支出法涉及根据地区经济发展情况或者地区财力进行调整，故这里选取后两种方法并使用全国数据，大致测算近几年城乡低保的变化情况。这里使用全国宏观年度数据对城乡低保标准进行估算，涉及的数据有城乡人均消费支出水平、城乡人均食品消费支出水平和城乡居民恩格尔系数。这里需要说明的是，2013年之后城乡居民人均消费支出和人均食品消费支出均为城乡一体化数据，这里假定城镇和农村居民人均消费支出和人均食品消费支出2013年之后的增长速度，与城乡一体化的居民人均消费支出和人均食品消费支出的增长速度一致，从而分别估算出2014—2017年城镇和农村人均消费支出和人均食品消

---

① 徐道稳．深圳最低生活保障的现状和前瞻——兼论非户籍居民的最低生活保障［J］．深圳大学学报（人文社会科学版），2001（02）：19－25.

费支出。在此基础上，利用民政部提供的恩格尔系数法和消费支出比例法，分别估算出城镇和农村的低保标准。

由于宏观数据中缺乏“维持居民必需的食品支出”的相关数据，这里使用假设推定比例①，根据恩格尔系数法估算出城镇和农村的低保标准，具体的测算结果如表 4 – 1 所示。根据测算结果，恩格尔系数法下，1999 年全国城镇理论平均低保年标准为 1529. 77 元，到 2017 年增长为 9580. 08 元；2007 年全国农村理论平均低保年标准为 1611. 36 元，到 2017 年增长为 4287. 53 元；从两者同期差距的变化来看，城乡理论低保标准的差距越来越大。根据消费支出比例法的测算结果来看，2000 年全国城镇理论平均低保年标准为 1905. 35 元，到 2017 年增长为 6463. 39 元；2007 年全国农村理论平均低保年标准为 941. 90 元，到 2017 年增长为 4077. 19 元；从两者的理论低保标准差距大小来看，尽管差距在慢慢扩大，但差距值维持在 1000—2000 元。进一步，通过比较两种方法计算的城乡低保标准，可以看出恩格尔系数法测算的理论低保标准相对更高一些。这可能是因为，消费支出比例法仅考虑食品方面的消费，而没有考虑食品以外的支出。同时还可以发现，在消费比例支出法下，城市与农村之间理论低保标准绝对差距相对要小一些。

这里需要说明的是，恩格尔系数法和消费比例支出法两种方法下城市理论低保标准的相差水平较大，农村理论低保标准相差较小，主要是因为恩格尔系数法下维持最低食品消费支出没有现成的统计数据，书中采用的是城市和农村居民人均食品消费支出的 1/3 和 1/2 来替代的。

表 4 – 1　使用恩格尔系数法和消费支出比例法测算的城乡低保标准　单位：元

年份	恩格尔系数法		消费支出比例法	
	城市低保标准	农村低保标准	城市低保标准	农村低保标准
1999	1529. 77	788. 07	—	—
2000	1656. 78	835. 56	1905. 35	—
2001	1757. 43	870. 78	2039. 95	—

① 由于恩格尔系数法的计算公式为“维持最低生活的必需食品支出 ÷ 恩格尔系数”，同时本书使用的食品消费支出为平均水平，与维持最低生活必需的食品支出还存在一定的差距，本书分别取城镇居民人均食品消费支出的 1/3、农村居民人均食品消费支出的 1/2 作为城镇和农村维持最低生活必需的食品支出的近似替代。

续表

年份	恩格尔系数法		消费支出比例法	
	城市低保标准	农村低保标准	城市低保标准	农村低保标准
2002	2008.70	918.13	1873.77	—
2003	2171.54	971.52	2017.15	—
2004	2395.76	1093.13	1930.65	—
2005	2647.04	1277.10	2012.02	—
2006	2897.50	1415.10	2070.30	—
2007	3331.52	1611.36	2228.31	941.90
2008	3746.53	1829.23	2516.22	957.23
2009	4089.99	1995.17	2770.49	1121.42
2010	4486.19	2190.60	2982.02	1319.56
2011	5056.32	2608.09	3311.03	1540.54
2012	5557.87	2368.56	3884.01	2047.55
2013	6011.35	2724.75	4356.63	2144.41
2014	6699.38	2959.35	4841.83	2747.95
2015	8263.94	3631.25	5399.58	3043.54
2016	8963.16	3981.99	5869.30	3445.33
2017	9580.08	4287.53	6463.39	4077.19

注:"—"代表数据缺失。

4.3.2.2 基于扩展支出模型法的测算

1. 数据说明

根据线性支出扩展模型的计算思想，利用全国城乡居民的消费和收入分组数据，对低保线进行估算。其中，城镇居民和农村居民历年的消费收入数据来源于《中国统计年鉴》。收入数据方面，按照收入等级，将城镇居民的收入水平由低到高进行排序细分为 8 个等级：分别为困难户（最低收入的 5%）、前 10% 的最低收入户（包含困难户）、低收入户（收入由低到高的前 10%—20%）、中等偏下收入户（收入由低到高的前 20%—40%）、中等收入户（收入由低到高的前 40%—60%）、中等偏上收入户（收入由低到高的前 60%—80%）、高收入户（收入由低到高的前 80%—90%）和最高收入户（收入由低到高的前 90%—100%）。农村居民收入数据与城镇居民收入类似，统计了 5 个组别群体的收入水平，分别是低收入户、中低收入户、中等收入户、中高收入户和高收入户。消费数据方面，与不同收入人群对应，统计了城镇和农村不同收入群体的 8 种类别消费品的消费水平，主要包括：食品、衣着、居住、家庭设备用品及服务、交通通信、医疗保健、教育文化娱乐服务、杂项商品和服务等。

考虑到城乡低保实施年份的差异以及统计数据的限制，本书使用城镇 2005—2012 年的 8 个收入组别的收入和消费数据、农村 2008—2012 年的 5 个收入组别的收入和消费数据，分别测算城市和农村的理论低保线。表 4 – 2 和表 4 – 3 分别统计了城镇居民困难户（收入最低的 5% 人群）、农村低收入户（收入最低的 20% 人群）的可支配收入和 8 类消费品的消费支出情况，可以看出城镇困难户和农村低收入户的总消费支出与可支配收入之间存在较大的缺口，说明城乡低收入人群依靠自身收入不足以实现自身消费，表明需要通过最低生活保障维持低收入群体的基本生活需求。进一步通过比较城乡低收入居民的收入水平，发现城镇困难户的人均可支配收入显著高于农村低收入户的人均纯收入，表明城乡贫困居民间存在较大的收入差距，与此同时消费差距同样较大。将两者的总消费与可支配收入（纯收入）差值进行比较，也可以看出农村低收入人群收支缺口高于城镇贫困户的收支缺口。

表 4 – 2　2005—2012 年城镇贫困居民可支配收入和 8 类消费品消费情况　单位：元

年份	人均可支配收入	食品	衣着	家庭	医疗	交通	教育	居住	杂项
2005	2495.75	1290.09	189.78	90.39	206.52	180.86	293.17	338.74	66.86
2006	2838.87	1387.70	225.02	121.23	213.39	205.60	332.64	391.51	76.18
2007	3357.91	1672.36	288.50	130.58	250.27	243.21	366.54	415.66	80.55
2008	3734.35	1889.87	309.97	146.62	293.11	265.44	378.33	489.27	90.11
2009	4197.58	2041.55	376.60	173.77	343.96	310.28	390.56	515.7	104.39
2010	4739.15	2231.48	417.26	223.35	359.98	359.23	424.10	591.88	108.07
2011	5398.17	2618.87	489.51	261.48	449.89	397.55	541.46	675.67	141.12
2012	6520.03	2979.29	589.78	333.10	466.51	495.33	613.94	759.62	129.21

资料来源：根据历年《中国统计年鉴》数据整理得到。

表 4－3　2008—2012 年农村低收入居民纯收入和 8 类消费品消费情况　单位：元

年份	人均纯收入	食品	衣着	家庭	医疗	交通	教育	居住	杂项
2008	1499.81	1088.41	121.64	348.24	88.24	168.35	147	145.93	36.96
2009	1549.30	1106.77	135.43	430.48	117.96	190.31	156.03	176.5	41.44
2010	1869.80	1236.73	151.23	417.71	120.40	208.64	164.96	190.25	45.43
2011	2000.51	1485.44	208.55	572.28	172.56	292.01	202.32	312.58	66.84
2012	2316.21	1620.32	246.10	637.66	197.38	360.26	230.24	370.88	79.41

注：农村不同收入居民消费数据分了两种方式进行统计，一种是生活消费总支出，另一种是生活消费现金支出，这里采用前者。

资料来源：根据历年《中国统计年鉴》数据整理得到。

2. 测算结果分析

（1）城市低保理论线测算结果与分析。

首先，分别测算各个年度城镇居民各类消费与收入的函数关系，确定各个年份 8 种类别消费支出待估计参数 $\hat{\alpha}_i$ 和 $\hat{\beta}_i$ 的值。其中，截距项 $\hat{\alpha}_i$ 的含义是：假定收入为零的情况下对某商品的消费量，表明消费者对某种商品的必需程度（值越大代表越必需）。$\hat{\beta}_i$ 为某种商品的边际消费倾向，为可支配收入（或纯收入）的回归系数。城乡居民八类消费支出分别是：食品消费支出、衣着消费支出、居住消费支出、交通通信消费支出、家庭设备用品及服务消费支出、教育文化娱乐消费支出、医疗保健消费支出、杂项商品及服务支出（其他商品及服务支出）。

表 4－4 呈现了 2005—2012 年城镇居民各类消费支出与收入关系拟合线的 $\hat{\alpha}_i$ 和 $\hat{\beta}_i$ 的值，可以看出城镇居民食品消费的需求程度较高，无论是截距项和斜率项都可以证明，这说明食品方面的消费需求是第一位的。其次为衣着需求和居住需求，两者重要性基本相当，再次为医疗需求和教育消费需求，最后为家庭设备用品及服务消费需求、杂项商品及服务消费需求和交通通信消费需求。进一步，根据表 4－4 的回归结果，测算出五种情形下城镇居民的最低生活保障线。根据上面的分析，城镇居民消费的优先顺序大致可以排列为：食品、衣着、居住、医疗、教育、家庭设备用品及服务、杂项商

品及服务、交通通信。其中，前五种消费可以视为居民的基本生活需求[①]。

表 4－4　　2005—2012 年城镇居民各类消费与可支配收入之间的关系

年份	参数	(1) 食品	(2) 衣着	(3) 居住	(4) 交通	(5) 家庭设备	(6) 教育	(7) 医疗	(8) 杂项
2005	$\hat{\beta}$	0.156 ***	0.0603 ***	0.0591 ***	0.132 ***	0.0460 ***	0.0989 ***	0.0434 ***	0.0308 ***
	$\hat{\alpha}$	1193 ***	136.3 **	189.0 ***	-337.2 **	-35.48 ***	52.80 ***	134.3 ***	-38.10 **
2006	$\hat{\beta}$	0.150 ***	0.0594 ***	0.0618 ***	0.137 ***	0.0450 ***	0.0979 ***	0.0395 ***	0.0299 ***
	$\hat{\alpha}$	1261 ***	166.0 **	186.0 ***	-402.2 **	-25.51 **	50.29 ***	145.1 ***	-35.11 **
2007	$\hat{\beta}$	0.143 ***	0.0565 ***	0.0555 ***	0.136 ***	0.0438 ***	0.0941 ***	0.0380 ***	0.0285 ***
	$\hat{\alpha}$	1550 ***	224.1 **	221.8 ***	-432.8 **	-6.037	35.57 **	162.8 ***	-30.95 ***
2008	$\hat{\beta}$	0.151 ***	0.0590 ***	0.0552 ***	0.118 ***	0.0450 ***	0.0905 ***	0.0339 ***	0.0311 ***
	$\hat{\alpha}$	1761 ***	200.5 **	280.5 ***	-379.4 **	-18.03 **	-47.82	232.1 ***	-60.83 **
2009	$\hat{\beta}$	0.144 ***	0.0570 ***	0.0547 ***	0.131 ***	0.0457 ***	0.0880 ***	0.0342 ***	0.0307 ***
	$\hat{\alpha}$	1872 ***	263.7 **	286.1 ***	-491.5 ***	-2.354	-27.11	251.8 ***	-45.42 ***
2010	$\hat{\beta}$	0.137 ***	0.0589 ***	0.0523 ***	0.138 ***	0.0466 ***	0.0887 ***	0.0327 ***	0.0309 ***
	$\hat{\alpha}$	2057 ***	276.5 **	333.9 ***	-578.9 ***	15.01	-51.57 *	235.2 ***	-79.84 **
2011	$\hat{\beta}$	0.135 ***	0.0605 ***	0.0491 ***	0.124 ***	0.0451 ***	0.0861 ***	0.0296 ***	0.0344 ***
	$\hat{\alpha}$	2416 ***	308.9 **	355.6 ***	-480.9 ***	35.94	-0.158	316.8 ***	-141.3 **
2012	$\hat{\beta}$	0.132 ***	0.0597 ***	0.0419 ***	0.131 ***	0.0437 ***	0.0853 ***	0.0267 ***	0.0349 ***
	$\hat{\alpha}$	2649 ***	267.7 **	461.2 ***	-667.9 ***	44.57 ***	-28.69	383.4 ***	-175.8 ***

注：***、**、* 分别代表 1%、5% 和 10% 的显著性水平，下同。

为此，逐步代入五种商品的截距项和斜率值，计算五种情形下的城镇居民理论低保线，表 4－5 呈现了 2005—2012 年五种情形的理论低保线。可以看出，第一种情形，即仅保障城镇居民最低的食品消费的情况下，需要的资金最多，其中 2005 年为 1413.51 元/年，之后每年呈现出不同幅度的增长，到 2012 年增长到 3051.84 元/年；如果考虑衣着方面的最低消费保障，需要在情形一的基础上每年增加 300—600 元；进一步考虑居民的居住消费需求，即在情形三的情况下，需要在情形二的基础上每年增加 400—800 元；在情

① 尽管教育消费在部分年份的截距为负值，但是考虑到居民的发展需求，将教育列为基本的消费需求。

形三的基础上，进一步加入居民的医疗消费需求，需要继续增加 300—600 元，方可实现四种消费的最低保障；进一步在考虑情形五的情形下，需要在情形四的基础上再增加 500—700 元。从理论角度来说，维持城镇居民五种消费的最低保障，在 2005 年需要每人每年投入 2928.73 元，之后每年以不同幅度的增长，到 2012 年增长到了每人每年投入 5703.87 元。

表 4-5　2005—2012 年五种情形下城镇居民最低生活保障线测算结果　单位：元

年份	情形一：食品	情形二：食品 + 衣着	情形三：食品 + 衣着 + 居住	情形四：食品 + 衣着 + 居住 + 医疗	情形五：食品 + 衣着 + 居住 + 医疗 + 教育
2005	1413.51	1696.18	2095.36	2426.01	2928.73
2006	1483.53	1804.96	2213.23	2550.56	3057.81
2007	1808.63	2216.24	2679.06	3053.32	3580.14
2008	2074.20	2482.91	3051.17	3529.89	3974.90
2009	2186.92	2672.97	3253.80	3765.10	4254.12
2010	2383.55	2902.00	3548.02	4036.43	4522.57
2011	2793.06	3387.07	4077.97	4680.77	5310.52
2012	3051.84	3608.44	4407.49	5084.90	5703.87

资料来源：作者计算所得。

（2）农村低保理论线测算结果与分析。

表 4-6 呈现了 2008—2012 年农村居民各类消费与人均纯收入之间的关系，与表 4-4 的回归结果类似，农村居民对食品的生活需求明显高于其他类别的商品。但与表 4-4 不同的是，这里的所有类别商品的消费系数均为正值，表明农村居民在收入水平为 0 的情形下对各类商品均有一定的消费需求。通过截距项的比较以及结合人的需求层次，将 8 类消费进行排序的结果为：食品、居住、衣着、医疗保健、教育文化娱乐服务、家庭设备用品及服务、交通和通信、杂项商品及服务，这与城镇居民消费优先顺序有所不同。由于农村居民的居住消费截距比衣着消费截距高很多，故这里将居住消费的优先顺序提前。为了简化起见，这里同样使用前五种消费，计算五种情形之下，农村居民理论的最低生活保障线。根据表 4-6 计算得出的回归系数，计算五种情形下农村居民的低保线，具体的测算结果如表 4-7 所示。

表 4－6　2008—2012 年农村居民各类消费与可支配收入之间的关系

年份	参数	(1) 食品	(2) 衣着	(3) 居住	(4) 交通	(5) 家庭设备	(6) 教育	(7) 医疗	(8) 杂项
2008	$\hat{\beta}$	0.147***	0.0287***	0.124***	0.0667***	0.0262***	0.0540***	0.0313***	0.0120***
	$\hat{\alpha}$	889.7***	72.97***	79.18	37.39	47.30***	53.82**	94.58***	18.78***
2009	$\hat{\beta}$	0.139***	0.0286***	0.124***	0.0691***	0.0256***	0.0538***	0.0328***	0.0130***
	$\hat{\alpha}$	908.1***	83.24***	155.0*	41.24	71.16***	59.37**	116.1***	16.21**
2010	$\hat{\beta}$	0.131***	0.0288***	0.114***	0.0728***	0.0255***	0.0515***	0.0330***	0.0124***
	$\hat{\alpha}$	1015***	91.41***	150.2**	23.36	81.00***	57.72***	128.0***	19.33***
2011	$\hat{\beta}$	0.122***	0.0284***	0.0898***	0.0595***	0.0265***	0.0424***	0.0224***	0.0118***
	$\hat{\alpha}$	1250***	140.5***	326.6***	126.5**	121.9***	96.59***	279.0***	38.45***
2012	$\hat{\beta}$	0.121***	0.0291***	0.0811***	0.0659***	0.0255***	0.0423***	0.0219***	0.0128***
	$\hat{\alpha}$	1353***	162.9***	437.0***	123.8	137.1***	105.8**	339.0***	45.13***

表 4－7　2008—2012 年五种情形下农村居民最低生活保障线测算结果　　单位：元

年份	情形一：食品	情形二：食品＋居住	情形三：食品＋居住＋衣着	情形四：食品＋居住＋衣着＋医疗	情形五：食品＋居住＋衣着＋医疗＋教育
2008	1043.02	1329.05	1487.72	1698.70	1935.37
2009	1054.70	1442.47	1618.21	1868.62	2125.78
2010	1168.01	1543.31	1730.39	1997.42	2247.67
2011	1423.69	2000.25	2259.94	2706.94	3011.06
2012	1539.25	2243.39	2540.19	3068.55	3402.92

资料来源：作者计算所得。

可以看出，在仅保障农村居民食品最低生活需求的条件下，在 2008 年农村贫困人口平均每年每人需要 1043.02 元，2009 年为 1054.70 元，2010 年为 1168.01 元，2011 年为 1423.69 元，2012 年为 1539.25 元。除了 2011 年增长幅度较大以外，其余年份的食品最低保障线增长缓慢。将不同情形的农村理论低保标准进行比较，可以发现食品消费需求是农村居民最为基本的需求，花费最多；通过比较情形一和情形二的最低生活保障需求，可知保障农村居民最低的居住消费，需要在最低食品消费的基础上增加 300—700 元；通过比较情形二和情形三可知，保障农村居民最低的衣着消费需求后，需要在情形二的基础上再增加 100—300 元；通过比较情形三和情形四可知，在保障农村居民的医疗最低消费需求之后，需要增加 200—500 元；通过比较情形四和情形五的结果可知，在保障农村居民五种基本的消费需求之后，需要再增加 300—400 元。

4.3.2.3 基于马丁法的测算结果

1. 食品贫困线的确定

根据前文中马丁法的计算思路，确定食品贫困线需要先确定食品的最低年消费量和食品的年平均价格。

首先，是食品最低消费量的确定。根据中国营养学会编著的《中国居民膳食营养素参考摄入量》（2011 年版），在综合考虑轻体力活动男、女膳食能量推荐摄入量后，建议以 2200 千卡/天作为测算城乡低保标准时的参考数据。对应 2200 千卡食物的摄入量为：谷类 300 克、大豆类 40 克、蔬菜 400 克、水果 300 克、肉类 75 克、乳类 300 克、蛋类 50 克、水产品 75 克、烹调油 25 克、食盐 6 克。按一年 365 天计算城乡居民在保障最低生活情况下需要消费的食品数量，通过换算分别得到 10 类食品的年消费量，具体如表 4－8 所示。由于人体所需要能量的摄入量在一定的时期内维持不变，因此计算的结果为每年所需要的食品摄入量。本书假设不同个体在不同时间需要的食品数量保持稳定。

表 4－8　　2200 千卡/天对应的食品年摄入量　　单位：千克

食品种类	年消费量	食品种类	年消费量
谷类	109.5	乳类	109.5
大豆类	14.6	蛋类	18.25
蔬菜	146	水产品	27.375
水果	109.5	烹调油	9.125
肉类	27.375	食盐	2.19

资料来源：根据《中国居民膳食营养素参考摄入量》换算而来。

其次，是几类主要消费品的价格。主要食品价格来源于历年的《中国农产品价格调查年鉴》中“全国农产品集贸市场价格”，其统计了历年农产品的主要价格。由于是食品贫困线，对农村居民而言，食品价格取各类食品中最低或较低的价格；对于城市居民而言，取各类食品的平均价格，主要考虑到城市居民不一定能够以最低的价格购买到部分农产品。以农村居民为例，谷类价格取粳米和籼米的价格中较低的，大豆类的价格直接取自大豆价格，蔬菜价格取大白菜、黄瓜、西红柿、青椒、四季豆五类常见蔬菜价格中最低的，水果价格取苹果、香蕉和橙子三类常见水果价格中最低的，肉类食品价格取猪肉、羊肉、牛肉和活鸡四类常见肉类食品价格中最低的，蛋类价格直接取鸡蛋的价格，水产品的价格使用草鱼、鲤鱼、鲢鱼、带鱼四种鱼类价格中最低的，烹调油取菜籽油、花生油和豆油三类常见食用油价格中的最低价格（2012 年之后没有相关统计，使用 CPI 进行调整）。而“乳类”和“食盐”的价格相关年鉴未明确统计，根据网络搜索到的历史价格，设定 2005 年“乳类”和“食盐”的全国平均价格分别为 2 元/千克和 2 元/千克，考虑到价格变动的因素，以 2005 年为基期，根据消费者价格指数的变化，计算出两者历年的价格水平。而对城市居民而言，则是取上述对应农产品价格的平均值作为各类食物的价格。

根据各类食物的年最低消费量和历年的价格情况，可以计算出全国的食品贫困线（见表 4 –9）。通过将相同年度的食品贫困线与采用扩展支出模型得到的情形一的结果进行比较，可以发现采用营养角度测算得到的食品贫困线，明显高于线性支出扩展模型计算的仅保障农村居民最低食品消费需求的支出，但低于支出扩展模型计算出的仅保障城市居民最低食品消费需求的支出的低保线，说明不同标准测算最低保障线可能存在较大的差异。

表 4 –9　根据各类食品最低摄入量和历年价格计算的食品贫困线（2005—2016 年）

年份	城市食品贫困线（元）	农村食品贫困线（元）
2005	2040. 01	1754. 14
2006	2161. 96	1787. 36
2007	2383. 38	1968. 21
2008	2710. 35	2205. 44
2009	2786. 82	2201. 75
2010	3071. 70	2422. 15
2011	3562. 42	2705. 18
2012	3804. 96	2783. 76

续表

年份	城市食品贫困线（元）	农村食品贫困线（元）
2013	4054.40	2927.59
2014	4251.56	3118.07
2015	4282.50	3035.13
2016	4254.63	3048.00

资料来源：作者计算得到。

2. 城乡居民低贫困线的确定

考虑到城乡居民消费分组数据只统计到了 2012 年，这里同样使用 2005—2012 年的城市消费分组数据（分为 8 个组别）、2008—2012 年农村消费分组数据（分为 5 个组别）及对应年份的食品贫困线，计算马丁法下城乡低贫困线水平。根据前文所述马丁法的模型步骤，利用《中国统计年鉴》历年的城乡消费分组数据，估算各个年份的参数 a 和 b。表 4－10 和表 4－11 呈现了城镇居民、农村居民低贫困线模型参数估计和结果，可以看出，相同年份的城镇居民低贫困线略高于农村居民的低贫困线，平均每年高出 700—1300 元，但对应年份的非食品贫困线差别不大。通过比较参数 a，可以知道低贫困线中，城镇居民非食品支出的比重略低于农村居民，这主要是因为农村居民在食品之外的家庭开支更多。

表 4－10　城镇居民低贫困线模型参数估计和结果（2005—2012 年）

年份	参数 a_L	参数 b_L	非食品支出（元）	低贫困线（元）
2005	0.520***	-0.103***	979.20	3019.21
2006	0.509***	-0.100***	1061.52	3223.48
2007	0.529***	-0.108***	1122.57	3505.95
2008	0.537***	-0.103***	1254.89	3965.24
2009	0.531***	-0.104***	1307.02	4093.84
2010	0.527***	-0.107***	1452.91	4524.61
2011	0.525***	-0.105***	1692.15	5254.57
2012	0.529***	-0.106***	1792.14	5597.10

注：*** 代表估计参数的显著性，表示通过 1% 的显著性检验。

表 4 - 11　　农村居民低贫困线模型参数估计和结果（2008—2012 年）

年份	参数 a_L	参数 b_L	非食品支出（元）	低贫困线（元）
2008	0.509 ***	-0.121 ***	1082.87	3288.31
2009	0.484 ***	-0.109 ***	1136.10	3337.85
2010	0.492 ***	-0.120 ***	1230.45	3652.60
2011	0.470 ***	-0.0911 ***	1433.75	4138.93
2012	0.461 ***	-0.0822 ***	1500.45	4284.21

注：*** 代表估计参数的显著性，表示通过 1% 的显著性检验。

3. 城乡居民高贫困线的确定

表 4 - 12 和表 4 - 13 呈现了城镇居民、农村居民高贫困线模型参数估计和结果，可以看出城镇居民和农村居民的高贫困线明显要高于各自的低贫困线；并且相对于低贫困线，农村居民的高贫困线有大幅度提高，与城镇居民的高贫困线基本持平。由此可见，采用较高标准的贫困线，比低贫困线略微高一些。城镇居民的高贫困线在 2005 年为 4399.14 元，之后每年以高于 400 元的速度增加，至 2015 年高贫困线增长到了 8523.48 元。通过比较城镇居民的高贫困线和低贫困线，可以看出 2005—2012 年城镇居民的高贫困线比其低贫困线高出 1300—3000 元。

表 4 - 12　　城镇居民高贫困线模型参数估计和结果（2005—2012 年）

年份	参数 a_H	参数 b_H	高贫困线（元）
2005	7.412 ***	0.000479 ***	4399.14
2006	7.511 ***	0.000447 ***	4804.92
2007	7.617 ***	0.000396 ***	5222.95
2008	7.783 ***	0.000324 ***	5774.19
2009	7.844 ***	0.000314 ***	6118.43
2010	7.903 ***	0.000301 ***	6819.77
2011	8.054 ***	0.000259 ***	7916.20
2012	8.145 ***	0.000238 ***	8523.48

注：*** 代表估计参数的显著性，表示通过 1% 的显著性检验。

通过观察农村居民的高贫困线可以看出，农村居民的高贫困线在不同年份之间的变化幅度较小，其中 2008 年农村居民的高贫困线为 5489.31 元，之后的每年增加 200—500 元，到 2012 年农村的低贫困线增加到了 6994.50 元。通过比较农村居民的高贫困线和低贫困线，可以看出 2008—2012 年农村居民的高贫困线比其低贫困线高出 2200—2700 元。进一步通过比较城镇居民和农村居民相同年份的高贫困线，可以看出在 2008—2012 年，城镇居民的高贫困线比农村居民的高贫困线高出 300—1500 元。

表 4-13　　农村居民高贫困线模型参数估计和结果（2008—2012 年）

年份	参数 a_H	参数 b_H	高贫困线（元）
2008	6.844 ***	0.000801 ***	5489.31
2009	6.955 ***	0.000768 ***	5687.03
2010	7.007 ***	0.000721 ***	6331.99
2011	7.310 ***	0.000564 ***	6875.51
2012	7.461 ***	0.000500 ***	6994.50

注：*** 代表估计参数的显著性，表示通过 1% 的显著性检验。

4.3.3　使用微观数据测算结果

4.3.3.1　数据来源

以上采用了宏观时间序列数据，采用多种方法测算了理论低保标准，这里进一步结合中国家庭收入调查（CHIP）数据测算“主观低保标准”。中国家庭收入调查（CHIP）数据是由北京师范大学主导的一项大型微观调查项目，该调查项目最早开始于 1988 年，目前已经公开的数据年份有 1988 年、1995 年、1999 年、2002 年、2007 年、2008 年和 2013 年。结合研究的需要和问卷问题的设置，本书选择使用 2013 年的 CHIP 数据，该数据同时调查了城镇居民和农村居民最低生活消费和最低生活保障的相关问题。

CHIP2013 城镇居民问卷中共有 6674 个家庭样本接受调查，城镇居民的样本来自北京、山西、辽宁、江苏、安徽、山东、河南、湖南、湖北、广东、重庆、四川、云南和甘肃 14 个省（直辖市），分布在 212 个县区级单位。农村居民问卷中共有 10490 个家庭样本接受调查，农村居民的样本同样来自这 14 个省（直辖市），分布在 200 个县区级单位。

4.3.3.2　测算方法和测算结果分析

CHIP2013 调查问卷设置了维持家庭最低生活水平主观性的相关问题，2013 年的问卷问题为“为了维持全家最低生活水平，估计您家一年至少需要多少钱（包括自产自销部分的折算价值）”。这个问题虽然直接反映家庭最低年消费的情况，但可以从侧面观察出家庭生活水平的高低。维持家庭最低生活水平的消费过低可以在一定程度上说明家庭消费不足，需要政府的社会救助以达到合理的生活水平。这里根据居民维持最低生活的家庭人均支出，作为低保标准应该达到的理论水平。由于最低生活保障的救助对象，是家庭人均收入水平低于低保标准的家庭，这里筛选出家庭人均可支配收入中低于 2013 年各地平均低保标准的样本，将这些人群的最低消费支出平均值作为低保标准应该改进的方向。由于是通过受访者的回答获得，该数值为“主观的”低保标准水平。

表 4 - 14 呈现了 CHIP2013 问卷中涉及的全国 14 个省（自治区、直辖市）城镇和农村居民人均最低生活水平。城镇方面，为维持居民最低生活水平。除了安徽省一半以下的城镇居民每人每年的花费低于 9000 元之外，2013 年各个地区居民为维持家庭的最低生活水平，有超过一半的人口每人每年需要超过 1 万元的开销。其中，山西省、河南省、湖北省、湖南省、云南省和甘肃省为维持居民最低消费，2013 年均有超过半数的城镇居民需要花费 10000 元；辽宁省、江苏省、山东省、广东省、重庆市和四川省居民最低年消费的 50% 分位数在 11000—13000 元；仅北京的水平最高，达到每人每年消费 17500 元，这在一定程度上说明北京市的生活成本相对较高。进一步将各个地区中家庭收入低于当地年低保标准的样本剥离出来，计算他们为维持最低生活需要的开支水平，得到各个地区居民人均可支配收入低于低保标准的城镇居民平均最低生活水平。可以发现：仅个别地区低保标准能够维持当地城镇居民基本的生活水平，其中安徽省、河南省、云南省、甘肃省的低保标准完全覆盖了低收入群体平均最低生活水平，其他省份（直辖市）均存在一定的缺口，其中北京市、江苏省、广东省和四川省城镇低保在保障低收入群体收入方面存在较大的缺口。

类似地，根据 CHIP2013 的农村问卷调查数据，得到 14 个省（直辖市）

农村居民维持家庭最低生活水平的50%分位数。其中，西部地区中的云南省和甘肃省农村居民最低生活水平所需支出50%分位数低于每人每年5000元；中西部地区中的山西省、安徽省、河南省、湖北省、湖南省、重庆市和四川省农村居民最低生活水平所需支出50%分位数均达到每人每年5000元；除此之外，相对发达省（直辖市），比如北京市、辽宁省、江苏省、山东省和广东省农村居民最低生活水平所需支出相对较高，其50%分位数均不低于每人每年6000元。进一步对农村研究样本中家庭人均可支配收入低于当地农村低保标准的样本计算各个地区低于各地低保标准的人均最低消费均值，可以发现农村样本中除了江苏省、河南省和重庆市的农村低保年标准覆盖了该省（直辖市）农村居民的最低生活开支以外，其他省份农村仍存在较大缺口。

表4-14　CHIP2013问卷中城镇和农村居民人均最低生活水平　金额单位：元

省份（直辖市）	城镇				农村			
	样本个数	50%分位数	低于标准的人均最低消费均值	低保年标准	样本个数	50%分位数	低于标准的人均最低消费均值	低保年标准
北京	1902	17500	9190	6960	1037	8000	7157	6258
山西	1767	10000	5026	4213	1877	5000	4726	2158
辽宁	1255	12500	5748	4938	1665	6667	4681	2839
江苏	1953	11000	8286	5822	2915	6667	4400	4752
安徽	1006	9000	3167	4360	2995	5000	3828	2463
山东	1205	12667	4667	5012	3425	6000	3660	2473
河南	1516	10000	1875	3710	4146	5000	1552	1697
湖北	1274	10000	—	4501	2807	5000	5110	2025
湖南	1207	10000	5393	4274	3200	5000	3673	2068
广东	1746	12500	7500	4565	4052	6250	3453	3233
重庆	1459	11400	4833	4161	1658	5000	1200	2417
四川	1095	12000	6800	3677	2815	5000	3776	1832
云南	1123	10000	3233	3887	2900	4800	2583	1953
甘肃	954	10000	1583	3348	2957	3750	4031	1939

注：低保年标准根据2013年第4季度各省低保月标准换算得到。“—”表示数据缺失，主要是由于CHIP2013城镇数据中湖北省城镇家庭人均可支配收入低于当地低保标准的样本个数为0。

资料来源：根据CHIP2013城镇和农村居民数据整理得到。

以上使用了 CHIP2013 城镇和农村样本的调查数据，对全国 14 个省（直辖市）的城乡居民最低生活水平与当地城乡低保标准进行了比较。可以发现，不论是城镇、还是农村，低保标准在满足居民最低生活需求方面都存在一定的缺口，大多数省（直辖市）城镇或农村低保缺口为 1000—2000 元，但是农村低保标准的缺口率更大。需要说明的是，以上仅是将家庭人均可支配收入低于当地低保标准的群体作为样本，家庭最低生活水平开支的平均值与低保标准进行比较，前者低于后者并不意味着低保标准保障了所有收入低于低保线的家庭。同时，维持家庭的最低消费开支具有一定的主观性，这里假定回答能够代表真实的家庭最低消费水平。另外，由于被调查样本数量较少，被调查样本的情况并不能完全反映总体的最低消费情况，例如甘肃省城镇家庭人均最低消费均值低于农村均值，这在很大程度上是由于城镇被调查样本数量太少。

4.4　测算结果与实际标准的差异分析

4.4.1　城镇理论低保标准与实际低保标准的差异分析

为了比较理论低保标准与实际低保标准之间的差异，将实际低保执行标准与测算的理论低保标准相除，如果比值大于 1，说明实际低保执行标准高于理论测算标准；反之，如果比值小于 1，说明实际低保执行标准偏低，低保标准不能够满足居民的理论生活水平需要。表 4 - 15 呈现了 1999—2017 年城镇低保实际年标准与各种算法理论低保标准的比值情况。从比较结果来看，城镇实际低保标准比恩格尔系数法计算出的低保标准要低一些，与消费支出比例法测算的结果基本持平，这说明从全国来看，地方政府部门在制定低保标准时，对消费支出比例法的使用可能更加普遍。通过比较低保标准与支出扩展模型中测算的情形一、情形二和情形三的测算结果，可以知道政府执行的低保平均标准可以保障城镇居民基本的食物需求（情形一）和衣着需求（情形二），而如果保障城镇居民最低的居住需求（情形三）还存在一定的缺口，缺口为10%—20%。与马丁法的测算结果比较来看，我国执行的城镇低保标准还不足以维持城镇居民低贫困线的生活需求，存在30%—40%的缺口；而与高贫困线的测算结果比较来看，则存在50%—60%的缺口。综合上述的测算结果来看，我国城镇现行的低保标准与民政部公布的消费者支出比例法下的测算结果较为接近；当前的城镇低保标准，仅仅能够保障城镇贫困居民基本的食品和衣着消费需求，对于保障城镇居民基本的居住需求仍存在一定的缺口；当前的城镇低保标准，还不能达到城镇居民的低贫困线和高贫困线生活要求。

表4-15　城镇低保实际年标准与各种算法理论低保标准比值情况（1999—2017年）

年份	低保实际年标准（元）	恩格尔系数法	消费支出比例法	情形一：食品	情形二：前两种	情形三：前三种	低贫困线	高贫困线
1999	1788.00	1.17	—	—	—	—	—	—
2000	1884.00	1.14	0.99	—	—	—	—	—
2001	1764.00	1.00	0.86	—	—	—	—	—
2002	1776.00	0.88	0.95	—	—	—	—	—
2003	1788.00	0.82	0.89	—	—	—	—	—
2004	1824.00	0.76	0.94	—	—	—	—	—
2005	1872.00	0.71	0.93	1.32	1.10	0.89	0.62	0.43
2006	2035.20	0.70	0.98	1.37	1.13	0.92	0.63	0.42
2007	2188.80	0.66	0.98	1.21	0.99	0.82	0.62	0.42
2008	2463.60	0.66	0.98	1.19	0.99	0.81	0.62	0.43
2009	2733.60	0.67	0.99	1.25	1.02	0.84	0.67	0.45
2010	3014.40	0.67	1.01	1.26	1.04	0.85	0.67	0.44
2011	3451.20	0.68	1.04	1.24	1.02	0.85	0.66	0.44
2012	3961.20	0.71	1.02	1.30	1.10	0.90	0.71	0.46
2013	4479.60	0.75	1.03	—	—	—	—	—
2014	4926.00	0.74	1.02	—	—	—	—	—
2015	5413.20	0.66	1.00	—	—	—	—	—
2016	5935.20	0.66	1.01	—	—	—	—	—
2017	6487.20	0.68	1.00	—	—	—	—	—

注："—"表示部分数据存在缺失，无法测算。

4.4.2　农村理论低保标准与实际低保标准的差异分析

从 2007—2017 年农村低保实际年标准与各种算法理论低保标准比值情况来看（见表 4－16），农村低保执行标准与恩格尔系数法和消费支出比例法的测算结果较为接近。其中，在 2011 年民政部出台规范城乡低保标准的制定方法之后，农村实际的低保标准与恩格尔系数法的测算结果的相差水平较小，消费支出比例法测算的低保标准略高于农村执行的低保标准。总的来看，农村低保实际年标准介于两种方法的测算结果之间。与扩展支出模型的农村低保标准测算结果进行比较来看，农村执行的低保标准仅可以覆盖农村贫困群体的基本饮食需求（情形一），若进一步满足农村居民基本居住需求（情形二）尚存在 10%—20% 的缺口，若进一步满足衣着需求（情形三）则还存在 20%—30% 的缺口；与马丁法的测算结果比较来看，我国执行的农村低保标准远未达到农村的低贫困线，从 2005—2012 年的测算结果来看，该标准只有低贫困线的 30%—40%，占高贫困线的 20%—30%，因此农村执行的低保标准还不足以满足农村居民的低贫困线生活需求。毕红霞等(2012)[①] 通过利用恩格尔系数法和省级数据，比较了各省的理论低保标准和实际低保标准，发现仅有少数省份的农村低保标准达到理论标准。由此可见，不同省份的实际情况可能存在一定的差异。

表 4－16　农村低保实际年标准与各种算法理论低保标准比值情况（2007—2017 年）

年份	低保实际年标准（元）	恩格尔系数法	消费支出比例法	情形一：食品	情形二：前两种	情形三：前三种	低贫困线	高贫困线
2007	840.00	0.52	0.89	—	—	—	—	—
2008	987.60	0.54	1.03	0.95	0.74	0.66	0.30	0.18
2009	1209.60	0.61	1.08	1.15	0.84	0.75	0.36	0.21
2010	1404.00	0.64	1.06	1.20	0.91	0.81	0.38	0.22
2011	1718.40	0.66	1.12	1.21	0.86	0.76	0.42	0.25

① 毕红霞，薛兴利，李升．论农村最低生活保障财政支持的适度性与政策优化［J］．农业经济问题，2012，33（01）：29－36＋110－111.

续表

年份	低保实际年标准（元）	恩格尔系数法	消费支出比例法	情形一：食品	情形二：前两种	情形三：前三种	低贫困线	高贫困线
2012	2067.84	0.87	1.01	1.34	0.92	0.81	0.48	0.30
2013	2434.00	0.89	1.14	—	—	—	—	—
2014	2776.60	0.94	1.01	—	—	—	—	—
2015	3177.60	0.88	1.04	—	—	—	—	—
2016	3744.00	0.94	1.09	—	—	—	—	—
2017	4300.68	1.00	1.05	—	—	—	—	—

注：“—”表示部分数据存在缺失，无法测算。

4.5 城乡低保标准与地方财力水平的关系分析

城乡低保标准之所以与测算的理论城乡低保标准存在较大的差距，有很大一部分原因来自地区财力和经济发展水平的限制。通常来说，地区财力雄厚的地区依靠自身的财政收入完全可以为低收入群体提供必要的社会救助，根据历年《中国民政年鉴》中城乡低保预算安排情况，北京市、上海市、天津市、广东省、江苏省和浙江省等省（直辖市）在绝大多数年份的城市或农村低保支出，均来源于省本级财政，仅在个别年份接受中央的低保资金转移支付。

衡量一个地区的财力水平最为直接的指标，是一个地区财政收入水平的高低。这里使用各省城乡低保标准和各省公共财政收入，来分析城乡低保标准与地区财力（采用人均财政收入衡量）的相关程度。此外，经济发展水平的高低制约着地区的财力水平，因此还应分析地区城乡经济发展水平（采用人均 GDP 衡量）与城乡低保标准的相关性。城乡低保标准是按季度进行公布的，这里使用各省每年第 4 季度的低保标准，数据来源于民政部官网；各地公共财政收入数据来源于历年的《中国财政统计年鉴》。各省城市低保标准数据区间为 2007—2017 年，农村低保标准数据区间为 2008—2017 年。

首先，分析城市低保与各地财力的相关情况（见表 4 - 17）。根据统计结果可知，城市的低保标准与各个地区的财力状况和经济发展水平有着显著的正相关关系。从城市低保标准与地区财力水平的相关系数来看，全国和各区域的相关系数均十分显著，表明地区财力水平越高，城市低保标准也就越高。根据分地区城市低保标准与人均财政收入的相关系数大小，可以看出不同地区的相关程度存在一定的差异，其中，中部地区的相关程度最高，其次是东部地区，而西部和东北地区城市低保标准与地区的财力水平之间的相关程度略低一些。从城市低保标准与经济发展水平的相关系数来看，相关系数同样较高，表明地方经济发展水平也是制约城市低保标准提高的重要因素。城市低保标准与经济发展水平的相关系数同样是东部和中部地区相对较高，西部和东北地区相对较低。

表 4-17　　城市低保标准与各地财力水平、经济发展水平的相关系数

影响因素	全体	东部	中部	西部	东北
财力水平	0.8001 ***	0.8615 ***	0.9272 ***	0.7484 ***	0.5973 ***
经济发展水平	0.8479 ***	0.9262 ***	0.8981 ***	0.7070 ***	0.7533 ***

注：*** 代表在 1% 的置信水平上显著相关。

其次，农村低保标准同样与地区财力水平和经济发展水平呈现出显著的正相关关系（见表 4-18）。其中，农村低保标准与财力水平之间的相关系数达到了 89.09%，明显高于城市低保标准与地区财力水平的相关系数，表明农村低保标准的提升相对而言对地区财力的依赖程度更高。从不同地区农村低保标准与财力水平的相关系数来看，东部、中部和西部地区的相关系数更高（其中东部和中部地区的相关系数相等），而东北地区的相关系数稍低。经济发展水平同样与农村的低保标准高度相关，从全体来看相关系数高达 90.50%；分地区来看，仍表现为东部地区相关系数最高，其他地区的相关系数依次为中部、西部和东北地区。

表 4-18　　农村低保标准与各地财力水平、经济发展水平的相关系数

影响因素	全体	东部	中部	西部	东北
财力水平	0.8909 ***	0.8836 ***	0.8836 ***	0.8319 ***	0.5383 ***
经济发展水平	0.9050 ***	0.9066 ***	0.8655 ***	0.8232 ***	0.7197 ***

注：*** 代表在 1% 的置信水平上显著相关。

此外，从表 4 - 17 与表 4 - 18 的对比结果还可以看出，相对于城镇低保标准而言，农村低保标准的提高更多地受到了地区的财力水平和经济发展水平的制约。

4.6 本章小结

本章结合民政部公布的制定低保标准规范方法和几种常用的测算贫困线方法的基础上，利用全国宏观数据测算了不同方法下城乡理论低保标准。同时，还利用了 CHIP 数据测算了部分省份（直辖市）居民的“主观低保标准”。将不同的理论低保标准与实际执行的低保标准进行对比，明确了实际执行的低保标准与理论低保标准之间存在的缺口。测算发现，实际执行的低保标准仅能够满足居民基本的吃饭需求，在满足衣着和医疗等更高层面的基本消费需求方面还存在一定的缺口。通过比较 2013 年部分省份（直辖市）的“主观低保标准”，同样发现当前城乡低保标准偏低，无法满足人均收入低于低保标准家庭的最低消费平均水平。

通过分析城乡低保标准与地方财力和经济发展水平的相关性，发现城乡低保标准的制定与地方财力水平、经济发展水平存在较强的正相关关系，说明政府部门在制定低保标准时，可能会根据地方财力做出一定的调整，从而导致实际执行的低保标准偏离贫困群体的理论最低生活需求。

本章的政策含义在于：一方面，当前民政部门采用的低保标准制定方法，会在一定程度上低估贫困人群基本生活需求，从而很难满足他们的生存型消费需求，未来低保标准在制定时应充分考虑贫困人群的多样化需求；另一方面，各地在制定城乡低保标准时，根据各地的财力水平和经济发展水平做了一定的调整，如果没有规定调整比例或幅度，很容易造成“过度调整”，从而无法保障贫困人口的基本生存需求。因此，中央政府应当对财力较弱地区的调整比例做出一定的规范，同时适当增加对这些地区的财政转移支付，确保这些地区在制定低保标准时有足够的财力保障。

| 第5章 |

城乡低保标准区域性差距

5.1 引　言

从上一章的测算结果可以看出，实际执行的全国平均低保标准与理论低保标准或多或少存在一定的差别。考虑到低保标准可以由县级及以上政府制定，会使得较多的地方政府低保标准偏离理论标准，如此一来便会造成低保标准的区域分化。由于民政部提出的制定低保标准的参考方法并不具有强制性，我国县级和市级政府众多，各级政府在确定低保标准方面的差距将会存在，如此将导致贫困群体的基本保障在各区域间存在不平衡。由于县级政府具备制定城乡低保的权限，研究县级城乡低保标准的区域性差距，可以刻画出我国城乡低保区域分化的真实面貌。现有文献研究低保支出差距多从省级层面予以考察，并未同时从省级、市级或县级层面考虑低保支出的区域性差异。在中国式低保公共服务分权化的大背景下，研究省级以下低保支出的区域非平衡性同样有着十分重要的意义。

因此，本章利用低保标准数据，从省级政府、市级政府和县级政府三个层面，对全国和四大区域的城市内部、农村内部和城乡间低保标准差距进行测算，并使用泰尔指数和 Dagum 基尼系数等分解方法，对城乡低保标准的区域性差距进行分解。首先介绍几种常用差距测算指标的计算思想，接着分别利用省、市、县三个层面的宏观数据，对城市和农村低保标准差距进行测算，分析低保标准差距的演进趋势与来源。同时，对城乡低保标准区域性差距形成的原因作进一步的分析。

5.2 区域性差距测算原理

测算区域之间发展差距的指标有很多，学术界比较常用的差距指标主要有泰尔指数、基尼系数和阿特金森指数等（Martínez R，2012①；Vartia Y O，1976②；Yitzhaki S，1983③；Pearcy J N & Keppel K G，2016④）。为了更为细致地观察区域发展差距的来源，学术界发展了不同的分解方法，将区域不平等进行多个维度的分解，使用的分解方法通常有泰尔指数分解和基尼系数分解。本章在测算低保标准区域差异的同时，分别使用泰尔指数分解和基尼系数分解对低保标准差距来源进行分解测算。

5.2.1 泰尔指数

泰尔指数计算方法是由 Theil（1967）提出来的，他将区域之间的差距（T）分解为区域内部的差距（T_w）和区域间的差距（T_b），即：

$T = T_w + T_b$

这里，$T = \frac{1}{n}\sum_{j=1}^{k}\sum_{i=1}^{n_j}(y_{ij}/\overline{Y})\log(y_{ij}/\overline{Y})$，是针对全体人口的泰尔指数，这是一种非标准化的区域不平等，它满足映射 $T:R_+^n \rightarrow [0,\log n]$。

其中，$T_w = \frac{1}{n\overline{Y}}\sum_{j=1}^{k} n_j \overline{Y_j} T_{wj} = \sum_{j=1}^{k}\frac{n_j Y_j}{n\overline{Y}}\frac{1}{n_j}\sum_{i=1}^{n_j}\frac{y_{ij}}{\overline{Y_j}}\log(\frac{y_{ij}}{\overline{Y_j}})$，$T_w$ 是每个子群体

① Martínez R. Inequality and the New Human Development Index [J]. Applied Economics Letters, 2012, 19 (6): 533-535.

② Vartia Y O. Ideal Log-Change Index Numbers [J]. Scandinavian Journal of Statistics, 1976: 121-126.

③ Yitzhaki S. On an Extension of the Gini Inequality Index [J]. International Economic Review, 1983, 24 (3): 617-628.

④ Pearcy J N, Keppel K G. A Summary Measure of Health Disparity [J]. Public Health Reports, 2016.

内 Theil 比率的加权平均值，由子群体的收入份额加权。它衡量子群体内收入不平等对总不平等 T 的贡献。

$$T_b = \sum_{j=1}^{k} \left(\frac{n_j}{n}\right) T(\overline{Y_1}, \cdots, \overline{Y_k}) = \sum_{j=1}^{k} \frac{n_j}{n} \frac{\overline{Y_j}}{\overline{Y}} \log\left(\frac{\overline{Y_j}}{\overline{Y}}\right)$$

T_b 是根据 k 子群体的收入均值向量估算的 Theil 比率，因此由子群体份额加权。泰尔指数有两种加权方式，一种是以人口份额作为加权，另一种是以收入份额作为加权。考虑到泰尔指数对低观测值（Lower Trail）更加敏感并具有可分解性（华淑蕊，2016①；费舒澜，2014②），因此本书选择使用泰尔指数作为衡量低保的区域差距的指标之一。

5.2.2　基尼系数

基尼系数最初用于衡量居民的收入差距，后来也广泛用于衡量地区发展等一系列变量的区域差距。基尼系数最开始根据洛伦兹曲线发展而来，为此计算基尼系数需要明确洛伦兹曲线的含义。

洛伦兹曲线根据下述方法得到：将研究样本的收入由高到低进行排序，并依次进行编号（假如有 N 个样本），然后逐一计算前 i 个样本数量占全体样本数量的比重（作为 x 轴）；与之对应，计算前 i 个样本收入占全体样本收入的比重（作为 y 轴）；最后将所有的 x 和 y 的组合形成的点连接起来，形成的曲线就为洛伦兹曲线（N 足够大）。图 5－1 呈现了洛伦兹曲线的主要要素，假定 45 度线与洛伦兹曲线 $L(x)$ 之间形成的区域面积为 a，则根据基尼系数的定义，$a/S\triangle OAC = 2a$，因此求解基尼系数的关键是计算出 a 的值。根据上述描述，可知与 x 对应的累积样本数为 Nx。假设样本总收入为 W，则与 y 轴对应的累计收入为 Wy，假设样本的收入服从分布 $F(t)$，即某个个体收入小于 t 的概率为 $F(t)$。由此可以得到洛伦兹曲线的表达式：

$$y = \frac{N}{W}\int_0^t tdF(t)$$

① 华淑蕊．我国居民财产性收入差距、经济效应及影响因素研究［D］．长春：吉林大学，2016.

② 费舒澜．中国城乡收入差距的度量改进及分解研究［D］．杭州：浙江大学，2014.

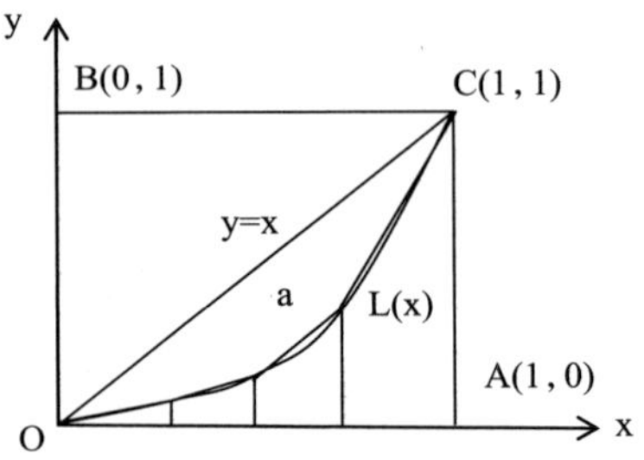

图 5-1 洛伦兹曲线

那么，a 可以通过求解洛伦兹曲线在 $y\in[0,1]$ 上的定积分，即 $L(x)$、y 轴及 $y=1$ 围成的面积，再减去 $\triangle OBC$ 的面积获得，则有：

$$a=\int_0^1 xdy-\frac{1}{2}=\frac{N}{W}\int_0^T F(t)\cdot tdF(t)-\frac{1}{2}=\frac{N}{W}\left[\frac{1}{2}T-\frac{1}{2}\int_0^T F^2(t)dt\right]-\frac{1}{2}$$

其中，T 为收入最高者的收入，那么基尼系数的表达式为：

$$G=2a=\frac{N}{W}\left[T-\frac{1}{2}\int_0^T F^2(t)dt\right]-1$$

因此，求出基尼系数的关键主要有三个：一是确定收入分布函数具体形式；二是找出收入最高者的收入 T；三是计算出全体样本的总收入。由于基尼系数仅仅从总体角度测算了居民的收入差距，并没有考虑样本内不同组别的收入差距，因而为了观察不同组别的差距情况，需要对基尼系数进行分解。国内学者程永宏（2013）[①] 分城乡二亚组和分区域多亚组两种情形推导了基尼系数的分解，其中在城乡二亚组的情形下，总体基尼系数可以分解为城乡基尼系数的加权平均（城乡收入占总收入的比重为各自的权重）和城乡收入分布差异指数三个部分；而在多亚组的情形下，将基尼系数分解为组内不平等和组间不平等两个部分，组内不平等可以进一步分解为各个亚组内基尼系数的加权平均，组间不平等进一步分解为亚组内部两两之间的收入分布差异指数和对应权重的乘积。总的来说，基尼系数分解有多种方法，常见的有 Araar A（2006）[②]、

① 程永宏．中国基尼系数及其分解分析：理论、方法和应用［M］．北京：中国经济出版社，2013.

② Araar A. On the Decomposition of the Gini Coefficient：An Exact Approach，with an Illustration Using Cameroonian Data［J］. 2006.

Shorrocks A F (1982)①、Mookherjee D 和 Shorrocks A (1982)②、Pyatt (1976)③ 等分解方法。

Pyatt 基于博弈论的方法理论，将基尼系数分解为三个部分：组内不平等、组间不平等和重叠项（从组内不平等中分离出来）。分解表达式为：

$$G = \sum_{i=1}^{m} \frac{\mu_i}{\mu} \alpha_i{}^2 G_i + \frac{1}{2N^2\mu} \sum_{i=1}^{m} \sum_{j=1}^{m} \alpha_i \alpha_j \mid \mu_i - \mu_j \mid + R$$

其中，μ 和 μ_i 分别代表全样本总收入和地区 i 总收入，α_i 和 α_j 为各地区的人口份额，G_i 为 i 地区的总体基尼系数，N 代表全样本的人口总数。上式中的三项分别代表组内不平等、组间不平等和重叠项。由于包含有重叠项，故这种分解方法在实际应用中存在一定的局限性（Kashinath Sahoo、潘霁，2006④；李虎，2005⑤）。

从基尼系数出发，Dagum（1997⑥、1998⑦）将其分解为三个部分：组内基尼系数、组间基尼系数和超变密度。则有：

$$G = \frac{\Delta}{2\overline{Y}} = \frac{1}{2\overline{Y}} \cdot \sum_{i=1}^{n} \sum_{r=1}^{n} \mid Y_i - Y_r \mid \cdot \frac{1}{n^2} = \sum_{j=1}^{k} \sum_{h=1}^{k} \sum_{i=1}^{n_j} \sum_{r=1}^{n_h} \mid y_{ij} - y_{hr} \mid \cdot \frac{1}{2n^2 \overline{y}}$$

其中，Δ 为总的基尼平均差异，$\overline{Y}$ 为总样本的平均值，Y_i 和 Y_r 为样本内任意两个个体收入，n 为样本总个数，y_{ij} 代表第 j 个亚组第 i 个个体的收入，y_{hr} 代表第 h 个亚组第 r 个个体的收入，$\overline{y}$ 为各个亚组的平均收入。对上述基尼系数进行分解，可以得到：

---

① Shorrocks A F. Inequality Decomposition by Factor Components [J]. Econometrica: Journal of the Econometric Society, 1982: 193 -211.

② Mookherjee D, Shorrocks A. A Decomposition Analysis of the Trend in UK Income Inequality [J]. The Economic Journal, 1982, 92 (368): 886 -902.

③ Pyatt G. On the Interpretation and Disaggregation of Gini Coefficients [J]. The Economic Journal, 1976, 86 (342): 243 -255.

④ Kashinath Sahoo, 潘霁. 基尼系数是一个完备的不平等程度的度量指标吗? [J]. 统计研究, 2006 (05): 41 -43.

⑤ 李虎. 关于基尼系数分解分析的讨论 [J]. 数量经济技术经济研究, 2005 (03): 127 -135.

⑥ Dagum C. Decomposition and Interpretation of Gini and the Generalized Entropy Inequality Measures [J]. Statistica, 1997, 57 (3): 295 -308.

⑦ Dagum C. A New Approach to the Decomposition of the Gini Income Inequality Ratio [M] //Income Inequality, Poverty, and Economic Welfare. Physica - Verlag HD, 1998: 47 -63.

$G = G_w + G_{nb} + G_t$（三项分别为组内基尼系数、组间基尼系数和超变密度贡献）

$$G_w = \sum_{j=1}^{k} G_{jj} p_j s_j$$

$$G_{jj} = \frac{\Delta_{jj}}{2\overline{Y_j}} = \frac{1}{2\overline{Y_j}} \sum_{i=1}^{n_j} \sum_{r=1}^{n_j} | y_{ji} - \mathrm{y_{jr}} | \frac{1}{n_j{}^2}$$

$$G_{jh} = \frac{\Delta_{jh}}{\overline{Y_j} + \overline{Y_h}} = \sum_{i=1}^{n_j} \sum_{r=1}^{n_h} | y_{ji} - yhr | \frac{1}{n_j n_h (\overline{Y_j} + \overline{Y_h})}$$

$$G_{nb} = \sum_{j=2}^{k} \sum_{h=1}^{j-1} G_{jh} (p_j s_h + p_h s_j) D_{jh}$$

$$G_t = \sum_{j=2}^{k} \sum_{h=1}^{j-1} G_{jh} (p_j s_h + p_h s_j)(1 - D_{jh})$$

其中，G_w 衡量了子样本内部的不平等对总体差距的贡献，G_{nb} 衡量了子样本间的不平等对总体差距的贡献，G_t 衡量了子样本间的跨越变异（Transvariation）强度对总体不平等的影响（其可以理解为划分子样本时，由于子样本组内和组间不平等交叉项的存在，从而对总体不平等产生的影响）。$p_j = n_j/n$ 为第 j 个亚组的人口份额，$s_j = \frac{n_j \overline{Y_j}}{n\overline{Y}}$ 为第 j 个亚组的收入份额，满足 $\sum p_j = \sum s_j = 1$，并且 $\sum_{j=1}^{k} \sum_{h=1}^{k} p_j s_h = 1$。$D_{jh}$ 为两个亚组的相对差距比率，计算公式为 $D_{jh} = \frac{d_{jh} - p_{jh}}{d_{jh} + p_{jh}}$，$1 - D_{\mathrm{jh}}$ 衡量了跨越变异强度的大小（Dagum C，1960）①。d_{jh} 为 j 和 h 两个亚组的收入差值，其含义为对第 j 亚组人口收入 y_{ji} 高于第 h 亚组人口收入 y_{hr}，计算所有的 $y_{ji} - y_{hr}$ 加权平均值，使得 $\overline{y_j} > \overline{y_h}$；$p_{jh}$ 为超变一阶矩，表示 j、h 两个亚组中，对所有满足 $y_{hr} > y_{ji}$ 的样本值取加权平均。两者的计算公式如下：

$$d_{jh} = \int_0^{\infty} dF_j(y) \int_0^{y} (y - x) dF_h(x)$$

① Dagum C. Teoria de La Transvariación: Sus Aplicaciones a La Economia [M]. Istituto di Statistica, Univ. Degli Studi di Roma, 1960.

$$p_{jh} = \int_0^{\infty} dF_h(y) \int_0^{y} (y - x) dF_j(x)$$

上式中，$F_j(x)$ 和 $F_h(x)$ 对应 j 和 h 两个地区的收入分布函数。根据以上公式，即可以将基尼系数分解为三个不相重叠的部分。具体的计算方法参考了 Alvaredo F （2011）①、Notteboom T E （2006）②。

5.2.3　其他测度方法

5.2.3.1　阿特金森指数

阿特金森指数是基于社会福利函数提出来的，其假定存在一个等值收入，使得全社会福利与收入存在差距时的社会总福利相等，即：

$$n \cdot u(\xi) = \sum_{i=1}^{n} u_i(x)$$

其中，$u(\cdot)$ 为每个人的福利函数，n 为全社会总人数，ξ 为等值收入水平，x_i 为每个个体的收入水平。那么，测算收入不平等的阿特金森指数为：

$$I_A = 1 - \frac{\xi}{\bar{x}}$$（$\bar{x}$ 代表全体样本的平均收入水平）

可以看出，当社会平均收入与 $\bar{x}$ 等值收入水平 ξ 越接近，那么阿特金森指数越小；反之，两者的偏离程度越大，阿特金森指数也就越大。其取值介于［0，1］之间，其取值等于 0 时代表绝对平等，等于 1 时代表绝对不平等。

假定社会福利函数形式为：

$u(x) = a + b\dfrac{x^{1-\rho}}{1-\rho}$（其中，$a$、$b$ 为常数，ρ 为不平等厌恶参数，大于 0 但不等于 1）；当 ρ 趋向于 1 时，$u(x) = \ln x$ 。

根据上式可以得到：

---

① Alvaredo F. A Note on the Relationship Between Top Income Shares and the Gini Coefficient ［J］. Economics Letters，2011，110 （3）：274 – 277.

② Notteboom T E. Traffic Inequality in Seaport Systems Revisited ［J］. Journal of Transport Geography，2006，14 （2）：95 – 108.

$$I_A = 1 - [\frac{1}{n}\sum_{i=1}^{n}(x_i)^{1-\rho}]^{\frac{1}{1-\rho}}\frac{1}{u}\text{（}\rho\text{ 大于 0 且不等于 1）}$$

或者：

$$I_A = \prod_{i=1}^{n} x_i^{\ n}\frac{1}{u}\text{（}\rho = 0\text{ 时）}$$

当不平等厌恶程度趋向于无穷大时，对 I_A 取极限为 $1 - \frac{\min x_i}{u}$，此时阿特金森指数大小，即收入不平等程度取决于样本中最低收入的个体。

5.2.3.2 变异系数法

假定一个样本的均值为 $\bar{x}$，标准差为 σ，则变异系数可定义为：

$$CV = \frac{\sigma}{\bar{x}} = \frac{\sqrt{\sum_{i=1}^{n}(x_i - \bar{x})^2/n}}{\bar{x}}$$

由此可见，当收入分配实现完全均等时，标准差为 0，此时的 CV 也为 0；当所有的收入都集中在一个人手中的时候，即绝对的不平等，此时的 CV 等于 $\sqrt{n-1}$。因此变异系数 CV 的取值介于 0 和 $\sqrt{n-1}$ 之间，值越大表明不平等程度越强。

5.2.3.3 一般熵指数

单参数的熵指数取决于参数 α 值的大小，当参数 α 不等于 0 或 1 的时候，一般熵指数 $GE(\alpha) = \frac{1}{\alpha(\alpha-1)}\frac{1}{n}\sum_{i=1}^{n}[(\frac{x_i}{\bar{x}})^{\alpha} - 1]$；当 α 等于 1 时，$GE(1) = \frac{1}{n}\sum_{i=1}^{n}\frac{x_i}{\bar{x}}\ln\frac{x_i}{\bar{x}}$；当 α 等于 0 时，$GE(0) = \frac{1}{n}\sum_{i=1}^{n}\ln\frac{\bar{x}}{x_i}$。

通常而言，$GE(1)$ 被称为泰尔 T 指数，$GE(0)$ 被称为泰尔 L 指数（或为平均对数离差）。由于公式中含有对数，因此若样本中某个体的值为 0，则不能计算出泰尔 T 指数和 L 指数。

还有一些较为简单的计算公式，可以用来衡量区域间的差距，比如对数标准差（SDL）和相对平均偏差（RMD）。对数标准差距的计算公式与标准

差计算公式一样，只是将所有的样本值取了对数而已。相对平均偏差的计算公式为：$RMD = \frac{1}{n\overline{X}}\sum|X_i - \overline{X}|$。

考虑到泰尔指数和基尼系数可以分解的优点，本书主要使用泰尔指数（本书使用泰尔 T 指数）和基尼系数计算城乡低保标准、城乡低保人均支出差距，并使用其他差距测算方法加以验证。在差距分解方面，主要使用泰尔指数分解方法将区域差距分解为组内不平等和组间不平等，使用 Dagum 基尼系数分解方法，将区域差距分解为区域内差距、区域间差距和超变密度。

5.2.4　差距合理性的判定

存在差距是现实社会中的常态，但是差距究竟多大合理，应该将差距控制在什么范围内，学术界并没有统一的标准。绝对的平等会导致经济个体失去工作的动力，损失了经济的效率；绝对的不平等将会影响社会的稳定性。适度的差距应该有利于经济社会的发展，一方面有利于改善资源配置效率、促进经济增长，另一方面有利于维持社会的和谐稳定（钱力，2014[①]；孙敬水、张岚，2013[②]）。

泰尔指数方面，计算公式较多并可以选择较多的权重系数，泰尔指数大小没有绝对意义，只有相对意义。因此，现有文献并没有通过泰尔指数大小来判定差距合理性的研究观点。学术界较多使用基尼系数研究居民收入差距，按照发达经济体使用基尼系数衡量收入差距的一般标准，当基尼系数小于或等于 0.2 代表收入差距很小，介于（0.2，0.3］表示收入分配较为平均，介于（0.3，0.4］表示收入分配较为合理，介于（0.4，0.5］表示收入分配差距过大，超过 0.5 则表示差距较为悬殊，国内较多学者使用这一标准判断国内的收入分配格局（岳希明、李实，2013）[③]。徐映梅、张学新（2011）[④] 基于

① 钱力．农村居民收入区域差异适度性分析——基于隶属函数协调度模型测度方法［J］．经济问题探索，2014（08）：129－135.

② 孙敬水，张岚．中国城镇居民收入差距适度性分析［J］．学术月刊，2013，45（08）：101－114.

③ 岳希明，李实．真假基尼系数［J］．南风窗，2013（05）：65－67.

④ 徐映梅，张学新．中国基尼系数警戒线的一个估计［J］．统计研究，2011，28（01）：80－83.

1978—2007 年城乡居民收入分组数据，使用参数和非参数估计，测算了我国基尼系数的警戒线，得出全国基尼系数的警戒线为 0.4494，城镇居民收入基尼系数警戒线为 0.41，农村为 0.36。洪兴建（2007）[①] 研究后认为 0.3—0.4 可以被认为是基尼系数的合意值，0.4 作为基尼系数警戒线也是一个比较合理的水平。李实和高霞（2015）[②] 认为如果收入差距来源于能力差异和职业差异，则这样的收入差距是合理的。阿特金森指数法含有一个反映社会对于不平等的厌恶（或对平等的偏好）程度的参数，测算出的差距值主观性大。其他差距指标合理的取值范围，学术界也较少探讨。总的来看，基尼系数的判定方法主要用于居民收入分配差距的判断，对于判定低保差距具有一定的借鉴意义，但是不绝对使用。

5.3 城镇低保标准区域性差距测算

5.3.1 数据来源和数据说明

根据前文中提到的泰尔指数、基尼系数分解方法分别测算城乡低保标准区域差距。由于城乡低保标准分别分省（自治区、直辖市）、地级市和县（区、县级市）进行了统计，因此在具体测算泰尔指数及其分解、基尼系数及其分解时分别使用省级低保标准、市级低保标准及县级低保标准测算低保标准的区域性差距。

本书所使用的低保标准数据来源于中华人民共和国民政部官网按季度统计的省级、市级和县级单位的城市、农村低保标准数据。就统计的时间区间来看，民政部官网上统计的全国城市低保标准公布的起始时间为 2007 年第 3 季度，农村低保标准从 2008 年第 1 季度开始在全国范围内公示，之后全国县级以上的行政单位在各个年份的每个季度公布对应季度的城乡低保标准。

---

① 洪兴建. 基尼系数合意值和警戒线的探讨［J］. 统计研究，2007（08）：84-87.

② 李实，高霞. 居民收入差距的测量及其合理判断［J］. 统计与决策，2015（10）：11-16.

按照民政部现行的统计信息发布日程表，在每个季度的第一个月公布上个季度全国县级以上单位的低保标准数据。从每个季度来看，城乡低保标准分为三个层面，分别是省级、市级和县级层面。其中，省级层面统计了全国 31 个省级行政区划单位（省、直辖市或自治区，不含港澳台地区）平均的城乡低保标准，市级层面统计了 330 多个（个别年份存在缺失值）市级行政单位（市、自治州）平均的城乡低保标准，县级层面统计了 2800 多个（个别年份存在缺失值）县级行政单位（县、县级市、市辖区、自治县）平均的城乡低保标准。通过比较同一年份低保标准之间的差异，发现不同季度低保标准差异并不明显。因此，本书使用各个年度最后一个季度的低保标准数据对城乡低保标准的区域性差距进行测算。

由于地级市和县区数量较多，为了提高数据处理的效率、使得数据的识别度更高，需要对数据进行匹配处理。对于县级低保标准数据来说，部分单位名称中含有“开发区”“市中区”“市辖区”“发展区”“矿区”“民政局”“管委会”“办事处”“镇”“乡”“农场”“管理局”“市（县）本级”“航空港区”“商贸区”等，没有对应的行政单位。因此，需要使用对应年份的行政区划代码，对各个年份的县级低保标准数据进行匹配，使得各县级单位均能够完全匹配，对于能够匹配上的低保数据进行保留。由于文本的编辑问题，2007 年和 2008 年的低保标准统计数据中存在部分行政单位名称是“…市…县”“…市…区”的情况，通过筛选后去掉前面的“…市”；对名称中带有“…民政局”的情况，如果是市级单位或者区县级单位，保留对应的市或者县名称，代替原行政单位名称。另外，为了提高数据匹配的精确程度，对于单位名称中的空格或特殊符号进行删除处理。部分年份由于单位名称书写不规范，尤其是部分自治县、自治州使用简化形式，导致部分样本无法匹配，为此对这部分单位名称进行修改。为了统一，将低保标准中的单位名称统一为行政区划中各地的“行政区划名称”。

对于市级数据而言，同样将一些名称简写的地级市单位进行改写，使得低保标准中的单位名称与行政区划中的地级市单位名称保持一致，同时将部分不是市级单位的数据，或者与对应年份行政区划代码不能对应的样本予以剔除，最终得到全国所有地级市 2007—2017 年低保标准数据。省份数量相对要少很多，在数据匹配上就没有这么烦琐。

5.3.2 城镇低保标准总体差距测算

由于中国民政部对城镇和农村低保标准是按照省级、市级和县区进行统计归类的，因此本书分别从省级、市级和县级三个层面分解城镇和农村低保标准差距情况。本书所指的省级、市级和县级层面与中华人民共和国历年公布的行政区划相对应，其中截至2017年年底中国共有31个省级单位（港澳台除外），343个地级市单位和2842个县区级行政单位①。由于个别年份的行政区划存在一定的调整，本书将对应年份各地区（省、市、县）的城乡低保标准与对应年份的行政区划进行匹配。以省级城市低保标准为例，从其区域分布来看，可以发现：2007—2017年省级城市低保标准存在动态的空间演化特征，东部省份城市低保标准普遍高于中、西部省份，区域不均衡现象较为突出。同时，不同区域中城市低保标准均存在一定程度的不均衡。其中，东部省份中，北京、天津、上海的城市低保标准相对较高；中部省份的城市低保标准总体较为均衡，安徽、湖北和江西在个别年份中的低保标准相对较高；西部省份的城市低保标准中，除了西藏和内蒙古的标准相对偏高以外，其他省份的城市低保标准相对较为接近；东北三省中，辽宁城市低保标准相对较高，吉林城市低保标准相对较低。

5.3.2.1 省级层面的测算结果

表5-1呈现了2007—2017年全国所有省级政府单位城镇低保标准差距测算结果，可以看出，在2007—2017年省级政府单位城镇低保标准的差距总体是在下降的。具体来看，差距指标表明在2008年省级政府城镇低保标准差距为区间内最大值，在此之后差距表现出缩小趋势，但是在近几年，差距进一步回升。具体来看，2007年全国所有省级政府单位城镇低保标准泰尔指数为0.0343；2008年上升到0.0407，达到区间内的最大值，接着从2009年的0.0369降至2013年的0.0239，泰尔指数表现出逐年降低的趋势。2014

① 中华人民共和国民政部.2017年中华人民共和国行政区划代码［EB/OL］. http://www.mca.gov.cn/article/sj/xzqh/1980/201803/20180315008048.shtml，2018-03-13.

年省级泰尔指数上升为 0.0256，之后的 2015—2017 年省级泰尔指数维持在 0.0248—0.0254，整体的波动较小。从 2007—2017 年基尼系数来看，与泰尔指数走势表现一致。同样是在 2008 年，基尼系数达到最大值 0.1491，2009—2013 年省级城镇低保标准基尼系数逐年降低，在 2013 年达到省级城镇低保标准基尼系数最小值 0.1181，2014 年有所反弹，2014—2017 年省级基尼系数维持在 0.1190—0.1239。

表 5-1　2007—2017 年全国所有省级政府单位城镇低保标准差距测算结果

年份	GE (2)	熵指数 GE (-1)	平均对数离差 GE (0)	泰尔指数	基尼系数	对数标准差	变异系数	相对平均偏差
2007	0.0386	0.0294	0.0314	0.0343	0.1358	0.2425	0.2823	0.1037
2008	0.0459	0.0352	0.0373	0.0407	0.1491	0.2646	0.3080	0.1111
2009	0.0410	0.0325	0.0342	0.0369	0.1443	0.2549	0.2911	0.1053
2010	0.0352	0.0289	0.0301	0.0322	0.1367	0.2409	0.2697	0.1007
2011	0.0331	0.0281	0.0290	0.0306	0.1338	0.2378	0.2616	0.0935
2012	0.0264	0.0225	0.0233	0.0246	0.1205	0.2134	0.2335	0.0872
2013	0.0258	0.0218	0.0226	0.0239	0.1181	0.2098	0.2308	0.0846
2014	0.0274	0.0235	0.0243	0.0256	0.1239	0.2179	0.2380	0.0900
2015	0.0266	0.0227	0.0235	0.0248	0.1214	0.2143	0.2346	0.0867
2016	0.0271	0.0220	0.0232	0.0248	0.1182	0.2108	0.2366	0.0862
2017	0.0278	0.0224	0.0236	0.0254	0.1190	0.2127	0.2398	0.0871
平均值	0.0323	0.0263	0.0275	0.0294	0.1292	0.2291	0.2569	0.0942

总的来看，全国所有省级政府单位城镇低保标准差距的 8 个指标显示，全国省级单位城镇低保标准的差距总体表现出缩小的趋势，在 2013 年差距达到研究区间内的最小值，说明在 2013 年省级城镇低保标准各省较为接近，在此之后各省的差距维持在较小的范围内波动。

5.3.2.2　市级层面的测算结果

表 5-2 统计了 2007—2017 年全国地级市政府单位城镇低保标准总体差距的变化情况。可以看出，市级政府城镇低保标准在 2012 年之前总体偏高，

在2013年之后市级政府间城镇低保标准差距则逐渐缩小，在2016年降至较低水平之后，2017年全国市级政府单位的城镇低保标准差距又有所扩大。具体来看，泰尔指数在2007年为0.0257，在2008年升高为0.0364（达到最高点），2009—2012年这一数字维持在0.0224以上，但区域差距总体呈现下降趋势，在2013年则下降为0.0188，2014年略有回升达到0.0191，2015年保持不变，在2016年有所降低达到0.0154，在2017年则又表现出小幅度的回升，达到0.0162。类似地，基尼系数在2007年为0.1242，在2008年升高为0.1360（达到最高点），2009年降低至0.1272，2010年又进一步上升反弹至0.1302，2011—2013年基尼系数持续下降，2014年小幅度上升，2015年和2016年再次下降，2017年则有所回升。总的来看，市级政府单位城镇低保标准城市间泰尔指数和基尼系数变化趋势基本保持一致，在这11年间市级政府低保标准泰尔指数维持在0.0154—0.0364之间，基尼系数维持在0.0959—0.1360之间。

表5-2　2007—2017年全国所有市级政府单位城镇低保标准差距测算结果

年份	GE（2）	熵指数 GE（-1）	平均对数离差 GE（0）	泰尔指数	基尼系数	对数标准差	变异系数	相对平均偏差
2007	0.0277	0.0237	0.0244	0.0257	0.1242	0.2156	0.2357	0.0891
2008	0.0464	0.0298	0.0318	0.0364	0.1360	0.2383	0.3051	0.0962
2009	0.0275	0.0253	0.0254	0.0261	0.1272	0.2224	0.2348	0.0919
2010	0.0278	0.0262	0.0261	0.0266	0.1302	0.2265	0.2360	0.0942
2011	0.0276	0.0261	0.0259	0.0264	0.1283	0.2260	0.2351	0.0918
2012	0.0230	0.0226	0.0223	0.0224	0.1189	0.2107	0.2146	0.0842
2013	0.0194	0.0185	0.0185	0.0188	0.1092	0.1912	0.1974	0.0776
2014	0.0197	0.0186	0.0187	0.0191	0.1102	0.1918	0.1990	0.0791
2015	0.0199	0.0186	0.0187	0.0191	0.1094	0.1912	0.1998	0.0777
2016	0.0162	0.0145	0.0148	0.0154	0.0959	0.1693	0.1802	0.0671
2017	0.0173	0.0150	0.0154	0.0162	0.0969	0.1720	0.1861	0.0662
平均值	0.0248	0.0217	0.0220	0.0229	0.1169	0.2050	0.2203	0.0832

从其他指标的测算结果来看，*GE*（2）、熵指数、平均对数离差、对数

标准差、变异系数和相对平均偏差的变化趋势与泰尔指数、基尼系数的变化保持一致，说明计算结果具有较强的可信性。

5.3.2.3　县级层面的测算结果

表 5－3 统计了 2007—2017 年全国所有县级政府单位城镇低保标准差距测算结果。根据 8 类指标的测算结果，可知县级政府单位城镇低保标准的差距总体上表现出先扩大、后缩小的变化规律，尽管在个别年份上存在细微的波动。

表 5－3　2007—2017 年全国所有县级政府单位城镇低保标准差距测算结果

年份	GE（2）	熵指数 GE（－1）	平均对数离差 GE（0）	泰尔指数	基尼系数	对数标准差	变异系数	相对平均偏差
2007	0.0396	0.0332	0.0341	0.0361	0.1463	0.2533	0.2815	0.1064
2008	0.0557	0.0355	0.0370	0.0415	0.1502	0.2598	0.3338	0.1075
2009	0.0361	0.0325	0.0327	0.0338	0.1443	0.2510	0.2687	0.1041
2010	0.0358	0.0334	0.0332	0.0340	0.1461	0.2547	0.2675	0.1052
2011	0.0349	0.0330	0.0326	0.0332	0.1432	0.2528	0.2644	0.1011
2012	0.0304	0.0293	0.0287	0.0291	0.1336	0.2386	0.2466	0.0943
2013	0.0332	0.0244	0.0249	0.0269	0.1221	0.2170	0.2577	0.0852
2014	0.0255	0.0242	0.0241	0.0245	0.1234	0.2175	0.2257	0.0885
2015	0.0248	0.0236	0.0234	0.0238	0.1209	0.2148	0.2226	0.0846
2016	0.0211	0.0186	0.0190	0.0198	0.1073	0.1909	0.2057	0.0746
2017	0.0204	0.0174	0.0179	0.0189	0.1039	0.1845	0.2020	0.0712
平均值	0.0325	0.0278	0.0280	0.0292	0.1310	0.2305	0.2524	0.0930

泰尔指数方面，全国所有县级政府单位城镇低保标准的泰尔指数在 2007—2010 年的波动幅度较大，4 年间表现出“增长、降低、再增长”的走势，在 2007 年为 0.0361，接着在 2008 年上升至 0.0415，2009 年下降至 0.0338，2010 年又略微上升至 0.0340。在此之后，泰尔指数从 2011 年的 0.0332 下降至 2017 年的 0.0189，表现出逐年下降的趋势，其中 2015—2016 年泰尔指数的下降幅度最大。基尼系数在 2007—2010 年表现出一定的波动，

同样表现出“增长、降低、再增长”的走势，但是波动的范围集中在0.1461—0.1502。在此之后，城镇低保标准基尼系数从2011年的0.1432降至2013年的0.1221，接着在2014年上升至0.1234，之后基尼系数一直表现出降低趋势，从2015年的0.1209降低到了2017年的0.1039，其中2015—2016年基尼系数的降低幅度最大。

从其他指标的测算结果来看，GE（2）、熵指数、平均对数离差、对数标准差、变异系数和相对平均偏差的变化趋势与泰尔指数、基尼系数的变化保持一致，说明计算结果具有较强的可信性。进一步，通过比较市级差距指标和县级差距指标，可以发现，后者的差距指标明显大于前者绝大多数差距指标，这说明相对于市级政府单位而言，城镇低保标准在县级单位间的差距更为明显。

5.3.3 城镇低保标准各区域差距测算

5.3.3.1 各区域城镇低保标准主要差距指标情况

上文从总体层面测算了全国省级、市级和县级层面城镇低保标准的区域差距总体情况，为了进一步说明城镇低保标准的区域性差距，下面进一步分东部、中部、西部和东北四大区域测算各区域内部城镇低保标准差距。

1. 东部地区城镇低保标准主要差距指标情况

与全国城镇低保标准差距的测算类似，这里分别从省级、市级和县级测算四大区域的城镇低保标准总体差距情况，由于不同类别的差距指标具有较强的正相关性，分地区的测算结果中仅呈现泰尔指数和基尼系数。

表5-4统计了2007—2017年东部地区各级政府城镇低保标准差距测算结果。首先，从省级层面来看，东部地区城镇低保差距总体表现为先升后降、然后再次拉大差距的走势。与全国的省级数据测算结果一致，东部差距在2008年达到最大值，之后一直下降（2010年差距有小幅度的扩大），直到2016年差距再次扩大。其次，从市级层面来看，2007—2017年东部地区所有市级层面城镇低保标准差距与省级差距有所不同。总体来看，在2007—2009年东部市级城镇低保标准差距总体呈现出缩小的趋势，2010—2011年

差距有所扩大，2012—2014 年差距缩小，2015—2017 年东部地级市间低保标准差距表现出“增大—减小—增大”的走势，但这 3 年的地区差距水平均低于 2013 年的差距水平。通过与东部地区省级政府城镇低保标准差距进行比较，可以发现市级政府城镇低保标准的差距更小。再次，从县级层面来看，东部地区所有县级层面城镇低保标准差距明显高于全国县级差距水平，说明东部地区县级层面间的城镇低保标准差距较大。从变化趋势来看，差距总体呈现出减小的趋势。

表 5－4　　2007—2017 年东部地区各级政府城镇低保标准差距测算

年份	省级		市级		县级	
	泰尔指数	基尼系数	泰尔指数	基尼系数	泰尔指数	基尼系数
2007	0. 0354	0. 1499	0. 0278	0. 1346	0. 0438	0. 1695
2008	0. 0381	0. 1546	0. 0266	0. 1309	0. 0414	0. 1644
2009	0. 0318	0. 1403	0. 0256	0. 1297	0. 0347	0. 1500
2010	0. 0321	0. 1424	0. 0290	0. 1381	0. 0363	0. 1537
2011	0. 0270	0. 1296	0. 0294	0. 1383	0. 0350	0. 1502
2012	0. 0245	0. 1241	0. 0271	0. 1310	0. 0322	0. 1443
2013	0. 0232	0. 1213	0. 0185	0. 1101	0. 0246	0. 1267
2014	0. 0217	0. 1181	0. 0136	0. 0939	0. 0215	0. 1183
2015	0. 0203	0. 1133	0. 0164	0. 1033	0. 0232	0. 1224
2016	0. 0239	0. 1232	0. 0139	0. 0933	0. 0215	0. 1156
2017	0. 0267	0. 1312	0. 0177	0. 1035	0. 0228	0. 1175
平均值	0. 0277	0. 1316	0. 0223	0. 1188	0. 0307	0. 1393

总体来看，基尼系数和泰尔指数表现出“波浪式”降低的走势，虽然在个别年份有回升，但是上升的幅度都不大。这说明，东部地区县级层面城镇低保标准区域间差距总体在向缩小发展，并逐步收敛到一个较低的水平。

2. 中部地区城镇低保标准主要差距指标情况

表 5－5 统计了 2007—2017 年中部地区各级政府城镇低保标准差距测算结果。首先，从省级层面来看，中部省份城镇低保标准的差距较小，从泰尔指数和基尼系数等各个指标值的大小来看，均明显低于全国省级政府城镇低保标准差距指标，同时明显低于东部地区省级单位的差距指标，这表明中部

地区各省差距水平较低。具体来看，各个差距指标的波动幅度均比较小，并且值相对较小，说明差距总体稳定，省份间城镇低保标准比较接近。从泰尔指数来看，在 2007—2017 年，其值保持在 0. 0020—0. 0053 的范围内波动，总体较为稳定；中部省份城镇低保标准基尼系数方面，11 年间的波动范围为 0. 0343—0. 0568，同样是在较低的水平上波动。其次，从市级层面来看，中部城镇低保标准的市级差距明显大于省级的差距水平。总的来看，差距在 2007—2017 年表现出逐年降低的趋势。具体来看，2007—2011 年经历了从差距缩小到差距扩大的发展趋势，2012—2014 年差距有所缩小，并且这 3 年间差距情况基本没有发生变化，2015—2017 年差距进一步缩小，尽管这段时间出现了一些波动，但是均低于 2014 年之前的差距水平。再次，从县级层面来看，中部地区所有县级层面城镇低保标准差距明显低于全国所有县级层面城镇低保标准差距，说明中部县级差距较小。进一步，通过与东部地区进行比较，可以发现中部所有县级层面城镇低保标准差距更小，说明中部地区县级单位的低保标准更加均衡。通过观察中部地区所有县级层面城镇低保标准差距测算结果，可知中部县级低保标准差距水平总体上表现出下降趋势（尽管在 2017 年略有反弹）。

表 5 – 5　2007—2017 年中部地区各级政府城镇低保标准差距测算

年份	省级		市级		县级	
	泰尔指数	基尼系数	泰尔指数	基尼系数	泰尔指数	基尼系数
2007	0. 0047	0. 0491	0. 0142	0. 0935	0. 0197	0. 1055
2008	0. 0026	0. 0411	0. 0125	0. 0896	0. 0168	0. 1020
2009	0. 0031	0. 0434	0. 0113	0. 0845	0. 0147	0. 0964
2010	0. 0035	0. 0460	0. 0133	0. 0934	0. 0187	0. 1082
2011	0. 0053	0. 0568	0. 0136	0. 0927	0. 0191	0. 1088
2012	0. 0033	0. 0439	0. 0118	0. 0858	0. 0190	0. 1049
2013	0. 0030	0. 0415	0. 0117	0. 0859	0. 0291	0. 1022
2014	0. 0042	0. 0495	0. 0116	0. 0858	0. 0149	0. 0957
2015	0. 0042	0. 0496	0. 0091	0. 0754	0. 0123	0. 0867
2016	0. 0020	0. 0343	0. 0049	0. 0554	0. 0061	0. 0617
2017	0. 0039	0. 0488	0. 0065	0. 0638	0. 0085	0. 0725
平均值	0. 0036	0. 0458	0. 0110	0. 0823	0. 0163	0. 0950

3. 西部地区城镇低保标准主要差距指标情况

表 5 - 6 统计了 2007—2017 年西部地区各级政府城镇低保标准差距测算结果。首先，从省级层面来看，可知西部地区省级政府城镇低保标准差距同样比较低，明显低于全国和东部地区的总体差距，但略高于中部地区差距水平。从差距指标的变化趋势来看，2007 年差距最小，说明该年西部省级低保标准差距较小。但是在 2012 年之前，差距总体在不断扩大，2013 年及之后差距在比较稳定的范围内浮动。

表 5 - 6　2007—2017 年西部地区各级政府城镇低保标准差距测算

年份	省级		市级		县级	
	泰尔指数	基尼系数	泰尔指数	基尼系数	泰尔指数	基尼系数
2007	0.0069	0.0609	0.0121	0.0872	0.0166	0.1001
2008	0.0124	0.0862	0.0460	0.1267	0.0381	0.1242
2009	0.0149	0.0926	0.0211	0.1131	0.0243	0.1227
2010	0.0143	0.0945	0.0247	0.1244	0.0292	0.1365
2011	0.0157	0.0992	0.0237	0.1215	0.0266	0.1299
2012	0.0140	0.0935	0.0209	0.1149	0.0269	0.1277
2013	0.0114	0.0828	0.0162	0.1002	0.0201	0.1106
2014	0.0138	0.0870	0.0167	0.1010	0.0214	0.1134
2015	0.0123	0.0850	0.0171	0.1021	0.0206	0.1127
2016	0.0138	0.0859	0.0126	0.0859	0.0183	0.1024
2017	0.0123	0.0819	0.0107	0.0796	0.0144	0.0908
平均值	0.0129	0.0863	0.0202	0.1051	0.0233	0.1155

其次，从市级层面来看，2007—2017 年西部地区市级城镇低保标准差距明显低于全国市级差距，但是高于西部省级城镇低保标准差距水平，这说明市级层面上的城镇低保标准差距相对于省级城镇低保标准差距来说更大。从具体指标来看，11 年间的市级城镇低保标准波动较为明显，但总体来看 2012 年之前差距较大，2013 年及之后这种差距明显缩小。具体来看，基尼系数和泰尔指数均在 2008 年取得样本区间内的最大值，分别为 0.0460 和 0.1267，在 2012 年之前两者分别高于 0.0209 和 0.1149；2013—2017 年，尽管两者有一定的波动，但是分别低于 0.0171 和 0.1021，在 2017 年两者的取

值达到最低水平，分别为 0.0107 和 0.0796。

再次，从县级层面来看，可以看出西部地区所有县级层面城镇低保标准差距较小，总体差距小于东部地区，并与中部地区县级城镇低保标准差距水平相当。总体来看，西部地区县级政府城镇低保标准差距低于全国水平。2007—2017 年泰尔指数的波动范围为 0.0144—0.0381；基尼系数的波动范围为 0.0908—0.1365。

4. 东北地区城镇低保标准主要差距指标情况

表 5－7 统计了 2007—2017 年东北地区各级政府城镇低保标准差距测算结果。首先，从省级层面来看，东北地区省份城镇低保标准差距总体较低，不仅低于全国所有省份城镇低保标准差距，也低于东部和西部地区省份城镇低保标准的区域性差距水平，总的来看与中部差距基本相当，这说明从省级层面上来看，东北地区省份城镇低保标准差距总体较小。具体来看，在 2007—2017 年总体呈现差距缩小态势，但也存在个别年份差距突然扩大的情况。其次，从市级层面来看，2007—2017 年东北各市城镇低保标准差距明显低于全国的市级差距水平，略高于省级层面差距水平。从差距的发展趋势来看，2007—2012 年差距持续降低，2013—2014 年差距有所回升，2015—2017 年市级城镇低保标准差距连续 3 年降低，并在 2017 年达到样本区间内的最低差距水平。再次，从县级层面来看，可以看出东北地区县级层面城镇低保标准差距变化较大。尽管在 2007 年差距高于全国水平，但在此之后，差距迅速下降，并明显低于全国县级政府城镇低保标准的总体差距。总的来看，东北地区差距表现出逐年降低的趋势，各指标结果均一致表明，2007 年差距最大，而到 2017 年则降至最低。

表 5－7　2007—2017 年东北地区各级政府城镇低保标准差距测算

年份	省级		市级		县级	
	泰尔指数	基尼系数	泰尔指数	基尼系数	泰尔指数	基尼系数
2007	0.0045	0.0504	0.0193	0.1114	0.0431	0.1573
2008	0.0087	0.0707	0.0181	0.1043	0.0271	0.1279
2009	0.0067	0.0574	0.0120	0.0872	0.0225	0.1188
2010	0.0067	0.0595	0.0113	0.0832	0.0185	0.1054
2011	0.0035	0.0454	0.0098	0.0767	0.0259	0.1215

续表

年份	省级		市级		县级	
	泰尔指数	基尼系数	泰尔指数	基尼系数	泰尔指数	基尼系数
2012	0.0045	0.0513	0.0075	0.0664	0.0138	0.0902
2013	0.0052	0.0529	0.0080	0.0657	0.0108	0.0766
2014	0.0039	0.0429	0.0101	0.0772	0.0082	0.0661
2015	0.0051	0.0498	0.0078	0.0671	0.0101	0.0730
2016	0.0031	0.0394	0.0059	0.0584	0.0087	0.0674
2017	0.0021	0.0327	0.0047	0.0507	0.0074	0.0619
平均值	0.0049	0.0502	0.0104	0.0771	0.0178	0.0969

5.3.3.2　各区域城镇低保标准泰尔指数及其分解

这里使用泰尔指数分解方法，以省份为组别，将所有的地级市和县区划分为 31 个组，从而分区域分解组内和组间不平等。根据分区域的全国各市级单位城镇低保标准泰尔指数分解情况（见图 5 -2），可知不同区域市级城镇低保标准差距的主要来源存在一定的差异。其中，东部地区、中部地区和东北地区市级城镇低保标准差距主要来源于各省内部的不平等，而西部地区市级城镇低保标准的区域差距则主要来源于各省之间的不平等。

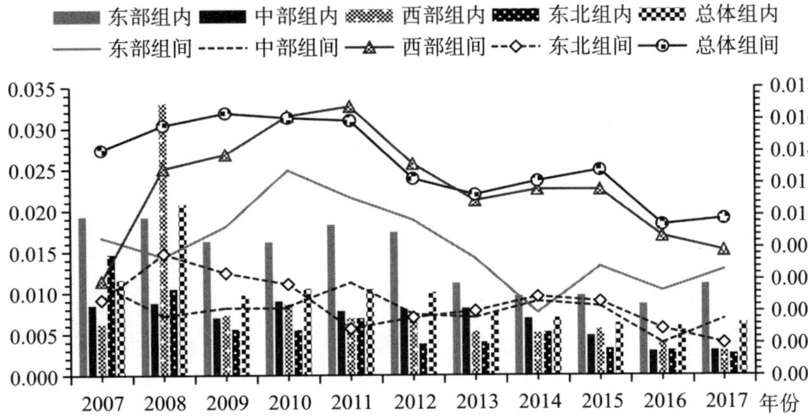

图 5 -2　2007—2017 年全国市级单位城镇低保标准泰尔指数分解（分区域）

注：组内泰尔指数对应左轴，组间泰尔指数对应右轴。

资料来源：作者计算得到。

通过比较2007—2017年四大区域组内泰尔指数大小，可以发现东部地区市级城镇低保标准省内的不平等最为严重（组内泰尔指数平均为0.0143），其次为西部地区（组内泰尔指数平均为0.0084），中部地区和东北地区的省内不平等程度较小（组内泰尔指数平均分别为0.0068和0.0059）。从省份之间的不平等即组间不平等来看，西部地区市级城镇低保标准在各省之间的差距最大（组间泰尔指数平均为0.0117），其次为东部地区（组间泰尔指数平均为0.0081），而中部地区和东北地区市级城镇低保标准各省之间差距较小（组间泰尔指数平均分别为0.0041和0.0045）。以上表明，无论是从省内不平等来看，还是从省际的不平等程度来看，中部地区和东北地区的市级城镇低保标准在省内和省之间更为均衡。此外，还可以看出，尽管各个区域组内和组间不平等在整个时间区间有所波动，但是在2013年后各个区域组内不平等和组间不平等水平显著降低，并且维持在较低的水平。这说明在近几年各个区域不论是省份之间，还是省份内部各个市级单位之间，城镇低保标准差距均得到了有效控制。

根据分区域的县级城镇低保标准泰尔指数分解结果（见图5-3），同样发现四大区域城镇低保标准区域差距的来源有所不同，其中东部地区和西部地区县级城镇低保标准的不平等主要来源于省份之间的不平等，而中部地区和东北地区县级城镇低保标准的不平等主要来源于省份内部的不平等。具体来看，2007—2017年，东部地区省内和省份之间城镇低保标准泰尔指数平均值分别为0.0148和0.0158，西部地区平均值分别为0.0109和0.0124，两个地区组间不平等略大于组内不平等，这表明对于东部和西部地区来说，县级城镇低保标准的省内差距和省份之间的差距同时存在，说明同时存在省内的低保标准不平衡和省份之间的低保标准不平衡。中部地区省内和省份之间城镇低保标准泰尔指数平均值分别为0.0124和0.0039，东北地区平均值分别为0.0138和0.0040，两个地区组内不平等显著大于组间不平等，表明对中部地区和东北地区来说，省份内部之间各省的城镇低保标准差距较大，说明这两个地区县级城镇低保标准更多的不平衡来源于各省内部。县级层面泰尔指数的分解结果表明，各个区域省份内部、省份之间各县城镇低保标准在2014年以来一直保持较低的差距水平。

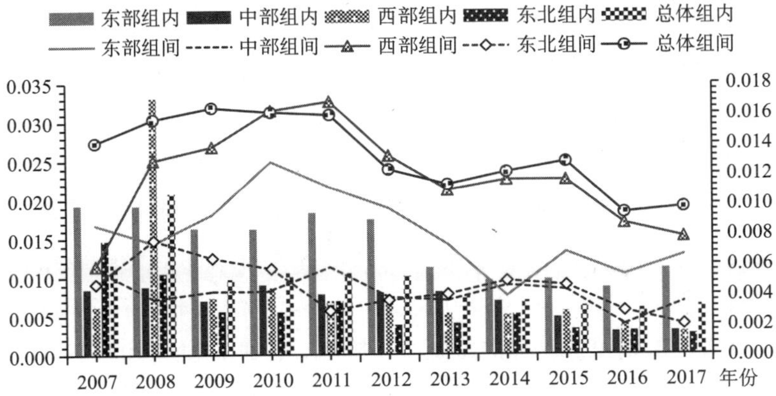

图 5－3　2007—2017 年全国县级单位城镇低保标准泰尔指数分解（分区域）

注：组内泰尔指数对应左轴，组间泰尔指数对应右轴。

资料来源：作者计算得到。

通过比较市级和县级层面泰尔指数的分解结果，可以发现：第一，无论是市级层面，还是县级层面，中部和东北地区组内差距水平均高于组间差距水平，说明中部和东北地区各省内部城镇低保标准不均衡；第二，市级和县级层面的分解结果均表明，西部地区各省份之间城镇低保标准不平衡较为突出；第三，从市级层面来看，东部地区各省内部地级市城镇低保标准差距对东部各市城镇低保贡献程度相对较高，但从县级层面来看，东部各省之间县区城镇低保标准差距对东部各县差距贡献相对较大。

5.3.3.3　各区域城镇低保标准基尼系数及其分解

为了更加清晰地观察区域间的城镇低保标准差距是来源于各区域的内部差距，还是来源于各区域之间的差距，这里通过 Dagum 基尼系数分解方法分别研究四大区域的城镇低保差距来源。Dagum 基尼系数分解方法可以将基尼系数分解为三个大的部分：区域内基尼系数、区域间基尼系数和超变密度贡献。就本书区域分类而言，区域内基尼系数为各个区域内部的基尼系数，包含东、中、西、东北各个区域内部的基尼系数；区域间基尼系数为两两区域间的基尼系数，包含“东—中”“东—西”“东—东北”“中—西”“中—东北”和“西—东北”两两区域间的基尼系数。

1. 区域内城镇低保标准差距水平变化

Dagum 基尼系数分解的四大区域内部城镇低保标准基尼系数的分解结

果，与前文中测算的各个区域城镇低保标准基尼系数结果保持一致，故测算结果不再呈现，这里仅从省级、市级和县级层面对各个区域内部的基尼系数进行比较分析。

首先，从省级层面来看，各个区域内部城镇低保标准差距水平较为稳定。从平均水平来看，东部和西部地区各省城镇低保标准差距较大，组内基尼系数均值分别为 0.1316 和 0.0863；中部和东北地区各省之间的差距较小，组内基尼系数均值分别为 0.0458 和 0.0502。其次，从市级层面来看，东部、中部和东北地区内部各市城镇低保标准差距逐年降低，而西部地区内部各市差距表现出先扩大后缩小的趋势。与省级层面的测算结果一致，市级层面测算结果表明东部各市城镇低保标准差距最大，之后依次为西部、中部和东北地区。最后，从县级层面来看，除了西部地区各县城镇低保标准差距先扩大后缩小以外，另外三个区域内部基尼系数总体均表现出逐年降低的趋势。在区域内各县城镇低保标准差距排序方面，依次为东部差距 > 西部差距 > 东北差距 > 中部差距。

因此，省级、市级和县级层面的测算结果，在区域内城镇低保标准差距排序方面均表现出高度的一致性，说明相对于中部和东北地区，东部地区和西部地区区域内部城镇低保标准的不平衡更为严重。另外，通过将县级和市级层面测算结果进行比较，可以发现四大区域市级城镇低保标准差距水平均低于县级差距水平，说明我国市级单位与县区单位低保标准发展不同步，县区低保标准发展不均衡程度更深。

2. 区域间城镇低保标准差距水平变化

图 5 -4 至图 5 -6 分别呈现了以省级、市级和县级城镇低保标准数据测算的区域间城镇低保标准基尼系数的演变趋势。从省级层面来看（见图 5 -4），东部各省与中部、西部和东北地区各省城镇低保标准差距较大；从时间变化趋势来看，东部各省与其他三个区域城镇低保标准差距总体呈现缩小趋势；从平均水平来看，东部与西部间各省城镇低保标准差距最大（区域间基尼系数均值为 0.1835），其次为东部与中部各省低保标准差距（区域间基尼系数均值为 0.1718），再次为东部与东北各省城镇低保标准差距（区域间基尼系数均值为 0.1522）。而中部、西部和东北地区之间各省城镇低保标准差距水平较低，其中在 2007—2017 年，中部—西部各省城镇低保标准基尼系数平均为 0.0735，中部—东北各省基尼系数均值为 0.0629，西部—东北基尼系数均值为 0.0839。

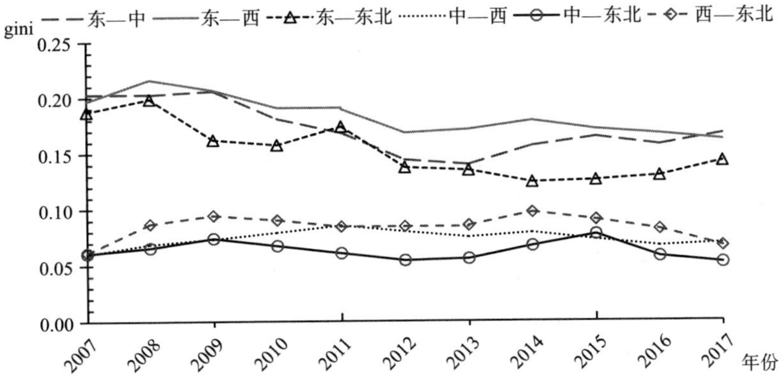

图 5－4　2007—2017 年全国各省城镇低保标准区域间基尼系数

资料来源：作者计算得到。

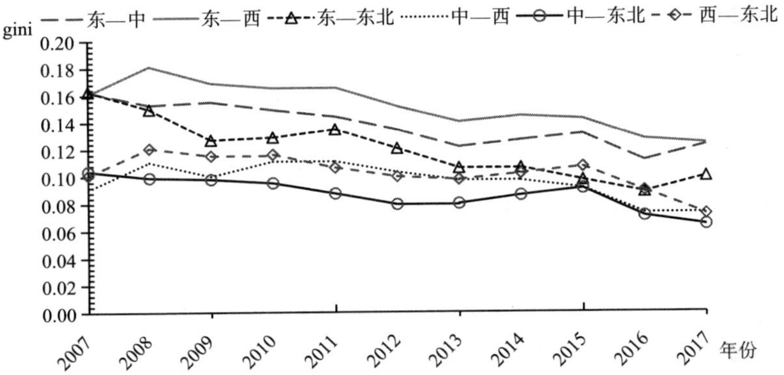

图 5－5　2007—2017 年全国各地级市城镇低保标准区域间基尼系数

资料来源：作者计算得到。

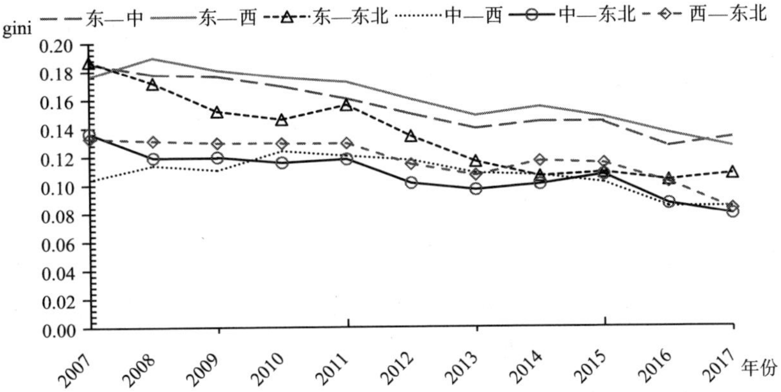

图 5－6　2007—2017 年全国各县区城镇低保标准区域间基尼系数

资料来源：作者计算得到。

从市级层面来看（见图5-5），东部地区同样与中部、西部和东北地区各市城镇低保标准差距最大，其中在2007年东部与另外三个区域各市城镇低保标准基尼系数均在0.1600左右，之后东部与中部、西部和东北各市的差距逐年降低，其中东北与东部地区各市城镇低保标准差距缩小最快，说明相对于中部和西部，东北各市城镇低保标准提升速度更快。中部、西部和东北之间各地级市城镇低保标准差距较小，并且总体较稳定。从平均水平来看，2007—2017年东部—中部间各地级市城镇低保标准基尼系数平均为0.1374，东部—西部间各地级市城镇低保标准基尼系数平均为0.1520，东部—东北间各地级市城镇低保标准基尼系数平均为0.1201，中部—西部间各地级市城镇低保标准基尼系数平均为0.0962，中部—东北间各地级市城镇低保标准基尼系数平均为0.0868，西部—东北间各地级市城镇低保标准基尼系数平均为0.1025。

从县级层面来看（见图5-6），与省级层面和市级层面区域间城镇低保标准差距水平类似，东部地区与其他地区的差距水平较高，这主要是因为东部地区城镇低保标准明显高于另外三个区域。从走势来看，东部与中部、西部和东北地区城镇低保标准差距水平总体呈现出逐渐缩小的趋势，其中东北地区与东部的基尼系数降低得最快，这说明东北地区在2007—2017年各县区城镇低保标准提升的速度较快。另外，与省级层面和市级层面的测算结果不同，县级层面的测算结果显示中部、西部和东北地区两两之间的差距水平逐年降低。从平均水平来看，东部—西部各县区城镇低保标准基尼系数最大平均值为0.1606，其后分别为东部—中部（地区间基尼系数均值为0.1551）、东部—东北（地区间基尼系数均值为0.1352）、西部—东北（地区间基尼系数均值为0.1171）、中部—东北（地区间基尼系数均值为0.1072）、中部—西部（地区间基尼系数均值为0.1068）。

最后，通过将各级政府的城镇低保标准区域差距结果进行比较可以发现，县级层面四大区域间城镇低保标准差距普遍高于省级层面和市级层面的差距水平。同时，可以发现：不论是省级层面，还是市级和县级层面，东部地区与另外三个区域间城镇低保标准的基尼系数均比较大，并且在11年间它们之间的差距表现出逐年降低的趋势；省级层面和县级层面测算结果显示，中部、西部和东部地区间城镇低保标准差距较为稳定，县级层面的测算结果则表明这三个区域间城镇低保标准差距在缓慢缩小。

3. 基尼系数分解占比分析

图 5 -7 至图 5 -9 分别描述了 2007—2017 年省级、市级和县区层面城镇低保标准总体差距的贡献率，包括地区内差距贡献率、地区间差距贡献率和超变密度贡献率的变化趋势。可以看出，无论是从省级层面、还是市级层面或者县级层面来看，地区间的基尼系数均为城镇低保标准差距的最重要来源。平均来看，省级层面城镇低保标准差距中平均有 61.05% 的来源于区域间的差距，市级层面城镇低保标准差距中平均有 43.59% 的来源于区域间的差距，县级层面城镇低保标准差距中有 41.01% 的来源于区域间的差距。这说明，相对于省级城镇低保标准区域差距而言，市级和县级单位区域差距中来源于地区间的差距贡献更小。从地区内部差距贡献来看，其对区域总体差距的贡献程度相对稳定，地区内的差距平均分别贡献了 23.59%、25.12%、25.84% 省级、市级和县级城镇低保标准总体差距。省级、市级和县级城镇低保标准总体差距超变密度贡献率平均分别为 15.36%、31.30% 和 33.15%。

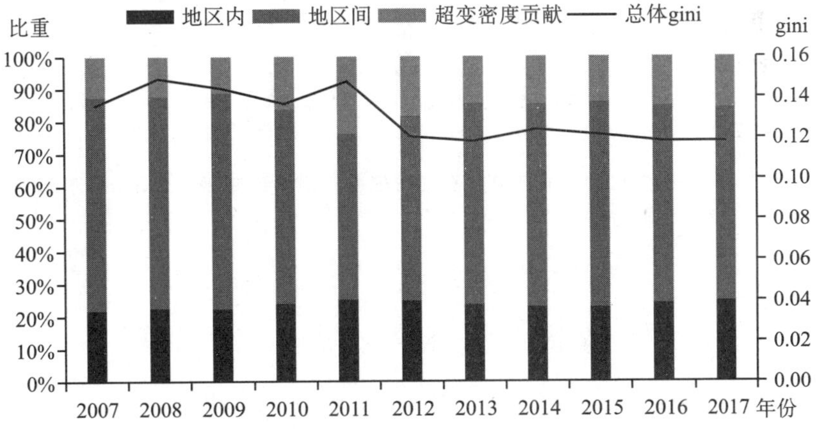

图 5 -7　2007—2017 年省级层面城镇低保标准差距来源（Dagum 分解）

资料来源：作者计算得到。

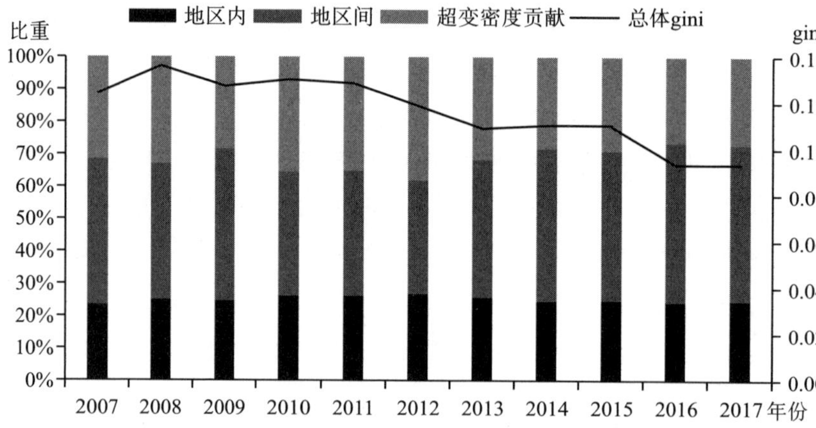

图 5－8　2007—2017 年市级层面城镇低保标准差距来源（Dagum 分解）

资料来源：作者计算得到。

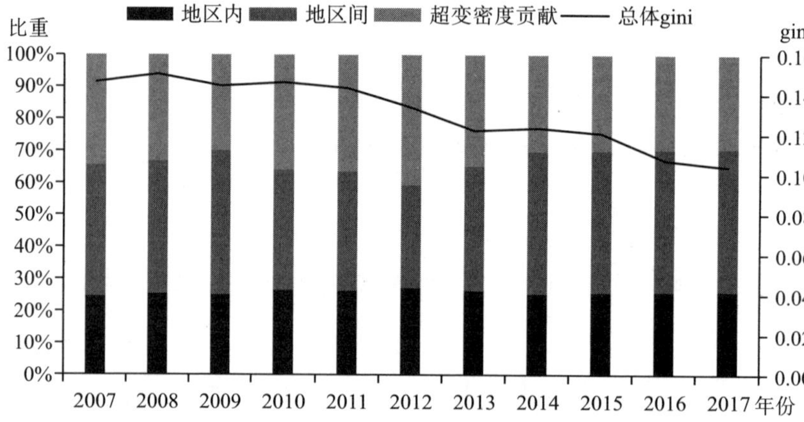

图 5－9　2007—2017 年县级层面城镇低保标准差距来源（Dagum 分解）

资料来源：作者计算得到。

5.4　农村低保标准区域性差距测算

5.4.1　农村低保标准总体差距测算

由于农村低保制度于 2007 年在全国范围内全面实行，但是相关省级、市级和县级农村低保标准数据最开始于 2008 年第一季度开始公布，同样考虑到一年内各个季度低保标准变化不大，故这里使用 2008—2017 年第 4 季度农村低保标准数据，衡量各个年份农村低保标准。根据农村低保标准的省际分布情况，可以看出农村低保标准的分布存在明显的区域化特征，总的来说，东部沿海省份的农村低保标准明显高于内陆省份的农村低保标准。但是各个区域同样也呈现了各自的特征，东部省份中，北京、天津、上海和江苏的农村低保标准相对较高；中部省份中，安徽和江西的农村低保标准相对较高，其他省份相对较为平均；西部省份中，内蒙古、重庆农村低保标准相对较高，其余省份的农村低保标准相对较低，但总体较为均衡；东北三省中，辽宁农村低保标准相对较低，吉林和黑龙江较为接近。

5.4.1.1　省级层面的测算结果

与城镇低保标准区域差距的测算类似，这里同样分省级、市级和县级三个层面测算农村低保标准差距的总体情况。首先，从省级层面的农村低保标准差距水平来看（见表 5－8），可知农村低保政策在实施的初期各省之间的低保标准差距较大并且不同年份之间有一定的波动，但是从总体来看 2008—2017 年，省级层面农村低保标准差距水平总体表现出缩小趋势，说明省级层面农村低保标准区域不平等的程度在逐年下降。不平等指标的变化趋势表明，2008—2013 年全国各低保标准差距呈现出逐年降低的趋势，其中 2013 年接近研究区间内的最低水平，表明在 2013 年各省的农村低保标准较为接近。之后，2014 年和 2015 年各省农村低保标准的差距水平有所扩大，2016 年和 2017 年则持续降低，其中部分指标为研究区间内最小值，说明在 2017 年各省的农村低保标准差距最低，这可能是因为在精准扶贫政策下，农村低保标准低的省份提高救助标准，从而降低了各省的农村低保标准差距。从波动范围来看，省级农村泰尔指数在 0. 0862—0. 1565 的范围内波动，基尼系数在 0. 2083—0. 3037 的范围内波动，两者的均值分别为 0. 1042 和 0. 2388。

表 5-8　2008—2017 年全国所有省级层面农村低保标准差距测算结果

年份	GE (2)	熵指数 GE (-1)	平均对数离差 GE (0)	泰尔指数	基尼系数	对数标准差	变异系数	相对平均偏差
2008	0.1825	0.1578	0.1486	0.1565	0.3037	0.5337	0.6142	0.2354
2009	0.1347	0.1032	0.1057	0.1154	0.2591	0.4415	0.5276	0.1996
2010	0.1216	0.0978	0.0986	0.1060	0.2497	0.4309	0.5014	0.1899
2011	0.1230	0.0942	0.0967	0.1056	0.2462	0.4230	0.5041	0.1898
2012	0.1039	0.0778	0.0814	0.0895	0.2256	0.3869	0.4634	0.1738
2013	0.1019	0.0716	0.0767	0.0862	0.2147	0.3714	0.4588	0.1707
2014	0.1188	0.0809	0.0868	0.0985	0.2289	0.3926	0.4954	0.1787
2015	0.1276	0.0857	0.0921	0.1049	0.2365	0.4031	0.5136	0.1836
2016	0.1127	0.0731	0.0799	0.0922	0.2150	0.3735	0.4827	0.1691
2017	0.1063	0.0689	0.0757	0.0873	0.2083	0.3636	0.4688	0.1656
平均值	0.1233	0.0911	0.0942	0.1042	0.2388	0.4120	0.5030	0.1856

5.4.1.2　市级层面的测算结果

从市级政府农村低保标准区域差距来看（见表 5-9），同样是在农村低保政策实施之初（2008 年）各地的差距水平最高，这与各省农村低保标准差距水平情况一致。总的来看，市级农村低保标准总体表现出逐年降低的趋势，从不平等指标的时间变化来看，2008—2013 年市级农村低保标准差距水平逐年降低，2014—2015 年差距水平基本与 2013 年的差距水平一致，2016—2017 年市级农村低保标准差距水平则进一步降低，并在 2017 年各市级单位的农村低保标准的差距水平降至 10 年来的最低水平。

表 5-9　2008—2017 年全国所有市级层面农村低保标准差距测算结果

年份	GE (2)	熵指数 GE (-1)	平均对数离差 GE (0)	泰尔指数	基尼系数	对数标准差	变异系数	相对平均偏差
2008	0.1810	0.1377	0.1333	0.1454	0.2895	0.4926	0.6026	0.2127
2009	0.1200	0.0837	0.0873	0.0982	0.2337	0.3922	0.4907	0.1697

续表

年份	GE（2）	熵指数 GE（-1）	平均对数离差 GE（0）	泰尔指数	基尼系数	对数标准差	变异系数	相对平均偏差
2010	0.1226	0.0870	0.0900	0.1005	0.2380	0.3997	0.4960	0.1718
2011	0.1311	0.0903	0.0938	0.1058	0.2408	0.4059	0.5129	0.1753
2012	0.1088	0.0799	0.0824	0.0911	0.2272	0.3845	0.4672	0.1651
2013	0.0956	0.0685	0.0720	0.0803	0.2110	0.3576	0.4380	0.1553
2014	0.0942	0.0698	0.0725	0.0800	0.2122	0.3610	0.4348	0.1552
2015	0.0951	0.0697	0.0727	0.0805	0.2128	0.3607	0.4367	0.1557
2016	0.0692	0.0482	0.0519	0.0585	0.1759	0.3024	0.3726	0.1305
2017	0.0679	0.0446	0.0491	0.0564	0.1676	0.2911	0.3691	0.1293
平均值	0.1086	0.0780	0.0805	0.0897	0.2209	0.3748	0.4621	0.1621

从市级单位农村低保标准差距的泰尔指数和基尼系数来看，在整个研究区间范围内 2008 年的泰尔指数和基尼系数最大，在 2017 年最小。伴随着 2014 年农村精准扶贫政策的全面开展，以及精准扶贫政策与农村低保制度的有效衔接，贫困地区普遍提高农村低保标准，使得在 2014 年以来市级农村低保标准差距较低并且有逐年缩小的趋势。

5.4.1.3　县级层面的测算结果

从县级农村低保标准的区域差距水平来看（见表 5 - 10），县级农村低保标准的差距状况与省级、市级农村低保标准差距情况表现基本一致，也是在农村低保政策全面实施之初各地的标准差距最大，并且总体来看县级农村低保标准差距同样表现出总体下降的趋势。具体来看，2008—2017 年县级地区农村低保标准差距水平呈现出“渐进式”下降的规律，其中 2009—2011 年县域农村低保标准差距水平维持在一定的水平小幅变化，2012—2015 年县域农村低保差距水平有所下降并维持在较低的水平内波动，2016—2017 年连续两年出现下降，并在 2017 年降低到 10 年来的最低水平，这说明农村“精准扶贫”政策的开展，同样有利于促进县域农村低保标准更加均衡。

表 5－10　2008—2017 年全国所有县级单位农村低保标准差距测算结果

年份	GE (2)	熵指数 GE (－1)	平均对数离差 GE (0)	泰尔指数	基尼系数	对数标准差	变异系数	相对平均偏差
2008	0.1928	0.1668	0.1508	0.1581	0.3047	0.5354	0.6212	0.2179
2009	0.1391	0.0917	0.0958	0.1094	0.2438	0.4074	0.5275	0.1728
2010	0.1401	0.0972	0.0997	0.1121	0.2492	0.4191	0.5295	0.1783
2011	0.1449	0.1008	0.1032	0.1161	0.2527	0.4262	0.5384	0.1824
2012	0.1211	0.0901	0.0897	0.0992	0.2332	0.4028	0.4923	0.1647
2013	0.1062	0.0739	0.0771	0.0868	0.2151	0.3689	0.4610	0.1537
2014	0.1106	0.0776	0.0804	0.0904	0.2199	0.3772	0.4703	0.1578
2015	0.1091	0.0780	0.0804	0.0898	0.2204	0.3784	0.4671	0.1587
2016	0.0823	0.0532	0.0580	0.0669	0.1820	0.3155	0.4058	0.1322
2017	0.0770	0.0471	0.0528	0.0621	0.1695	0.2974	0.3924	0.1320
平均值	0.1223	0.0876	0.0888	0.0991	0.2290	0.3928	0.4906	0.1651

从县域农村低保标准差距的变化情况来看，2008 年县域农村低保标准的泰尔指数和基尼系数分别为 0.1581 和 0.3047，均为研究区间内的最高水平。从平均水平来看，2008—2017 年全国各县农村低保标准泰尔指数和基尼系数的平均值分别为 0.0991 和 0.2290。通过比较省级、市级、县级农村低保标准差距水平，可以发现市级农村低保标准差距水平最小，省级和县级农村低保标准差距水平大致相当。

5.4.2　农村低保标准各区域差距测算

5.4.2.1　各区域主要差距指标情况

1. 东部地区农村低保标准主要差距指标情况

这里同样使用泰尔指数和基尼系数两个指标，描述各个区域农村低保标准差距的时间趋势。表 5－11 呈现了 2008—2017 年东部地区各级政府农村低保标准差距测算结果。首先，根据 2008—2017 年东部地区所有省级层面农村低保标准差距测算结果，可知东部地区差距总体较大，并明显高于其他三个地区的差距水平。可以看出，尽管在个别年份差距有所下降，但总的来看，差距在 2008—2017 年有小幅度的扩大，并且在 2009—2013 年、2014—2017 年这两个时间段各省差距表现平稳。从泰尔指数和基尼系数的变化来看，2008 年两者分别为 0.0704 和 0.2087，在 2009 年两者均有所降低，2009—2013 年两者表现平稳，分别在 0.0623—0.0661 和 0.1981—0.2020 的范围内波动。2014—2017 年两者均有所上升，但上升幅度较小，两者分别在 0.0750—0.0785 和 0.2174—0.2243 的范围内浮动。总体来看，东部地区省级农村低保标准差距在 2008—2017 年变化较小，并且在 2014 年国家实施的"精准扶贫"战略依旧没有使得东部各省差距缩小，反而该差距有略微扩大的趋势，这可能是因为东部地区省份在政策衔接方面不完全一致，有的省份更注重提高农村低保标准，有的省份则更侧重使用其他方式。

表 5-11　2008—2017 年东部地区各级政府农村低保标准差距测算

年份	省级		市级		县级	
	泰尔指数	基尼系数	泰尔指数	基尼系数	泰尔指数	基尼系数
2008	0.0704	0.2087	0.0933	0.2406	0.1072	0.2580
2009	0.0656	0.2029	0.0834	0.2303	0.1093	0.2591
2010	0.0638	0.1981	0.0875	0.2329	0.1045	0.2508
2011	0.0660	0.2020	0.1000	0.2498	0.1110	0.2609
2012	0.0623	0.1972	0.0863	0.2347	0.1057	0.2546
2013	0.0661	0.2032	0.0773	0.2220	0.0938	0.2389
2014	0.0750	0.2174	0.0714	0.2144	0.0949	0.2430
2015	0.0785	0.2243	0.0804	0.2284	0.1039	0.2565
2016	0.0781	0.2227	0.0652	0.2049	0.0858	0.2310
2017	0.0750	0.2186	0.0656	0.2050	0.0837	0.2278
平均值	0.0701	0.2095	0.0810	0.2263	0.1000	0.2480

从市级层面来看，尽管总体表现出区域差距缓慢缩小的趋势，但是个别年份也存在一定的波动。从与东部省级农村低保标准差距指标的比较来看，绝大多数年份市级农村低保标准差距更大，说明东部农村低保标准省级差距水平与市级差距水平并不完全一致。具体来看，2008—2009 年差距缩小，2010—2011 年差距扩大，2012—2014 年差距有所降低，2015 年差距扩大，

2016 年和 2017 年各市的差距有所降低。

从县级层面来看，可以看出东部地区各县的低保标准差距水平总体表现稳定，尽管在 10 年间表现出差距缩小的趋势，但是降低速度较为缓慢。从时间的变化趋势来看，2008—2012 年差距水平总体维持不变，2013 年有较小程度的降低，但是 2013—2015 年各县差距缓慢上升，2016—2017 年差距水平有所降低，并在 2017 年达到东部各县区间差距的最低水平。平均来看，泰尔指数和基尼系数的平均值分别为 0.1000 和 0.2480，高于东部省级、市级层面农村低保标准泰尔指数和基尼系数的平均值。

2. 中部地区农村低保标准主要差距指标情况

表 5 - 12 呈现了 2008—2017 年中部地区各级政府农村低保标准差距测算结果。首先，从省级层面来看，可以看出相对于东部、西部和东北地区而言，中部地区省级农村低保标准差距水平较低。总的来看，中部省份农村低保标准差距表现“先略微上升，再有所下降”的趋势，2012 年差距达到最大水平。总的来看，中部地区农村低保标准差距水平较低，10 年间泰尔指数和基尼系数的平均值分别为 0.0071 和 0.0643。

表 5 - 12　2008—2017 年中部地区各级政府农村低保标准差距测算

年份	省级		市级		县级	
	泰尔指数	基尼系数	泰尔指数	基尼系数	泰尔指数	基尼系数
2008	0.0060	0.0588	0.0659	0.1956	0.0950	0.2359
2009	0.0038	0.0478	0.0318	0.1317	0.0449	0.1516
2010	0.0072	0.0655	0.0435	0.1561	0.0560	0.1725
2011	0.0077	0.0687	0.0578	0.1792	0.0816	0.2080
2012	0.0103	0.0799	0.0545	0.1745	0.0649	0.1880
2013	0.0074	0.0662	0.0492	0.1672	0.0574	0.1745
2014	0.0088	0.0691	0.0479	0.1666	0.0549	0.1722
2015	0.0084	0.0721	0.0363	0.1492	0.0461	0.1615
2016	0.0043	0.0498	0.0184	0.1000	0.0213	0.1007
2017	0.0072	0.0647	0.0199	0.1068	0.0229	0.1086
平均值	0.0071	0.0643	0.0425	0.1527	0.0545	0.1673

其次，从市级层面来看，可以看出中部地区市级单位农村低保差距水平

总体表现出“降低—扩大—降低”的发展趋势。从与省级层面的差距比较来看，市级层面的差距更大。具体来看，2008 年中部各市农村低保标准差距最大，2009 年差距缩小后，在 2010—2011 年中部各市低保标准差距连续两年扩大，2012—2016 年差距逐年缩小，并在 2016 年差距降至最低水平，2017 年差距水平小幅反弹。

最后，根据县级层面的差距测算结果，可以看出除了在个别年份有小幅度的波动以外，差距水平表现出逐年缩小的态势。2008 年差距水平总体较高，表明在实施农村低保政策之初中部各县低保标准差距较大。在 2009 年差距迅速降低，尽管在 2010 年和 2011 年差距有所扩大，但是在 2012 年之后，差距表现出逐年降低的态势，尤其是在 2016 年和 2017 年，各县的低保标准差距水平快速降低，并维持在较低水平。10 年间，中部地区各县农村低保标准泰尔指数和基尼系数的最大值分别为 0. 0950 和 0. 2359，最小值分别为 0. 0213 和 0. 1007，两者的平均值分别为 0. 0545 和 0. 1673，高于中部地区各省、各市农村低保标准的平均差距水平。

3. 西部地区农村低保标准主要差距指标情况

表 5 - 13 呈现了西部 2008—2017 年西部地区各级政府农村低保标准差距的主要指标变化情况。从区域间的比较来看，西部地区各省农村低保标准差距低于东部地区，但是略高于中部地区和东北地区。

表 5 - 13　2008—2017 年西部地区各级政府农村低保标准差距测算

年份	省级		市级		县级	
	泰尔指数	基尼系数	泰尔指数	基尼系数	泰尔指数	基尼系数
2008	0. 0570	0. 1702	0. 0719	0. 1956	0. 1106	0. 2457
2009	0. 0274	0. 1228	0. 0604	0. 1672	0. 0631	0. 1824
2010	0. 0388	0. 1556	0. 0684	0. 1895	0. 0799	0. 2085
2011	0. 0331	0. 1405	0. 0605	0. 1772	0. 0780	0. 2037
2012	0. 0246	0. 1158	0. 0601	0. 1757	0. 0644	0. 1850
2013	0. 0175	0. 0857	0. 0462	0. 1487	0. 0528	0. 1634
2014	0. 0146	0. 0762	0. 0419	0. 1375	0. 0511	0. 1537
2015	0. 0108	0. 0678	0. 0345	0. 1306	0. 0449	0. 1467
2016	0. 0083	0. 0690	0. 0247	0. 1068	0. 0316	0. 1209
2017	0. 0069	0. 0597	0. 0234	0. 0931	0. 0245	0. 0915
平均值	0. 0239	0. 1063	0. 0492	0. 1522	0. 0601	0. 1702

首先，从省级层面来看，西部各省农村低保标准差距水平总体表现出逐年降低的趋势，并在2017年降低到10年间的最低差距水平，这说明西部地区各省农村低保在朝着趋于均衡的方向发展。还可以看出，在农村精准扶贫政策的背景下，西部各省农村低保差距在2014年以来保持较低水平并逐年下降，说明精准扶贫政策的实施降低了西部地区低保标准的差距水平。

其次，从市级层面来看，西部地区各市级单位的农村低保标准差距总体呈现出逐年降低的趋势。具体来看，除了在2010年差距有所反弹以外，其余年份泰尔指数和基尼系数均表现出逐年降低的态势。从平均水平来看，2008—2017年基尼系数和泰尔指数的平均值分别为0.0492和0.1522。

最后，从县级层面农村低保标准差距测算结果来看，除了个别年份有所波动以外，西部地区各县农村低保标准差距水平总体表现出逐年降低的趋势。其中，2008年差距最大，2009年各县差距显著降低，2010年差距有所扩大，但在2010年之后差距越来越小，并在2017年各县农村低保差距水平降低到10年间的最低水平。从泰尔指数和基尼系数来看，两者在2008年取得的最大值分别为0.1106和0.2457，在2017年取得的最小值分别为0.0245和0.0915，2008—2017年两者的平均值分别为0.0601和0.1702。

4. 东北地区农村低保标准主要差距指标情况

表5-14统计了2008—2017年东北地区各级政府农村低保标准差距测算结果。首先，从省级层面来看，2008—2017年东北各省农村低保标准差距小于东部地区和西部地区，与中部地区差距水平相当。从时间的变化趋势来看，差距总体表现出“先扩大、后缩小”的趋势。在2008—2017年的时间区间内，泰尔指数和基尼系数平均水平分别为0.0092和0.0632。其次，从市级层面来看，2008—2010年东北地区市级单位农村低保标准差距呈现出一定的波动性，2010年之后区域内差距则表现出明显缩小趋势，这说明差距在近几年来逐步缩小。总的来看，2008年差距最大，泰尔指数和基尼系数分别是0.0565和0.1848；2017年差距水平最低，泰尔指数和基尼系数分别是0.0122和0.0696，两者的平均值分别为0.0276和0.1171。第三，从县级层面来看，除了少数年份外，东北地区农村低保标准差距总体表现出逐年降低的趋势。其中，在2008年差距最高，2009年差距水平显著降低后，除在2010年和2011年差距有小幅度的扩大以外，2013年之后差距快速降低（其

中 2013 年和 2014 年各县低保差距水平较为接近)，在 2017 年差距降低为 10 年间的最低水平。从泰尔指数和基尼系数来看，两者在 2008—2017 年的平均值分别为 0.0413 和 0.1323。

表 5-14　2008—2017 年东北地区各级政府农村低保标准差距测算

年份	省级		市级		县级	
	泰尔指数	基尼系数	泰尔指数	基尼系数	泰尔指数	基尼系数
2008	0.0319	0.1179	0.0565	0.1848	0.1187	0.2556
2009	0.0059	0.0583	0.0297	0.1279	0.0407	0.1473
2010	0.0066	0.0574	0.0348	0.1399	0.0533	0.1661
2011	0.0084	0.0627	0.0340	0.1323	0.0538	0.1629
2012	0.0124	0.0824	0.0273	0.1271	0.0323	0.1341
2013	0.0102	0.0755	0.0254	0.1151	0.0256	0.1138
2014	0.0057	0.0577	0.0226	0.0989	0.0258	0.096
2015	0.0075	0.0578	0.0211	0.1022	0.0234	0.0949
2016	0.0014	0.0281	0.0128	0.0727	0.0216	0.0788
2017	0.0022	0.0344	0.0122	0.0696	0.0182	0.0730
平均值	0.0092	0.0632	0.0276	0.1171	0.0413	0.1323

5.4.2.2　各区域泰尔指数及其分解

图 5-10 描述了使用市级单位农村低保标准差距数据，以省份为组别分四大区域，分别测算出的 2008—2017 年各个区域农村低保标准的组内不平等和组间不平等的变化情况。首先，从组内和组间差距的变化趋势来看，四大区域各市农村低保标准组内差距总体表现出逐年缩小的趋势；组间差距具有一定的波动性，但是 2014 年以来，四大区域各市农村低保标准组间差距均有一定幅度的降低。

其次，从四大区域农村低保标准组内、组间的差距来看，除了东部地区各市低保标准的组间差距贡献率较高外，另外三个区域组内差距的贡献率较高。这表明，这表明东部地区各省之间市级农村低保标准的差距较大，而中部、西部和东北地区则是在省份内部市级农村低保标准差距较大。从各个区域组内差距的平均值来看，市级层面上东部地区组内泰尔指数均值最大为

0.0377，其后依次为中部、西部和东北地区，其对应的组内泰尔指数分别平均为0.0346、0.0271和0.0204；从各个区域组间不平等的均值来看，东部和西部的组间不平等相对较大，两个地区的均值分别为0.0433和0.0221，而中部地区和东北地区的组间不平等程度相对较低，两者组间泰尔指数均值分别为0.0080和0.0072。

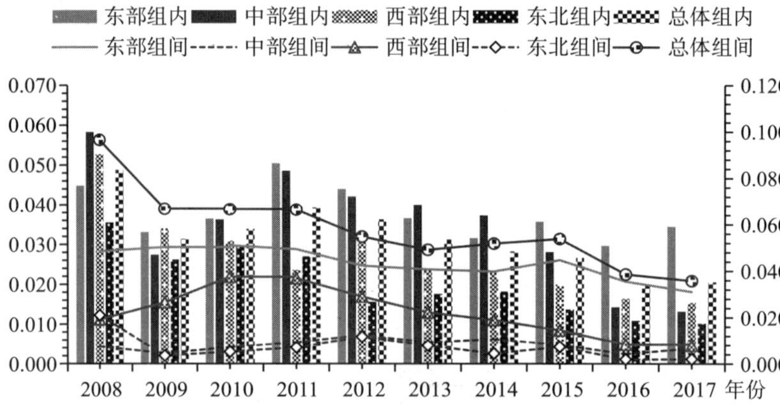

图5-10　2008—2017年各市农村低保标准泰尔指数分解（分四大区域）

注：组内泰尔指数对应左轴，组间泰尔指数对应右轴。

资料来源：作者计算得到。

根据县级农村低保标准差距泰尔指数的分解情况（见图5-11），可知县级农村低保标准差距来源存在一定的差异。其中，东部地区县级农村低保标准差距的组内不平等即省内不平等略低于省份之间的低保标准不平等，说明东部地区县级农村低保标准的差距主要来源于各省份之间的差距；而对于中部、西部和东北地区，则是省内各县农村低保标准不平等程度高于省份之间的农村低保标准不平等，说明这三个区域各省内部的县域农村低保标准差距较大。

进一步，通过比较各个区域组内泰尔指数的大小，可知中部地区组内泰尔指数最大（平均值为0.0475），其次为东部地区（平均值为0.0405）和西部地区（平均值为0.0394），最后为东北地区（平均值为0.0360），这表明中部地区省域内部各县农村低保标准差距最大，而东北地区省域内部各县农村低保标准差距最小。类似地，组间泰尔指数的平均值表明：东北地区各省之间县级农村低保标准差距最小，其次为中部地区，然后依次为西部地区和东部地区。

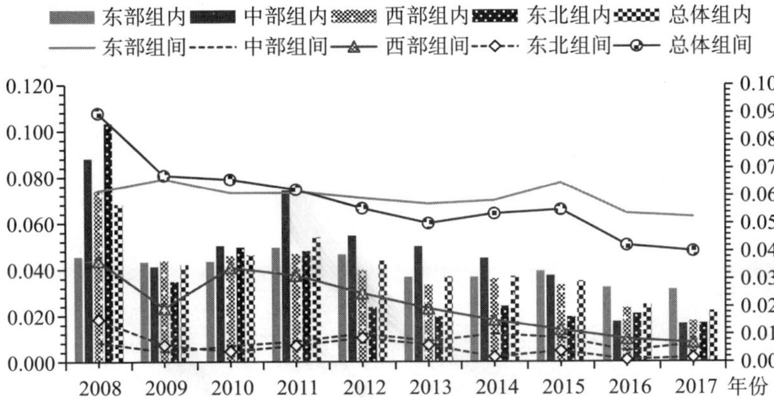

图 5-11　2008—2017 年各县区农村低保标准泰尔指数分解（分四大区域）

注：组内泰尔指数对应左轴，组间泰尔指数对应右轴。

资料来源：作者计算得到。

5.4.2.3　各区域基尼系数及其分解

1. 区域内农村低保标准差距水平变化

从各个层面来看，区域内农村低保标准变化呈现如下的规律：（1）从省级层面来看，东部各省农村低保标准差距最大，其次为西部地区，再次为中部地区，东北地区差距最小；（2）从市级层面来看，东部各市农村低保标准差距最大，其次为中部地区，再次为西部地区（其中，中部各市农村低保标准内部差距与西部地区的内部差距相差不大），东北地区差距最小；（3）从县级层面来看，同样表现为东部各县农村低保标准差距最大，其次为西部地区，再次为中部地区，东北地区差距最小。

因此，省级、市级和县级层面的测算结果均表明，东部地区农村低保标准差距最大，东北地区农村低保标准差距最小，中部和西部地区的内部差距介于东部地区和东北地区之间。这说明，各区域内部农村低保标准或多或少存在不均衡，东部地区不均衡程度最高，东北地区的不均衡程度最弱。

2. 区域间农村低保标准差距水平变化

图 5-12 至图 5-14 分别描述了 2008—2017 年以来，省级、市级和县级层面农村低保标准四大区域两两之间的差距水平。从省级层面来看（见图 5-12），东部地区农村与另外三个区域之间农村低保标准差距较大，东部与

三个区域之间差距呈现出缓慢的缩小趋势；但是，相比较而言，中部、西部和东北地区各省两两之间农村低保标准差距相对较低，说明这三个地区各省农村最低生活标准发展比较均衡，总体来看三个区域之间的差距稳中有降。

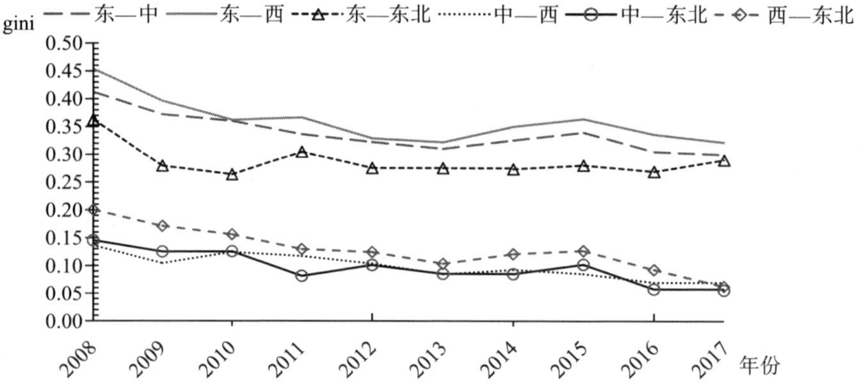

图 5－12　2008—2017 年全国各省农村低保标准区域间基尼系数

从市级层面来看（见图 5－13），同样是呈现出东部地区各市的农村低保标准显著高于中部、西部和东北地区，从而东部与另外三个区域的总体差距较大。中部、西部和东北地区各市之间低保差距略小，并且在 2011 年之后，三个地区两两之间的差距较为稳定，三条组间基尼系数曲线基本重合，但是可以明确的是，东北地区各市农村低保标准高于中部地区，而中部地区又高于西部地区。

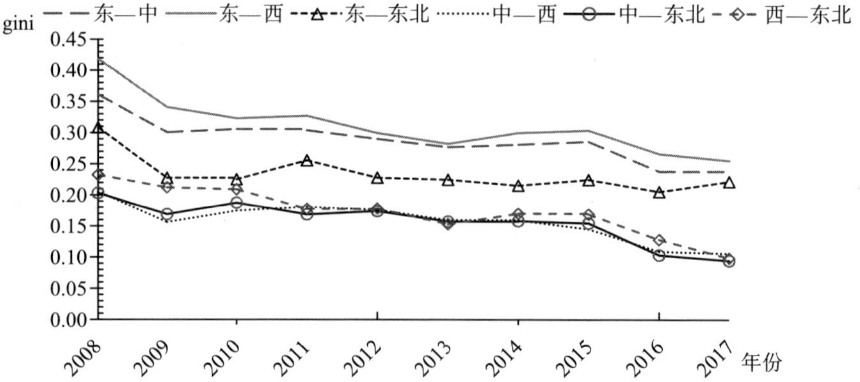

图 5－13　2008—2017 年全国各地级市农村低保标准区域间基尼系数

从县级层面的测算结果来看（见图 5－14），东部与中部、西部之间各县农村低保标准的差距水平较高，而与东北地区之间的差距较小，并且从变化趋势来看，东部与中部、西部各县农村低保标准差距的缩小速度更快。另外，从绝大多数年份来看，中部、西部和东北地区两两之间县级农村低保标准差距相当，并且两两之间的差距在逐步收敛至较低水平。

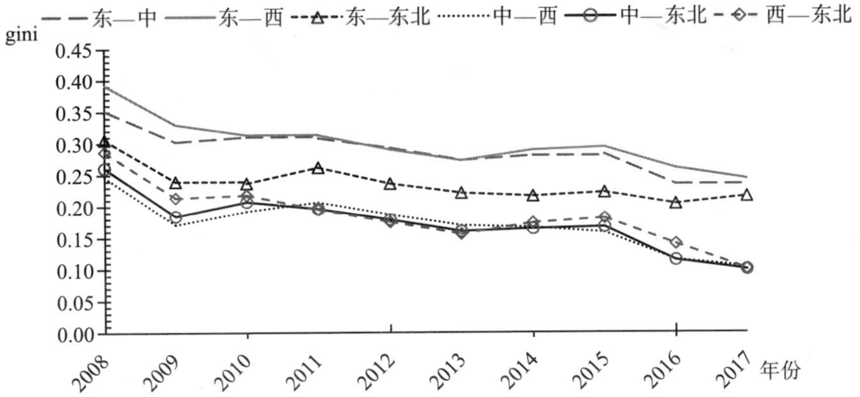

图 5－14　2008—2017 年全国各县区农村低保标准区域间基尼系数

造成省级、市级和县级层面产生图 5－12 至图 5－14 的演变规律主要原因在于：（1）从三个层面来看，在不同年份农村低保标准的高低顺序依次为：东部 > 东北 > 中部 > 东北；（2）相对于东部地区而言，中部地区和西部地区各省、市、县农村低保标准的提升幅度更快，并且东北地区农村低保标准尽管有提升，但是提升幅度较慢。

3. 基尼系数分解占比分析

图 5－15 至图 5－17 分别展示了 2008—2017 年，省级、市级和县级层面农村低保标准区域基尼系数的 Dagum 分解结果。其中，从省级层面来看，地区内基尼系数的贡献、地区间基尼系数和超变密度均较为稳定。通过比较贡献率大小，可知地区间基尼系数贡献最大（平均为 73.87%），其次为地区内基尼系数贡献（平均为 19.69%），最后为超变密度贡献（平均为 6.44%），这说明地区之间的农村低保标准差距是引起省级层面农村低保标准差距的重要因素。

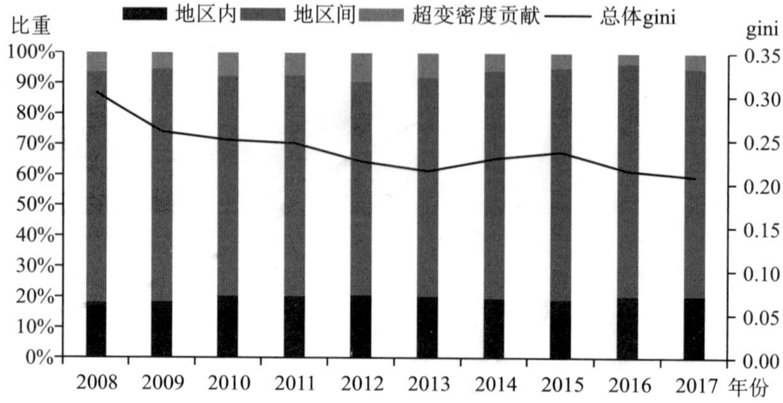

图 5-15　2008—2017 年省级层面农村低保标准差距来源（Dagum 分解）

从市级层面来看（见图 5-16），同样是地区间基尼系数贡献最高，2008—2017 年，区域间差距贡献尽管表现出先降后升的规律，但在绝大多数年份维持在 50% 以上，平均贡献率为 57.62%，这也说明在市级层面上农村低保标准的地区间差距较大；地区内差距贡献较为稳定，在 20%—24% 的范围内小幅度波动，贡献率先小幅度上升，然后略有下降，2008—2017 年的平均贡献率为 22.03%；超密度贡献程度最小，样本区间内的平均贡献率为 20.35%。

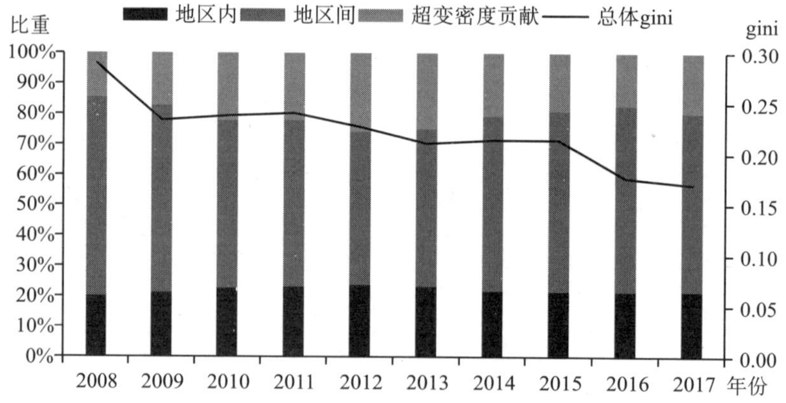

图 5-16　2008—2017 年市级层面农村低保标准差距来源（Dagum 分解）

从县级层面来看（见图 5-17），农村低保标准区域差距来源的最大部分仍然是地区间的差距，地区间差距贡献率表现出先下降后上升的规律，但是绝大多数年份的贡献率超过 50%，平均贡献率为 51.28%。地区内农村低保标准差距贡献率则先升后降，平均贡献率为 24.01%。超密度贡献率平均为 24.70%。

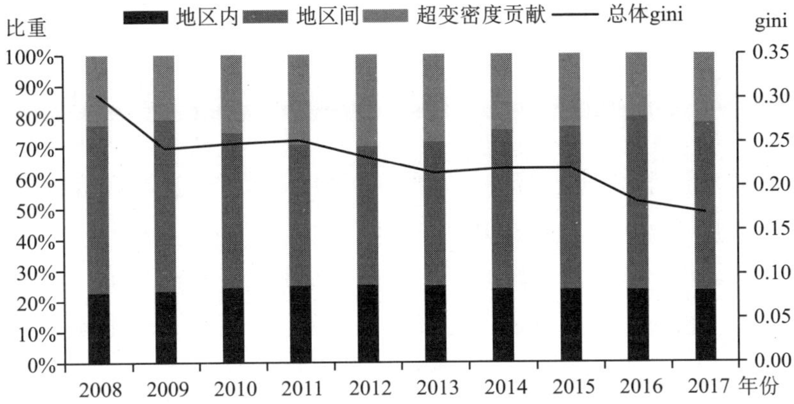

图 5－17　2008—2017 年县级层面农村低保标准差距来源（Dagum 分解）

进一步，通过比较省级、市级和县级层面农村低保标准的分解结果，可知：（1）地区间的农村低保标准差距始终是农村低保标准差距的最主要来源，并且省级农村低保标准地区间差距贡献率最大，其次为市级农村低保标准地区间差距贡献率，县级农村低保标准地区间差距贡献率最小；（2）不论是省级层面、还是市级或者县级层面，地区内的农村低保标准差距都比较小，但是省级、市级、县级地区内农村低保标准区域差距依次增大，这说明区域内部县之间的农村低保标准差距高于市之间的农村低保标准差距，省级单位之间的区域内差距较之前两者均略低。

5.5　剔除价格因素后城乡低保标准区域性差距测算

考虑到差距大小可能受到区域价格差异、异常样本值大小等因素的影响（李实、高霞，2015①），在测算城乡低保标准和人均低保支出差距时，进一

① 李实，高霞．居民收入差距的测量及其合理判断［J］．统计与决策，2015（10）：11－16.

步考虑剔除价格后两者的差距。价格的高低会影响到购买力的大小，不同地区商品的价格变化存在一定的差异，相同的救助标准，可能会产生不同的生活水平。因此，这里使用省级数据，以2000年为基期，将价格因素从城乡低保标准中进行剔除，进一步测算城乡低保的区域性差距。值得说明的是，我国连续的消费者价格指数仅统计了省级层面和部分地级市（具体数量较少），县级层面并没有统计。尽管白晨和顾昕（2016）① 使用了《中国区域经济统计年鉴》中各个地级市的人均食品消费支出，作为各县所在地级市消费者价格指数的代理变量，但是该年鉴在2014年之后就不再出版，所以构建“代理变量”的方法无法适用于2014年以后的测算。因此，本书仅从省级层面，进一步测算剔除价格因素后城乡低保标准区域性差距。由于省级层面消费者价格指数并没有分城乡进行统计，因此这里均使用同样的CPI数据（严格来说城乡价格指数存在一定的区别，但是两者的变动方向基本是一致的）对城乡低保标准进行平减处理。考虑到区域差距指标间的相关性较高，以下仅呈现泰尔指数和基尼系数的测算结果。

5.5.1 剔除价格因素后城乡低保标准总体差距变化情况

表5-15呈现了剔除物价因素以后，2007—2017年省级政府城乡低保标准差距测算结果。从城市低保标准的差距来看，剔除价格因素后的省级城市低保标准差距与名义低保标准差距（见表5-1）的变化趋势保持一致，即均在2008年和2014年出现差距的峰值点。总的来看，省级城市低保标准差距在逐步缩小，在剔除价格因素后实际低保标准差距和名义低保标准差距均表现出这种变化趋势。通过比较剔除价格因素前后省级层面的城市低保标准差距大小，可以看出剔除价格因素后城市低保标准差距变得更大，省级层面实际城市低保标准泰尔指数和基尼系数的平均值分别为0.0375和0.1475，明显高于名义城市低保标准泰尔指数和基尼系数的平均值（分别为0.0294和0.1292）。这说明以名义的低保标准衡量的城市低保标准差距存在着一定

① 白晨，顾昕．省级政府与农村社会救助的横向公平——基于2008—2014年农村最低生活保障财政支出的基尼系数分析和泰尔指数分解检验［J］．财政研究，2016（01）：67-74.

的低估。

从农村低保标准的差距来看，剔除价格因素前后，省级层面农村低保标准区域性差距在变化趋势上保持一致（见表 5 – 8），即均表现出低保标准差距“缩小—扩大—再缩小”的趋势，均在农村低保政策实施的第一年差距最大。通过比较剔除价格因素前后省级层面农村低保标准差距的平均水平，可以看出剔除价格因素以后，农村低保标准的差距水平更大。剔除价格因素前，省级层面农村低保标准泰尔指数和基尼系数分别为 0.1042 和 0.2388（见表 5 – 8），而剔除价格因素之后两者的均值分别为 0.1196 和 0.2548，后者明显更大。

表 5 – 15　2007—2017 年省级政府城乡低保标准差距测算结果（剔除价格因素）

年份	城市		农村	
	泰尔指数	基尼系数	泰尔指数	基尼系数
2007	0.0402	0.1463	—	—
2008	0.0491	0.1653	0.1725	0.3187
2009	0.0456	0.1614	0.1312	0.2774
2010	0.0408	0.1548	0.1208	0.2677
2011	0.0400	0.1538	0.1220	0.2662
2012	0.0324	0.1395	0.1043	0.2447
2013	0.0323	0.1388	0.1018	0.2368
2014	0.0343	0.1449	0.1156	0.2514
2015	0.0331	0.1421	0.1212	0.2577
2016	0.0324	0.1380	0.1065	0.2354
2017	0.0327	0.1376	0.1006	0.2283
平均值	0.0375	0.1475	0.1196	0.2584

注：“—”表示对应年份指标未测算。

5.5.2　剔除价格因素后各区域城乡低保标准差距变化情况

5.5.2.1　剔除价格因素后各区域内部城乡低保标准差距变化情况

表 5 – 16 呈现了剔除价格因素后，2007—2017 年省级层面各区域城市低

保标准差距测算结果。总的来看，在剔除价格因素后，省级层面不同区域城市低保标准差距相较于名义差距均有一定的扩大，其中东部省份泰尔指数和基尼系数的平均值分别增大到了0.0309和0.1392，中部省份泰尔指数和基尼系数的平均值分别增大到了0.0047和0.0526，西部省份泰尔指数和基尼系数的平均值分别增大到了0.0173和0.1012，东北省份泰尔指数和基尼系数的平均值分别增大到了0.0061和0.0563。

表5－16　2007—2017年省级层面各区域城市低保标准差距测算结果（剔除价格因素）

年份	东部		中部		西部		东北	
	泰尔指数	基尼系数	泰尔指数	基尼系数	泰尔指数	基尼系数	泰尔指数	基尼系数
2007	0.0389	0.1575	0.0052	0.0511	0.0080	0.0632	0.0052	0.0547
2008	0.0421	0.1625	0.0037	0.0484	0.0155	0.0955	0.0100	0.0762
2009	0.0348	0.1456	0.0037	0.0478	0.0180	0.1005	0.0081	0.0632
2010	0.0353	0.1485	0.0046	0.0526	0.0191	0.1079	0.0085	0.0668
2011	0.0306	0.1370	0.0071	0.0670	0.0221	0.1189	0.0049	0.0528
2012	0.0276	0.1320	0.0047	0.0534	0.0187	0.1076	0.0059	0.0581
2013	0.0261	0.1292	0.0046	0.0513	0.0161	0.1005	0.0063	0.0605
2014	0.0249	0.1270	0.0057	0.0586	0.0188	0.1055	0.0048	0.0509
2015	0.0229	0.1215	0.0055	0.0569	0.0178	0.1056	0.0060	0.0521
2016	0.0266	0.1307	0.0028	0.0422	0.0190	0.1066	0.0038	0.0420
2017	0.0302	0.1394	0.0043	0.0489	0.0172	0.1014	0.0031	0.0416
平均值	0.0309	0.1392	0.0047	0.0526	0.0173	0.1012	0.0061	0.0563

同样地，剔除价格因素后，省级层面各区域农村低保标准差距显著提高（见表5－17），表明没有考虑价格因素的情况下，区域内部的农村低保标准在一定程度上被低估。2008—2017年，东部地区省级层面实际农村低保标准的泰尔指数和基尼系数的平均值分别为0.0748和0.2170，中部地区省级层面实际农村低保标准的泰尔指数和基尼指数分别为0.0089和0.0721，西部地区省级层面实际农村低保标准的泰尔指数和基尼指数分别为0.0274和0.1165，东北地区省级层面实际农村低保标准的泰尔指数和基尼指数分别为0.0110和0.0706。

以上在考虑到价格因素后，无论是城市低保标准还是农村低保标准，抑或是从分区域的角度来看，低保标准的差距水平均相对于名义的低保标准差距有一定幅度的提高，表明如果不考虑区域价格因素，城市和农村的低保标准差距实际上被低估了。这主要是因为，低保标准高的地区的消费者价格指数相对略低，剔除价格因素后低保标准低的地区低保标准降低幅度相对更大，因此相对于名义水平而言，区域间实际低保标准差距水平有所提高。

表 5－17　2008—2017 年省级层面各区域农村低保标准差距测算结果（剔除价格因素）

年份	东部		中部		西部		东北	
	泰尔指数	基尼系数	泰尔指数	基尼系数	泰尔指数	基尼系数	泰尔指数	基尼系数
2008	0.0758	0.2175	0.0081	0.0682	0.0583	0.1704	0.0333	0.1231
2009	0.0696	0.2092	0.0052	0.0566	0.0313	0.1276	0.0072	0.0641
2010	0.0676	0.2047	0.0096	0.0757	0.0424	0.1613	0.0085	0.0648
2011	0.0714	0.2116	0.0102	0.0778	0.0375	0.1491	0.0109	0.0708
2012	0.0669	0.2047	0.0134	0.0910	0.0276	0.1231	0.0152	0.0895
2013	0.0712	0.2121	0.0102	0.0781	0.0209	0.0978	0.0128	0.0834
2014	0.0808	0.2265	0.0111	0.0778	0.0183	0.0905	0.0075	0.0661
2015	0.0829	0.2307	0.0096	0.0748	0.0144	0.0844	0.0087	0.0644
2016	0.0823	0.2282	0.0048	0.0550	0.0119	0.0842	0.0023	0.0367
2017	0.0794	0.2246	0.0073	0.0653	0.0109	0.0767	0.0036	0.0436
平均值	0.0748	0.2170	0.0089	0.0721	0.0274	0.1165	0.0110	0.0706

5.5.2.2　剔除价格因素后各区域间城乡低保标准差距变化情况

根据 Dagum 基尼系数分解结果（见图 5－18），剔除价格因素之后各区域之间的城市低保标准差距均有所扩大，但是区域之间差距的基本格局没有变化（与图 5－4 进行比较）。即区域间城市低保标准差距仍然是东部与其他区域之间差距较大，而中部、西部和东北地区之间的低保标准差距相对较小。从走势的变化来看，剔除价格前后区域间城市低保标准差距的走势保持一致。从区域间低保标准基尼系数的平均值来看，东部与中部组间基尼系数均值为 0.1917，东部与西部组间基尼系数均值为 0.2130，东部与东北组间基尼系数均值为 0.1632，中部与西部组间基尼系数均值为 0.0865，中部与东北组间基尼系数均值为 0.0713，西部与东北组间基尼系数均值为 0.1016。

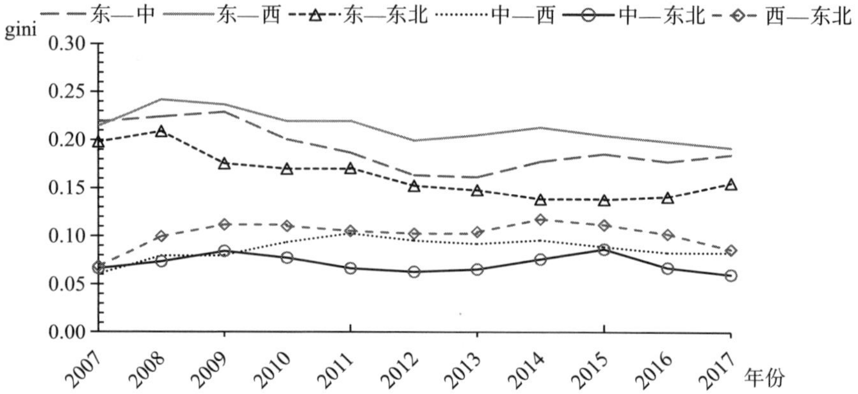

图 5－18　剔除价格因素后省级层面城市低保标准区域间差距变化情况（2007—2017 年）

类似地，图 5－19 呈现了剔除价格因素后省级层面农村低保标准区域间差距变化情况。可以看出剔除价格因素前（见图 5－12）与剔除价格因素后（见图 5－19），农村低保标准区域间差距的大致走势没有出现大的变化，并且同样是东部另外三个区域的差距相对较大，而中部、西部和东北地区之间的区域间差距相对较小。剔除价格因素后，农村低保标准在 2008—2017 年的区域间差距水平均有一定的扩大，其中东—中、东—西、东—东北、中—西、中—东北、西—东北区域间的农村低保标准基尼系数均值分别为 0. 3588、0. 3910、0. 3009、0. 1118、0. 1060 和 0. 1489，显著高于剔除价格因素前的 0. 3386、0. 3604、0. 2874、0. 0987、0. 0966 和 0. 1288。

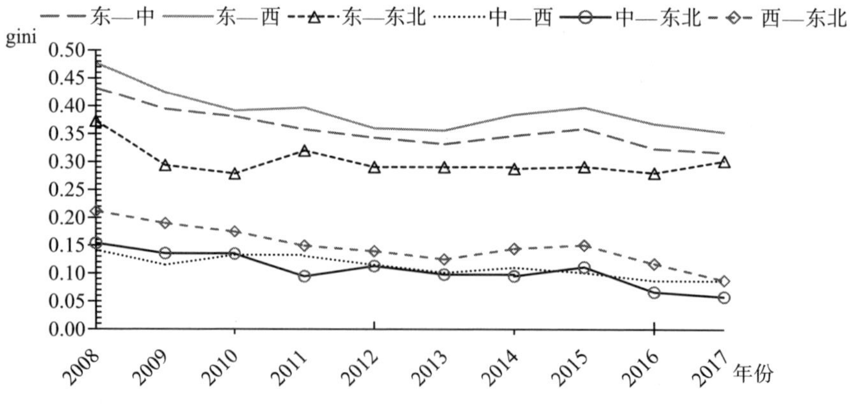

图 5－19　剔除价格因素后省级层面农村低保标准区域间差距变化情况（2008—2017 年）

5.5.2.3 剔除价格因素后各区域间城乡低保标准差距贡献率变化情况

剔除价格因素后，城市和农村低保标准差距的贡献率表现出了一定的变化（见图 5－20 和图 5－21），主要的变化是区域间差距的贡献率均有所提高。其中，城市低保标准区域间差距贡献率由剔除价格因素前的 73.87%，扩大到剔除价格因素后的 74.84%；而农村低保标准区域间差距贡献率由剔除价格因素前的 41.01%，扩大到剔除价格因素后的 64.51%。相比之下，剔除价格因素前后，城市和农村低保标准区域内差距的贡献率变化相对较小。

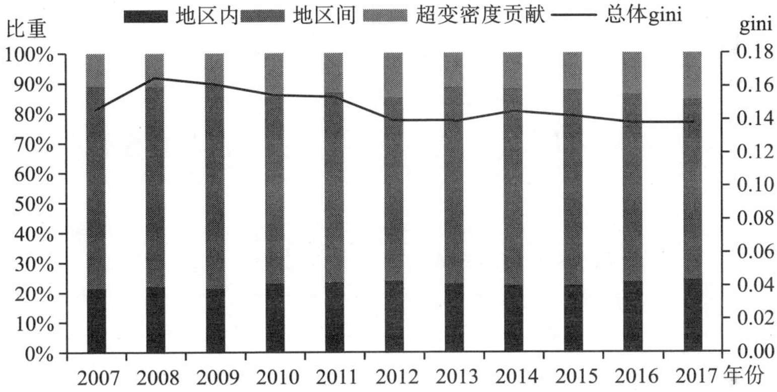

图 5－20 省级层面城市实际低保标准差距贡献率变化情况（2007—2017 年）

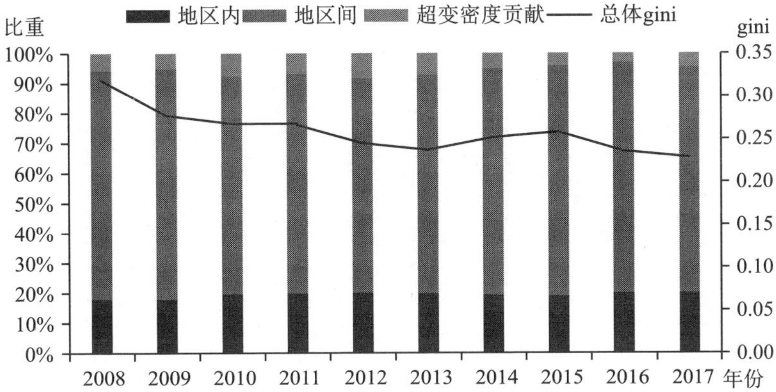

图 5－21 省级层面农村实际低保标准差距贡献率变化情况（2008—2017 年）

5.6 城乡低保标准比的区域性差异测算

5.6.1 全国层面城乡低保标准比变化情况

为了观察城市和农村间低保标准的差距情况，这里分别从省级、市级和县级层面对城乡之间低保标准差距变化进行大致评估。首先计算出全国省级、市级、县级城市和农村的低保平均标准，再计算出对应的城市低保标准平均值与农村低保平均值之比。表 5 - 18 报告了 2008—2017 年全国省级、市级、县级城市农村低保标准比值的变化情况，可以看出不论从省级层面，还是从市级层面或者县级层面来看，城市与农村之间的低保标准差距在逐渐缩小。

表 5 - 18　　2008—2017 年全国各级政府城市农村低保标准比

年份	省级	市级	县级
2008	2.30	2.48	2.56
2009	2.08	2.19	2.28
2010	1.99	2.10	2.16
2011	1.86	1.95	2.03
2012	1.77	1.87	1.94
2013	1.70	1.79	1.86
2014	1.62	1.69	1.79
2015	1.55	1.66	1.72
2016	1.46	1.55	1.59
2017	1.40	1.49	1.52
平均值	1.77	1.88	1.94

具体来看，农村低保政策在全面实施之初，城市和农村之间的低保标准差距加大，在省级、市级和县级层面城市低保平均标准分别为农村低保平均标准的 2.30 倍、2.48 倍和 2.56 倍。伴随着农村低保政策的逐步推进，城乡

低保标准的差距则逐步缩小，到2017年省级、市级和县级层面城乡低保标准比分别降低到了1.40、1.49和1.52。通过比较省级、市级和县级层面城乡低保标准比的大小，发现省级层面城乡低保标准比差距最小，其次为市级层面，县级层面的城乡低保标准比差距较大，说明层级越低的地方政府，城乡之间的低保标准差距越大。

5.6.2　分四大区域城乡低保标准比变化情况

进一步，这里分四大区域比较不同层级政府的城乡低保标准比的变化情况（见表5-19），可以看出省级、市级和县级分区域的城乡低保标准差距同样也表现出逐年降低的趋势。从省级层面来看，东部地区城乡间低保标准差距水平最小，其次为东北地区，再次为中部地区，西部地区城乡间低保标准差距最大。市级和县级层面的测算结果同样表现出相同的规律。这说明，无论是从省级、还是市级或者县级层面来看，东部地区城乡低保标准差距总体最小，东北地区次之，再次为中部地区，西部地区城乡间低保标准差距最大。从不同层级政府城乡低保标准比值的比较来看，四大区域省级、市级和县级之间的低保比差距相对较小，总体较为接近。由于并没有加以区分城市和农村的消费者价格指数，使用相同的价格指数进行平减处理，并不会对城市与农村间的低保标准的相对差距产生影响，因此剔除价格因素后并不会影响城乡低保标准比值，故不再分析。

表5-19　2008—2017年全国各级政府不同区域城市农村低保标准比

年份	省级				市级				县级			
	东部	中部	西部	东北	东部	中部	西部	东北	东部	中部	西部	东北
2008	1.78	2.85	3.06	2.55	1.82	2.82	3.23	2.51	2.01	2.83	3.13	2.46
2009	1.70	2.44	2.61	2.16	1.77	2.42	2.56	2.13	1.90	2.43	2.60	2.18
2010	1.62	2.42	2.39	2.06	1.68	2.41	2.40	2.02	1.79	2.44	2.40	2.06
2011	1.51	2.19	2.24	2.06	1.57	2.18	2.24	2.00	1.69	2.21	2.23	2.07
2012	1.44	2.13	2.07	1.93	1.52	2.11	2.09	1.85	1.61	2.15	2.11	1.95
2013	1.40	2.03	1.95	1.89	1.48	2.01	1.96	1.86	1.57	2.05	1.99	1.94
2014	1.32	1.90	1.93	1.81	1.40	1.86	1.91	1.68	1.52	1.93	1.97	1.82

续表

年份	省级				市级				县级			
	东部	中部	西部	东北	东部	中部	西部	东北	东部	中部	西部	东北
2015	1.24	1.79	1.92	1.71	1.35	1.79	1.90	1.68	1.44	1.82	1.94	1.70
2016	1.19	1.63	1.77	1.62	1.30	1.62	1.72	1.62	1.36	1.64	1.78	1.63
2017	1.15	1.53	1.68	1.60	1.25	1.53	1.63	1.60	1.29	1.55	1.69	1.62
平均值	1.44	2.09	2.16	1.94	1.51	2.07	2.17	1.90	1.62	2.10	2.18	1.94

5.7 城乡低保标准区域性差距产生的原因分析

5.7.1 经济层面的原因是低保标准差距的主要原因

低保标准的高低取决于人民生活水平的高低，而人民生活水平的高低则取决于地区经济发展情况。经济发展水平越高，地方政府的财力就越有保障，制定较高的低保标准并不会对地方财力构成太大的负担。而与之相反，倘若一个地区的经济发展水平低下，地方政府的财力可能相对拮据，制定较高的低保标准必然会对财政造成较大的负担。由于我国省级以下的低保支出责任，较多地由县级及以下政府部门承担，所以县级政府在制定低保标准时更多地考虑的是自身财力的约束。尽管标准制定权在县级地方政府手里，但是由于县级政府在地方政府低保支出比例中承担的责任也更多，所以在这种情形下县级政府通常不会制定较高的标准，而是通常会根据自身经济能力（财力状况）和政府事权的优先次序制定一个较低的低保标准。由于低保的“纯公共产品”特点，以及非生产性，使得地方政府并不会优先制定一个较高的低保标准，而通常是优先发展生产性项目，以更好地完成官员政绩考核，因此低保标准大多是根据地方“剩余”财力来制定的，这样就不能保障低保标准制定的合理性。这样一来，造成的后果就是低保标准与地方财力、经济发展水平“挂钩”，区域之间低保标准的不平衡只会“愈演愈烈”。

5.7.2　低保标准制定“软约束”是低保标准差距产生的根本原因

由于低保标准制定的“约束力”不强，导致各个地方制定低保标准时存在刻意压低低保标准的现象。在 2011 年之前，民政部并没有出台文件规范城乡标准制定，那时地方政府制定低保标准大多参考全国平均低保标准，或者简单地参考扶贫线，缺少科学的论证和测算，导致低保标准的制定缺乏制度约束，从而使得低保标准区域间的差距较大。尽管在 2011 年之后，民政部门出台了较为规范的低保标准制定方法，地方政府低保标准的制定变得有章可循，但是低保标准制定方法仅为地方民政部门提供了参考，并没有对地方形成强约束。从上一节关于城乡低保理论线与实际执行标准的比较中可以看出，城乡低保标准的制定过程中更多地采用了较低标准的消费比例支出法，该种方法依赖于之前年份的低保标准，如果上一年低保标准偏离合理的水平，会导致以后年份的低保标准出现偏差。另外，地方政府在选择具体的制定标准时，可以根据经济发展状况和财力水平进行调整，在这种软约束下，地方政府基于各自的考虑，制定出各个地区的低保标准，造成了低保标准的区域性差距。因此，低保标准产生差距的根本性原因是低保标准制定存在“软约束”，体现在没有硬性指标要求地方政府制定合理的低保标准，也没有对地方制定的低保标准的合理性进行审核。

5.7.3　低保制度本身的原因使得城乡低保标准之间形成“鸿沟”

制度层面的原因主要体现在城乡二元结构制度、城乡低保制度层次和保障内容上的差别，这种差别造成了城乡低保标准差距在一定阶段内难以消除。首先，城乡二元结构制度是由一定的历史原因造成的，城乡户籍的差别造成城乡居民享受的福利待遇不能完全一致。城乡低保制度将是否具有“非农业户口”或“农业户口”作为城乡低保保障对象的首要判断标准，因此只有满足条件的“非农业户口”（主要是城市居民）才能够享受到城市低保，满足条件的“农业户口”（主要是农村居民）只能享受到农村低保。以户口来判断居民应享受何种低保救济虽然奏效，使得城乡低保间的差距变得

“合情合理”，而这也在一定程度上对城乡收入分配格局产生了影响，尤其是对农村更为不利。其次，城乡低保制度的立法层次不一样，导致城乡低保存在较大的差距。城市低保制度的建立是以《条例》的形式发布，而农村低保制度的建立则是以《通知》的形式对外发布，城市低保制度的制度层次显然更高。前者属于行政法规，是制度保障的可诉性权利；后者属于政策性规定，没有法律效力（王蕾，2018）①。这就使得地方民政部门在制定低保标准时优先考虑城市贫困群体，低保标准制定带有一定的“城市偏向”（陈成，2014）②，人为地扩大了城乡低保标准之间的差距。再次，城乡低保制度保障范围的区别也导致城乡低保标准差距较大。根据《城市居民最低生活保障条例》，城市低保标准的制定主要考虑“基本生活所必需的衣、食、住费用”，同时还考虑“水、电、燃煤（燃气）费用以及未成年人的义务教育费用”，然而根据《国务院关于在全国建立农村最低生活保障制度的通知》，农村低保标准的制定主要考虑“基本生活所必需的吃饭、穿衣、用水、用电等费用”。可见城乡低保的保障范围的主要差别是居住费用和教育费用，这种差别很明显扩大了城乡低保标准的差距。

5.7.4 政府低保决策权分配不合理

当前我国政府在低保方面的职能分配不合理也是造成城乡内部、城乡之间低保标准区域性差距的重要原因。从城乡低保制度建立以来，中央在城乡低保方面的投入力度逐渐加大，并且中央转移支付资金不断提高，同时严格控制地方政府在低保标准制定上的规范性和科学性。低保标准制定的决策权在地方政府手中，具体主要由市级和县级政府来制定。虽然民政部出台了规范的低保标准制定方法，“鼓励条件成熟的地方试行由省级民政部门制定统一的城乡低保标准”，将城乡低保标准制定的决策权上升到省级，只是在一定程度上控制了低保标准在省份内部的差距，并没有控制省份之间的低保标准差距水平。由于中央没有参与低保标准的制定过程，也没有实施全国的低

① 王蕾．中国城乡最低生活保障制度并轨研究［J］．社会福利（理论版），2018（11）：34－40＋52.

② 陈成．中国社会保障支出：问题与思考［J］．社会科学，2014（07）：26－34.

保标准指导线，导致地方政府在制定低保标准时，缺乏“下限”和“上限”的参考区间，从而在全国和不同区域间产生了一定的差距。

5.8　本章小结

本章使用了多种差距的测度方法，测算了全国 2007—2017 年城市低保标准区域差距，以及 2008—2017 年农村低保标准区域差距，并利用泰尔指数和基尼系数分解不同情形下低保标准的不平等。

城市低保标准方面，全国各级政府城镇低保标准差距测算结果表明：省级、市级、县级层面的城镇低保标准差距总体同样表现出下降趋势，城镇低保标准在市级层面的差距较低，而在省级层面和县级层面的差距较大。分东部、中部、西部和东北地区的城镇低保标准差距测算结果表明，不同区域城镇低保标准差距均为县级政府之间的不均衡程度最强。采用泰尔指数分解方法，将各个区域城镇低保标准的不平等分解为组内不平等和组间不平等。市级和县级层面的分解结果显示，对全国而言，组间不平等占比相对较高，而中部和东部地区组内不平等的成分更多，同时东部地区组内差距和组间差距在四个地区中相对较高。采用 Dagum 基尼系数分解方法，将不同政府层级城镇低保标准差距分解为区域内差距、区域间差距和超变密度贡献，分解结果表明：相对于中部和东北地区，东部地区和西部地区区域内部城镇低保标准的不平衡更为严重；东部与中部、西部、东北地区之间差距相对较大，但有逐步降低的趋势，中部、西部、东北地区两两之间的组间差距相对较小，并且在变化方面相对较为平稳；从三者贡献率的大小来看，区域间的差距为区域总体差距的贡献率最高，2007—2017 年省级、市级、县级层面城镇低保标准差距中平均分别有 61.05%、43.59%、41.01% 来源于区域间的差距。

农村低保标准方面，全国各级政府农村低保标准差距测算结果表明：市级层面的农村低保标准最为均衡，省级层面最不均衡，但是不同层级政府农村低保标准泰尔指数和基尼系数较为接近。分区域的测算结果一致表明，各个区域省级层面农村低保标准最均衡。市级和县级层面的泰尔指数分解结果显示：从全国来看，组间不平等的占比相对更高；而从分区域来看，除东部地区组间不平等贡献率相对更高以外，其他三个地区组内不平等占比相对更高。Dagum 基尼系数分解结果表明：（1）中部地区农村低保标准区域内差距最小，其次为东北地区，再次为西部地区，东部地区的区域内不均衡程度最高；（2）区域间基尼系数结果显示，东部地区与其他三个地区间的农村低保标准差距相对较大，并且区域间农村低保标准差距在 2009—2015 年相对稳定，在 2015 年之后区域间差距才有所降低；（3）根据区域内差距、区域间差距和超变密度的贡献率大小可以看出，地区间差距是农村低保标准差距的最大来源，其中省级、市级和县级层面的平均贡献率分别达到 73.87%、57.62% 和 51.28%。

进一步，对城乡低保标准比值变化进行了分析。城乡间低保标准差距方面，全国和分区域的测算结果均表明，城乡间低保标准差距总体呈现出缩小趋势，2008—2017 年省级、市级和县级层面的城乡低保标准比值分别为 2.30、2.48 和 2.56。

本章的政策含义在于：通过测算城乡低保标准的差距来源，明确进一步缩小城乡低保标准差距的方向。从全国样本来看，市级和县级的城乡低保标准泰尔指数分解结果一致表明：组间差距来源相对较多，因此缩小城市或农村低保标准应从缩小省份之间的低保标准差距着手，这就需要中央政府采取相应的措施。从分地区的结果来看，较多地区的城乡低保标准差距组内占比较高，说明省份内部的低保标准差距相对更大，则需要省份自身对省份内部的低保标准进行统筹，以缩小差距。根据 Dagum 基尼系数分解的地区内和地区间基尼系数，可以明确低保标准差距在区域内或区域间的占比情况。省级、市级和县级层面的分解结果均表明：城乡低保区域间的差距来源更多，说明需要控制不同区域间的低保标准差距，比如提高中部、西部和东北地区的低保标准，从而降低这三个地区与东部的低保标准差距水平。

第6章

城乡低保支出水平区域性差距

6.1 引　言

上一章主要从低保标准这一角度，对城市和农村低保标准的区域性差距进行了测算。但是低保标准仅仅是各个地区的最低生活水平线，并不是政府实际的低保支出水平。低保支出是在最低生活保障的基础之上，扣除居民的家庭人均收入部分，这部分是低保对象实际得到的部分，也是地方政府实际支出的部分。根据第5章的研究结论，城乡低保标准存在一定的区域不均衡现象，各个区域低保标准区域差距呈现出较为统一的规律，同时低保标准差距来源更多的是省份内部和区域之间的差距。那么各地低保支出水平的差距在近年来呈现出何种演化规律，是否存在与低保标准差距同样或类似的规律呢？

因此，本章以低保人均支出水平为研究和分析对象，使用区域差距的测算公式，进一步分别从全国和分四大区域，测算城市人均低保支出、农村人均低保支出和城乡人均低保支出比的区域性变化情况。同样采用泰尔指数分解方法，将泰尔指数分解为组内差距和组间差距，明确城乡低保支出水平的省际差距来源；采用Dagum基尼系数分解方法，将低保支出水平的区域差距分解为三个部分，明确区域城乡低保支出差距的来源所在。结合核密度函数曲线，对城乡低保支出分布的演化规律进行分析。最后，结合地方政府财政承受能力，分析了当前我国缩小低保支出差距的可能性。

6.2 数据来源与描述性分析

6.2.1 数据来源

省级、市级和县级层面低保支出水平，均来源于《中国民政统计年鉴（光盘版）》中的历年统计数据。《中国民政统计年鉴（光盘版）》统计了各省、市和县级单位城镇（农村）低保总支出、保障家庭数和保障人口数，根据各地低保总支出和保障总人数，可以计算出各地城镇或农村的人均低保支出水平。其中，省级和市级城镇低保支出相关数据的时间区间为2007—2016年，县级城镇低保支出相关数据，省级、市级和县级农村低保支出相关数据的时间区间为2008—2016年。为了统一，在测算城乡人均低保支出区域差距时，本书使用2008—2016年城镇和农村省级、市级和县级层面的数据。

首先，《中国民政统计年鉴（光盘版）》中，各级政府单位的低保支出数据可能包含了一些并非省（自治区、直辖市）、市（自治州）和县（区、县级市、自治县）的行政单位，为此需要将其进行剔除，从而得到可以利用的有效样本。本书的处理方法是：将全国各级单位的低保支出数据，与对应年份的县级以上行政区划代码进行合并，保留匹配的数据，根据行政区划代码进一步分离出省级、市级和县级层面的低保支出和低保人口数。其次，部分地区单位名称在部分年份书写不规范，导致匹配出现遗漏，为此需要在匹配过程中对单位名称进行逐一核对，以保证所有县级以上行政单位均能够与对应的行政区划匹配起来。

这里需要说明的是，《中国民政统计年鉴（光盘版）》数据由下级单位逐级上报汇总得到，在数据汇总的过程中难免出现一些输入错误，导致部分县区人均低保支出偏离正常水平①。通过将人均低保支出数据进行排序后，

① 通过将历年全国省（直辖市、自治区）、市（自治州）、县（区、县级市、自治县）人均低保支出进行排序后，发现部分县市人均低保支出与低保标准存在较大的偏离，比如部分县区农村人均低保支出达到数万元或数十万元，为此联系了民政部统计咨询工作人员（官方公布的联系方式为：010-58123310）就该问题进行核实。工作人员称，数据录入时可能出现错误，可以将不合常理的样本数据予以剔除。

发现历年人均低保支出中均存在一些极端值，其中极端偏小值相对较少，而极端偏大值较多，为此本书将人均数据低保支出进行截尾处理，剔除城乡历年样本中前 0.1% 分位数和后 99.5% 分位数的人均低保支出，实际利用样本数量为“有效样本”的 99.4%。测算低保支出差距使用的历年城乡人均低保支出，如无特殊说明，均为通过截尾处理后的数据。

6.2.2　城乡低保支出描述性分析

表 6－1 报告了 2008—2016 年不同层面政府城乡低保人均支出变化情况，可以看出不同层面政府城乡低保人均支出都表现出了较快的增长。具体来看，2008—2016 年，省级、市级和县级层面城镇低保人均支出分别增长了 1.97 倍、2.06 倍和 2.10 倍，对应的省级、市级和县级层面农村低保人均支出分别增长了 2.93 倍、3.03 倍、3.15 倍。这表明农村低保人均支出增长速度快于城镇人均低保支出，这主要是因为农村低保人均支出的起点较低。同时还表明，层级越低的政府在低保人均支出方面的增长速度越快。根据 2008—2016 年城市和农村人均低保支出省际分布情况，城市人均低保支出方面，相对于低保标准的省际分布而言，城市人均低保支出在省份间更加均匀，并没有表现出明显的“沿海省份聚集”现象，这主要是因为尽管沿海省份城市低保标准相对较高，但是居民生活水平同样也高，因此东部地区城市低保人均支出并没有高出其他区域太多。从农村人均低保支出省际分布状况来看，虽然仍然是东部沿海省份农村人均低保支出水平相对更高，但是省份之间的低保人均支出分布相对于低保标准表现得更加均衡。

表 6－1　2008—2016 年不同层面政府城乡低保人均支出变化情况　　单位：元

年份	省级政府		市级政府		县级政府	
	城镇	农村	城镇	农村	城镇	农村
2008	1775.05	715.59	1629.15	645.08	1649.36	648.67
2009	2036.99	752.21	1878.72	796.38	1907.78	786.14
2010	2280.80	991.44	2184.77	983.66	2198.20	972.98
2011	2542.95	1217.58	2416.86	1140.62	2658.87	1271.98
2012	2516.25	1235.04	2366.48	1153.70	3093.05	1501.33

续表

年份	省级政府		市级政府		县级政府	
	城镇	农村	城镇	农村	城镇	农村
2013	2727.93	1373.23	2517.70	1283.97	3417.01	1716.80
2014	5483.48	2117.33	5474.84	1967.42	5650.32	2032.71
2015	4706.62	2417.39	4375.25	2224.62	4546.82	2281.34
2016	5274.65	2809.45	4985.90	2601.95	5118.77	2688.81
增长倍数	1.97	2.93	2.06	3.03	2.10	3.15

6.3 城镇低保支出区域性差距测算

6.3.1 城镇低保支出总体差距测算

表6－2呈现了2008—2016年省级、市级和县级层面城镇人均低保支出总体差距情况。

首先，从省级层面来看，全国各省城镇人均低保支出总体差距表现出“先扩大，然后逐渐缩小”的趋势。具体来看，各省城镇人均低保支出的泰尔指数和基尼系数在2008—2013年，表现出波动式上升的趋势，泰尔指数从2008年的0.0441增长到了2013年的0.1159，基尼系数从2008年的0.1460增长到了2013年的0.2670，两者均在2013年达到峰值，表明在2013年全国各省城镇人均低保支出差距最大。2013年之后，两者总体表现出缩小趋势，其中在2014年各省城镇人均低保支出水平差距最小，泰尔指数和基尼系数分别达到0.0061和0.0617，尽管在2015年和2016年两者有所回升，但是仍然低于2013年的峰值水平。平均来看，2008—2016年全国各省城镇人均低保支出泰尔指数和基尼系数的平均值分别为0.0556和0.1710。

其次，从市级层面来看，2008—2016年全国各市城镇人均低保支出差距同样表现出先扩大后缩小的趋势。其中，在2008—2013年泰尔指数表现出逐年上升的态势，说明在这段时间全国各市城镇人均低保支出差距逐年扩大，泰尔指数从 2008 年的 0.0341 逐年上升到 2013 年的 0.1577，基尼系数从 2008 年的 0.1382 逐年上升到 2013 年的 0.2952，两者同时在 2013 年取得峰值，表明在 2013 年全国各市城镇人均低保支出差距最为严峻。2013 年之后，在 2014 年全国各市城镇人均低保支出差距达到最低，2015 年和 2016 年差距进一步扩大，但是仍低于 2013 年的差距峰值水平。平均来看，2008—2016 年全国市级单位人均低保支出泰尔指数和基尼系数分别为 0.0662 和 0.1828，高于全国各省的平均水平，说明市级层面城镇人均低保支出的不均衡程度高于省级层面水平。

表 6－2　2008—2016 年省级、市级和县级层面城镇人均低保支出总体差距测算

年份	省级		市级		县级	
	泰尔指数	基尼系数	泰尔指数	基尼系数	泰尔指数	基尼系数
2008	0.0441	0.1460	0.0341	0.1382	0.0543	0.1704
2009	0.0427	0.1570	0.0420	0.1531	0.0609	0.1839
2010	0.0387	0.1519	0.0534	0.1759	0.0706	0.2017
2011	0.0563	0.1863	0.0740	0.2019	0.0670	0.1927
2012	0.1130	0.2624	0.1321	0.2720	0.0717	0.1973
2013	0.1159	0.2670	0.1577	0.2952	0.0670	0.1891
2014	0.0061	0.0617	0.0105	0.0815	0.0192	0.1108
2015	0.0407	0.1528	0.0440	0.1642	0.0704	0.2028
2016	0.0424	0.1535	0.0476	0.1635	0.0754	0.2048
平均值	0.0556	0.1710	0.0662	0.1828	0.0618	0.1837

最后，从县级层面来看，全国各县城镇人均低保支出差距在 2008—2016 年表现出波动式上涨的趋势。具体来看，除了在 2011 年、2013 年和 2014 年，全国各县城镇人均低保支出泰尔指数和基尼系数出现降低以外，其余年份县级城镇人均低保支出均表现出明显的扩大趋势。泰尔指数和基尼系数均在 2014 年取得极小值，分别为 0.0192 和 0.1108，表明各县之间城镇人均低保支出的在该年差距最小。2016 年全国县级单位城镇人均低保支出差距最

大，泰尔指数和基尼系数分别为 0.0754 和 0.2048。平均来看，在 2008—2016 年全国各县人均低保支出泰尔指数和基尼系数的平均值分别为 0.0618 和 0.1837，与市级层面的均值水平相差不大，但明显高于省级层面的差距水平，这说明县级层面城镇人均低保支出不平衡总体较为严峻。

可以看出：无论是省级层面、还是市级层面或者是县级层面，城镇人均低保支出差距均在 2014 年最小，在 2016 年最大，说明在 2014 年以来省、市、县城镇人均低保支出差距表现出扩大趋势，说明地区之间对低收入群体的财力保障不平衡在加剧。省级层面、市级层面的差距总体为先扩大后缩小，县级层面的差距则在逐年扩大。平均差距来看，县级和市级城镇人均低保支出差距较大，而省级层面的支出差距较小。

6.3.2 城镇低保支出各区域差距测算

6.3.2.1 东部地区城镇人均低保支出差距测算

表 6-3 报告了 2008—2016 年东部地区各级政府城镇人均低保支出差距测算结果。首先，从省级层面来看，东部城镇人均低保支出差距总体上较为稳定，仅在个别年份上有较大的波动。从平均值来看，东部各省泰尔指数和基尼系数平均分别为 0.0580 和 0.1850。其次，从市级层面来看，泰尔指数和基尼系数总体表现出先增大、后减小、再增大的走势，即东部市级层面城镇人均低保支出区域不平衡先趋于严峻，然后区域不平衡逐渐缓解，接着区域不平衡再次加剧。平均来看，东部地区市级单位城镇人均低保支出泰尔指数和基尼系数的平均值分别为 0.0651 和 0.1878，略高于省级层面的差距水平，说明市级层面城镇人均低保支出区域之间的不均衡相对更为严重。再次，从县级层面来看，2008—2016 年东部各县城镇人均低保支出差距呈现出波浪式扩大的趋势。除了 2014 年的差距最低以外，其他年份区域差距总体较为稳定。从平均值来看，泰尔指数和基尼系数的平均值分别为 0.0708 和 0.2027，高于省级层面、市级层面的差距水平，表明县级城镇人均低保支出区域不均衡程度最高。

表 6-3　　2008—2016 年东部地区各级政府城镇人均低保支出差距测算

年份	省级		市级		县级	
	泰尔指数	基尼系数	泰尔指数	基尼系数	泰尔指数	基尼系数
2008	0.0717	0.2116	0.0541	0.1803	0.0730	0.2094
2009	0.0613	0.1978	0.0555	0.1798	0.0640	0.1979
2010	0.0542	0.1862	0.0660	0.2022	0.0804	0.2217
2011	0.0609	0.1966	0.0587	0.1881	0.0777	0.2149
2012	0.0749	0.2145	0.1080	0.2452	0.0798	0.2149
2013	0.0909	0.2349	0.1221	0.2502	0.0717	0.2007
2014	0.0075	0.0675	0.0083	0.0723	0.0169	0.1040
2015	0.0479	0.1726	0.0557	0.1836	0.0820	0.2258
2016	0.0530	0.1830	0.0576	0.1890	0.0914	0.2352
平均值	0.0580	0.1850	0.0651	0.1878	0.0708	0.2027

6.3.2.2　中部地区城镇人均低保支出差距测算

根据 2008—2016 年各级政府中部城镇人均低保支出差距测算结果来看（见表 6-4），中部地区城镇人均低保支出差距总体相对偏高。

表 6-4　　2008—2016 年中部地区各级政府城镇人均低保支出差距测算

年份	省级		市级		县级	
	泰尔指数	基尼系数	泰尔指数	基尼系数	泰尔指数	基尼系数
2008	0.0017	0.0318	0.0145	0.0957	0.0360	0.1323
2009	0.0025	0.0380	0.0150	0.0968	0.0296	0.1280
2010	0.0051	0.0548	0.0228	0.1166	0.0476	0.1548
2011	0.0108	0.0777	0.0675	0.1934	0.0555	0.1714
2012	0.0203	0.1113	0.0944	0.2260	0.0480	0.1604
2013	0.0314	0.1388	0.1101	0.2380	0.0511	0.1638
2014	0.0034	0.0441	0.0078	0.0705	0.0184	0.1086
2015	0.0097	0.0781	0.0254	0.1238	0.0571	0.1763
2016	0.0098	0.0779	0.0263	0.1252	0.0702	0.1884
平均值	0.0105	0.0725	0.0426	0.1429	0.0459	0.1538

首先，从省级层面来看，2008—2016 年中部地区城镇人均低保支出区域差距表现出“先扩大、后缩小”的“倒 U 型”走势。平均来看，中部地区市级层面城镇人均低保支出泰尔指数和基尼系数的平均水平分别为 0. 0105 和 0. 0725。其次，从市级层面来看，中部地区市级层面城镇人均低保支出差距水平先扩大、后降低，然后差距水平继续扩大。平均来看，泰尔指数和基尼系数均值分别为 0. 0426 和 0. 1429，明显高于省级层面的差距水平，说明中部地区市级层面的城镇人均低保支出相对更为不均衡。最后，从县级层面来看，中部地区县级单位城镇人均低保支出的差距水平总体表现出波动式扩大的走势。具体来看，2009 年、2012 年、2014 年泰尔指数和基尼系数均降低，而 2010 年、2011 年、2013 年、2015 年和 2016 年两者均表现出增长趋势。泰尔指数和基尼系数的最小值在 2014 年取得，分别为 0. 0184 和 0. 1086；两者的最大值均在 2016 年取得，分别为 0. 0702 和 0. 1884。从平均水平来看，泰尔指数和基尼系数的平均值分别为 0. 0459 和 0. 1538，明显高于省级层面的不均衡程度，略高于市级层面的不均衡程度，说明对中部地区而言，越是层级低的政府，低保支出的区域不均衡程度越严峻。

通过比较中部地区城镇人均低保支出的差距状况，可以发现：尽管省级、市级和县级层面的区域差距变化走势不完全一致，但是中部地区不同层级政府的人均低保支出差距在绝大多数年份为同方向变化；省级层面和市级层面的最大差距均在 2013 年取得，市级和县级层面的最小差距均在 2014 年取得。

6. 3. 2. 3 西部地区城镇人均低保支出差距测算

表 6 - 5 呈现了 2008—2016 年西部地区各级政府城镇人均低保支出差距测算结果。首先，从省级层面来看，西部地区各省城镇人均低保支出表现出先扩大差距、然后缩小差距、接着差距进一步扩大的走势。平均来看，2008—2016 年西部地区省级层面上城镇人均低保支出泰尔指数和基尼系数均值分别为 0. 0412 和 0. 1442。从市级层面来看，西部地区市级单位城镇人均低保支出差距同样表现出“先扩大、后降低、再扩大”的趋势。2008—2016 年泰尔指数和基尼系数平均值分别为 0. 0730 和 0. 1916，该值略高于西部省级层面差距的平均水平。从县级层面来看，尽管西部县级单位城镇人均低保

支出差距呈现出一定的波动性，但是从总体来看差距水平表现为波浪式上升。具体来看，除了在 2011 年、2012 年和 2014 年差距缩小以外，其余年份（不含 2008 年）差距水平均在扩大（2016 年泰尔指数最大，但基尼系数小幅度降低，这里认为差距扩大）。泰尔指数和基尼系数均值分别为 0.0638 和 0.1852，高于省级层面的差距，但略低于市级层面的差距水平。

表 6－5　　2008—2016 年西部地区各级政府城镇人均低保支出差距测算

年份	省级		市级		县级	
	泰尔指数	基尼系数	泰尔指数	基尼系数	泰尔指数	基尼系数
2008	0.0096	0.0785	0.0347	0.1383	0.0515	0.1641
2009	0.0238	0.1244	0.0429	0.1569	0.0700	0.1968
2010	0.0284	0.1285	0.0645	0.1901	0.0807	0.2143
2011	0.0573	0.1892	0.0861	0.2154	0.0722	0.1977
2012	0.1063	0.2537	0.1395	0.2800	0.0687	0.1900
2013	0.0964	0.2462	0.1853	0.3289	0.0705	0.1921
2014	0.0060	0.0618	0.0144	0.0955	0.0239	0.1239
2015	0.0177	0.1043	0.0363	0.1531	0.0681	0.1959
2016	0.0255	0.1115	0.0532	0.1662	0.0688	0.1923
平均值	0.0412	0.1442	0.0730	0.1916	0.0638	0.1852

通过比较，可以发现：不同层级的测算结果均显示，西部地区城镇人均低保支出差距在绝大多数年份均呈现出一致的走势，尤其是 2014—2016 年的结果显示西部地区城镇人均低保支出差距水平有扩大的趋势。同时，西部地区城镇市级层面的不均衡程度最严峻，其次是县级层面，最后是省级层面。

6.3.2.4　东北地区城镇人均低保支出差距测算

表 6－6 呈现了 2008—2016 年东北地区各级政府城镇人均低保支出差距测算结果，可以看出东北地区城镇人均低保支出区域差距总体偏低，并呈现一定的波动性。首先，从省级层面来看，东北地区各省之间城镇人均低保支出水平差距总体表现为“扩大—降低—再扩大—再降低”的走势。2008—2016 年泰尔指数和基尼系数平均分别为 0.0339 和 0.0989。从市级层面来看，东北地区市级层面城镇人均低保支出差距表现出“先扩大，后缩小”的“倒 U 型”走势。平均来看，2008—2016 年泰尔指数和基尼系数均值分别为

0.0798和0.1770，差距水平高于省级层面。从县级层面来看，东北地区县级层面城镇人均低保支出差距的波动性较大。其中，除2010年、2013年、2014年和2016年差距呈现出降低趋势以外，其他年份（除了2008年）差距水平则表现出一定幅度的扩大。泰尔指数和基尼系数的平均值分别为0.0438和0.1425，高于省级层面的差距水平，但是低于市级层面的差距水平。

表6-6　2008—2016年东北地区各级政府城镇人均低保支出差距测算

年份	省级		市级		县级	
	泰尔指数	基尼系数	泰尔指数	基尼系数	泰尔指数	基尼系数
2008	0.0000	0.0026	0.0090	0.0717	0.0292	0.1136
2009	0.0034	0.0442	0.0338	0.1249	0.0555	0.1552
2010	0.0050	0.0542	0.0268	0.1303	0.0355	0.1473
2011	0.0164	0.0934	0.0783	0.1917	0.0371	0.1393
2012	0.1457	0.2883	0.2487	0.3818	0.0937	0.2102
2013	0.1177	0.2601	0.2529	0.3812	0.0610	0.1660
2014	0.0021	0.0312	0.0065	0.0629	0.0096	0.0767
2015	0.0113	0.0737	0.0473	0.1518	0.0429	0.1447
2016	0.0036	0.0425	0.0153	0.0967	0.0292	0.1295
平均值	0.0339	0.0989	0.0798	0.1770	0.0438	0.1425

通过比较，可以发现：各级政府东北地区城镇人均低保支出差距水平都较低，但是市级层面的不均衡程度最严峻，其次为县级层面，而省级层面最为均衡。

6.3.3　城镇低保支出泰尔指数分解

上面分别从全国层面和分区域测算了全国和各个区域的城镇人均低保支出差距变化演变过程，这里进一步将区域差距进行分解，基于泰尔指数分解方法，这里以省级单位为组别，将城镇人均低保支出的不平等分解为组内不平等和组间不平等。以下使用泰尔指数分解方法，进一步将全国和各个区域的城镇人均低保支出差距进行分解。由于这里使用的是以省级单位作为组别，故以下基于泰尔指数分解方法的分解结果使用市级和县级层面的数据，分析市级和县级层面城镇人均低保支出的省内不平等和省际不平等。

表 6－7 呈现了 2008—2016 年市级、县级层面城镇人均低保支出泰尔指数总体分解结果。首先，就市级层面而言，从组内不平等和组间不平等的绝对量来看，组内泰尔指数和组间泰尔指数走势保持一致，均表现出先增大、后减小、再增大的趋势。具体来看，2008—2013 年，市级层面的组内泰尔指数从 0.0243 连续增长到了 0.1079，组间泰尔指数从 0.0098 增长到了 0.0499，之后的 2014 年两者均降至最低，但是在 2015 年和 2016 年两者均在一定程度上有所回升。从组内泰尔指数和组间泰尔指数所占的比重来看，组内不平等一直处于主导地位（组内不平等占比一直高于 50%），说明市级政府城镇人均低保支出的省内差距是区域总体差距的主要来源。对于市级政府人均低保支出而言，省份内部不平等相对最高的年份是 2008 年，组内不平等占比达到 71.14%；省内不平等和省际不平等差距最小的年份在 2014 年，两者占比分别为 55.14% 和 44.86%；总体来看，市级层面城镇人均低保支出的省内差距占比在逐渐缩小，表明省份内部市级层面的横向公平有所提高。从平均值来看，市级层面城镇人均低保支出的组内不平等和组间不平等占比分别为 64.07% 和 35.93%。

表 6－7　2008—2016 年市级、县级层面城镇人均低保支出泰尔指数总体分解

年份	市级层面				县级层面			
	组内不平等	组内比重（%）	组间不平等	组间占比（%）	组内不平等	组内比重（%）	组间不平等	组间占比（%）
2008	0.0243	71.14	0.0098	28.86	0.0398	73.23	0.0145	26.77
2009	0.0258	61.32	0.0163	38.68	0.0429	70.52	0.0179	29.48
2010	0.0317	59.30	0.0217	40.70	0.0517	73.21	0.0189	26.79
2011	0.0492	66.45	0.0248	33.55	0.0522	78.02	0.0147	21.98
2012	0.0888	67.24	0.0433	32.76	0.0531	74.09	0.0186	25.91
2013	0.1079	68.39	0.0499	31.61	0.0507	75.78	0.0162	24.22
2014	0.0058	55.14	0.0047	44.86	0.0150	78.12	0.0042	21.88
2015	0.0285	64.72	0.0155	35.28	0.0518	73.57	0.0186	26.43
2016	0.0299	62.94	0.0176	37.06	0.0570	75.61	0.0184	24.39
平均值	0.0435	64.07	0.0226	35.93	0.0460	74.68	0.0158	25.32

注：组内不平等和组间不平等平均值为历年平均；占比均值根据各平均值除以泰尔指数得到。下同。

再次，就县级层面而言，可以看出尽管组内泰尔指数和组间泰尔指数的走势不完全一致，但是两者总体均表现出缓慢的扩大趋势（尽管个别年份有减小的情况）。具体来看，县级层面城镇人均低保支出组内泰尔指数维持在0.0150—0.0570的范围内波动，而组间泰尔指数在0.0042—0.0189的范围内波动，由此可见组内泰尔指数明显高于组间泰尔指数，并且前者是后者的3倍左右。从组内不平等和组间不平等占比来看，组内不平等占比在所有年份均高于70%，并一直居高不下，表明省内县级政府城镇人均低保支出横向不均衡较为严峻，并且一直没有得到改善。从平均值来看，县级层面城镇人均低保支出的组内不平等和组间不平等占比分别为74.68%和25.32%。

通过将市级和县级层面泰尔指数分解结果进行比较，可以发现：无论从绝对的组内泰尔指数大小来看，还是从各自的相对占比来看，县级政府单位城镇人均低保支出的省内不平等程度，均高于市级政府单位城镇人均低保支出的省内不平等程度。这说明，省级政府在平衡省内城镇低保支出的横向不平等方面，相对优先考虑市级政府，这导致县级层面的省内不平等更为严峻。

上面分析了全国市级和县级层面城镇人均低保支出泰尔指数的分解情况，那么省内不平等和省际不平等情况在各个区域是否存在差异呢？表6-8呈现了四大区域2008—2016年市级层面城镇人均低保支出泰尔指数分解情况。

表6-8　2008—2016年市级层面城镇人均低保支出泰尔指数区域分解

年份	东部				中部			
	组内不平等	组内比重（%）	组间不平等	组间占比（%）	组内不平等	组内比重（%）	组间不平等	组间占比（%）
2008	0.0401	74.03	0.0141	25.97	0.0133	92.02	0.0012	7.98
2009	0.0391	70.40	0.0164	29.60	0.0123	82.10	0.0027	17.90
2010	0.0394	59.69	0.0266	40.31	0.0186	81.65	0.0042	18.35
2011	0.0411	69.98	0.0176	30.02	0.0487	72.16	0.0188	27.84
2012	0.0851	78.83	0.0229	21.17	0.0789	83.57	0.0155	16.43
2013	0.1003	82.20	0.0217	17.80	0.0874	79.36	0.0227	20.64
2014	0.0039	46.58	0.0044	53.42	0.0040	51.92	0.0037	48.08
2015	0.0478	85.85	0.0079	14.15	0.0151	59.21	0.0104	40.79
2016	0.0386	67.06	0.0190	32.94	0.0202	76.90	0.0061	23.10
平均值	0.0484	70.51	0.0167	29.49	0.0332	75.43	0.0095	24.57

续表

年份	西部				东北			
	组内不平等	组内比重（%）	组间不平等	组间占比（%）	组内不平等	组内比重（%）	组间不平等	组间占比（%）
2008	0.0241	69.42	0.0106	30.58	0.0089	99.70	0.0000*	0.30
2009	0.0233	54.28	0.0196	45.72	0.0285	84.24	0.0053	15.76
2010	0.0376	58.25	0.0269	41.75	0.0197	73.31	0.0072	26.69
2011	0.0506	58.77	0.0355	41.23	0.0670	85.65	0.0112	14.35
2012	0.0826	59.22	0.0569	40.78	0.1649	66.30	0.0838	33.70
2013	0.1115	60.17	0.0738	39.83	0.1849	73.12	0.0680	26.88
2014	0.0087	60.85	0.0056	39.15	0.0042	64.71	0.0023	35.29
2015	0.0197	54.23	0.0166	45.77	0.0355	75.10	0.0118	24.90
2016	0.0343	64.41	0.0189	35.59	0.0116	75.60	0.0037	24.40
平均值	0.0436	59.95	0.0294	40.05	0.0584	77.53	0.0215	22.47

注：东北地区 2008 年组内泰尔指数为“0.0000”，是由于四舍五入的原因。

首先，从东部地区的情况来看，市级层面城镇人均低保支出的组内差距相对较为严重，部分年份组内不平等占比超过 80%，比如 2013 年组内不平占比为 82.20%，2015 年为 85.85%。平均来看，组内泰尔指数和组间泰尔指数平均值分别为 0.0484 和 0.0167，省内差距占比和省际差距占比分别为 70.51% 和 29.49%，表明东部地区省份内部的城镇人均低保支出差距是区域总体差距的重要来源，即东部地区省内市级单位城镇人均低保支出差距较大。

第二，从中部地区的情况来看，市级层面的城镇人均低保支出组内不平等更为严重，其中在 2008 年、2009 年、2010 年和 2012 年省份内部的不平等贡献了中部地区城镇人均低保支出不平等的 80% 以上，这些表明中部地区市级层面的横向不公平问题较为突出。但是，总体来看，中部地区省内不平等占比在近几年有所降低，表明中部地区市级政府的城镇低保支出省内不公平正在逐步改善。从平均值来看，2008—2016 年市级层面中部地区城镇人均低保支出的组内泰尔指数和组间泰尔指数平均为 0.0332 和 0.0095，两者平均占比分别为 75.43% 和 24.57%。

第三，从西部地区的情况来看，尽管市级层面的城镇人均低保支出省内不平等程度和省际不平等程度在不同年份有所波动，但是各自的占比相对较为平稳。具体来看，组内泰尔指数和组间泰尔指数大致表现出先增加后降低的走势，两者的平均值分别为 0.0436 和 0.0294。从占比来看，组内不平等占比维持在 54%—70%，并且仅 3 个年份的占比超过 60%（其中两个年份略微超过）；从时间走势来看，西部地区市级政府城镇人均低保支出省份内部的不公平在近年来有所弱化（除 2016 年有所反弹以外）。平均来看，省份内部和省际之间不平等占比的平均值分别为 59.95% 和 40.05%，省内不平等明显低于其他区域的平均水平。

第四，从东北地区的情况来看，除了 2012 年和 2013 年以外，其他年份的组内泰尔指数和组间泰尔指数均比较小，总的来看，省内不平等和省际不平等波动比较明显，组内泰尔指数和组间泰尔指数的平均水平分别为 0.0584 和 0.0215。组内不平等和组间不平等的占比方面，2008 年东北地区的省内不平等最为严重，占比达到 99.70%，说明在 2008 年东北地区市级政府城镇人均低保支出的不平等几乎全部来自省份内部的差距，省份之间的差距可以忽略。

总的来看，组内不平等占比稳中有降，近年来基本维持在 70% 左右，表明东北地区市级层面的横向不公平在慢慢改善。从平均值来看，2008—2016 年东北地区市级单位城镇人均低保支出的组内不平等和组间不平等占比分别为 77.53% 和 22.47%。

通过对比东部、中部、西部和东北地区市级层面的泰尔指数分解结果可知：东北地区市级政府城镇人均低保支出省内不公平程度最重，其次为东部地区和西部地区，中部地区相对最为公平。省际不平等方面，西部地区市级政府城镇人均低保支出省际不公平程度最重，其次为东北和东部地区，中部地区省份之间的支出差距相对最小。从差距的来源占比来看，不同地区差距的来源比例尽管不同，但是差距中的大部分都是省份内部的横向不公平造成的，东部、中部和东北地区省内差距平均占比均超过了 70%，西部地区相对较低（不到 60%）。

表 6－9 报告了 2008—2016 年县级层面城镇人均低保支出泰尔指数区域分解结果，这里同样以省级行政单位为组别，将四大区域的总体差距分解为各自的组内泰尔指数和组间泰尔指数。

表 6－9　2008—2016 年县级层面城镇人均低保支出泰尔指数区域分解

年份	东部				中部			
	组内不平等	组内比重（%）	组间不平等	组间占比（%）	组内不平等	组内比重（%）	组间不平等	组间占比（%）
2008	0.0444	60.83	0.0286	39.17	0.0345	95.77	0.0015	4.23
2009	0.0414	64.65	0.0226	35.35	0.0264	89.03	0.0033	10.97
2010	0.0546	67.96	0.0258	32.04	0.0446	93.74	0.0030	6.26
2011	0.0560	72.15	0.0216	27.85	0.0505	90.99	0.0050	9.01
2012	0.0588	73.64	0.0210	26.36	0.0399	83.16	0.0081	16.84
2013	0.0533	74.32	0.0184	25.68	0.0439	85.95	0.0072	14.05
2014	0.0130	76.90	0.0039	23.10	0.0153	83.23	0.0031	16.77
2015	0.0610	74.42	0.0210	25.58	0.0453	79.34	0.0118	20.66
2016	0.0623	68.12	0.0292	31.88	0.0633	90.12	0.0069	9.88
平均值	0.0494	70.33	0.0213	29.67	0.0404	87.93	0.0055	12.07
年份	西部				东北			
	组内不平等	组内比重（%）	组间不平等	组间占比（%）	组内不平等	组内比重（%）	组间不平等	组间占比（%）
2008	0.0424	82.27	0.0091	17.73	0.0289	99.04	0.0003	0.96
2009	0.0511	73.07	0.0188	26.93	0.0526	94.85	0.0029	5.15
2010	0.0599	74.22	0.0208	25.78	0.0313	88.01	0.0043	11.99
2011	0.0542	75.13	0.0180	24.87	0.0369	99.37	0.0002	0.63
2012	0.0479	69.64	0.0209	30.36	0.0935	99.74	0.0002	0.26
2013	0.0513	72.77	0.0192	27.23	0.0592	96.99	0.0018	3.01
2014	0.0181	76.05	0.0057	23.95	0.0085	87.94	0.0012	12.06
2015	0.0512	75.12	0.0169	24.88	0.0421	98.15	0.0008	1.85
2016	0.0572	83.11	0.0116	16.89	0.0271	92.92	0.0021	7.08
平均值	0.0481	75.71	0.0157	24.29	0.0422	95.22	0.0015	4.78

首先，从东部地区县级政府城镇人均低保支出的组内泰尔指数和组间泰尔指数来看，组内泰尔指数总体来看呈现出稳中有升的趋势，组间泰尔指数相对较为平稳。2008—2016 年，东部地区县级层面的组内泰尔指数的均值为 0.0494，组间泰尔指数的平均值为 0.0213。从组内不平等和组间不平等的占比来看，组内不平等占比在 2015 年之前一直稳步提升，2016 年略有降低，

组间不平等占比的走势则刚好相反。组内不平等占比平均为 70.33%，表明东部地区县级政府城镇人均低保支出的差距有超过 2/3 来自省份内部的不平等。

第二，从中部地区县级政府城镇人均低保支出的组内泰尔指数和组间泰尔指数来看，尽管组内不平等和组间不平等的波动比较明显，但是组内不平等程度明显高于组间不平等程度，组内泰尔指数和组间泰尔指数的平均值分别为 0.0404 和 0.0055。从两者占比来看，省份内部不均等占比一直保持在比较高的水平（除 2015 年之外均超过 80%），组内不平等平均占比为 87.93%，说明中部地区县级政府城镇人均低保支出省际差异较小，区域内的横向不平等主要来源于省份内部的不均等。

第三，从西部地区县级政府城镇人均低保支出的组内泰尔指数和组间泰尔指数来看，除了个别年份以外，西部地区组内差距和组间差距总体相对稳定，组内和组间泰尔指数的均值分别为 0.0481 和 0.0157。从占比来看，2008—2016 年西部地区县级政府城镇人均低保支出组内差距占比维持在 69%—84% 的范围内波动，平均值为 75.71%，表明西部地区省内不平等问题同样存在。

第四，从东北地区县级政府城镇人均低保支出的组内泰尔指数和组间泰尔指数来看，其省内不平等程度明显高于省际的不均衡程度，绝大多数年份组内不平等占比均超过了 90%，说明东北地区县级政府省份内部差距贡献了几乎全部的县级层面的城镇人均低保支出差距。

进一步，通过比较各个区域县级政府城镇人均低保支出的组内差距和组间差距，可以发现：东部和西部地区的省内县级政府城镇人均低保支出差距相对较大，而中部和东北地区的省内差距水平相对较低，省份之间的差距仍然是东部和西部地区较高，中部和东北地区较低；从组内和组间差距占比来看，组内不平等占比都比较高，东北地区和中部地区省内差距占比相对较高。

6.3.4 城镇低保支出基尼系数分解

6.3.4.1 区域内城镇低保支出基尼系数演变趋势分析

根据 Dagum 基尼系数分解方法，可以将区域之间的基尼系数分解为三个部分，分别是区域内差距、区域间差距和超变密度。这里的区域内城镇人均低保支出差距，即区域内城镇人均低保支出基尼系数，与前文中计算出的各个区域基尼系数完全一致，故这里不再呈现，仅从区域比较的角度进行分析。

首先，从不同地区的内部城镇人均低保支出基尼系数来看，东部和西部地区城镇人均低保支出的内部差距较大，中部和东北地区城镇人均低保支出的内部差距相对较小。具体来看，省级层面东部地区内部城镇人均低保支出差距最大，其次为西部地区，再次为东北地区，中部地区内部差距最小；市级层面西部地区内部城镇人均低保支出差距最大，其次为东部地区，再次为东北地区，最后为中部地区；县级层面东部地区内部城镇人均低保支出差距最大，其次为西部地区，再次为中部地区，东北地区差距最小。之所以呈现出这样的规律，主要是因为东部和西部地区区域内部的经济发展相对于中部、东北更不均衡，从而导致区域内部的地方财力出现较大的分化，进而各个区域城镇低保支出力度也会存在较大的差异。值得说明的是，尽管中部地区城镇低保区域内部的差距相对较小，但是从省级、市级和县级层面来看，2008—2016 年中部地区平均的城镇人均低保支出水平分别为 2814. 7 元、2912. 5 元和 3103. 7 元，为四个区域内均值最低；而东部地区尽管城镇低保区域内部的差距相对较大，但是其城镇人均低保支出水平为四个区域内的最高水平，2008—2016 年省级、市级和县级层面城镇平均的人均低保支出水平分别为 3897. 3 元、3344. 1 元、3587. 5 元。

其次，同一地区不同政府层面，城镇人均低保支出的内部差距比较来看，省级政府层面的城镇人均低保支出差距相对较小，而市级和县级层面的差距相对较大。其中东部地区和中部地区，市级层面城镇人均低保支出差距小于县级层面差距，而西部地区和东北地区，则是县级层面城镇人均低保支出差距小于市级层面差距。

6. 3. 4. 2　区域间城镇低保支出基尼系数演变趋势分析

图 6 - 1 至图 6 - 3 分别呈现了 2008—2016 年间省级政府、市级政府和县级政府城镇人均低保支出四大区域两两之间的差距变化情况。可以看出，省级政府和市级政府之间低保支出差距的走势基本一致，大致都呈现

差距先扩大，后降低（均在 2014 年区域之间城镇人均低保支出差距最小），之后略有回升。省级政府方面，东部地区人均低保支出水平略高一些，从而东部地区与中部、西部和东北地区省级政府城镇人均低保支出差距略大，而中部、西部和东北地区两两之间的差距较小。市级政府方面，区域间的差距曲线走势基本保持一致，说明市级政府城镇人均低保总支出区域间差距呈现同步变化，即区域间各市级单位人均低保支出同步增加或者减小。县级政府层面，在 2013 年之前区域之间的两两差距较为平稳，接着在 2014 年区域差距均降至最低，之后区域之间两两差距有所扩大。

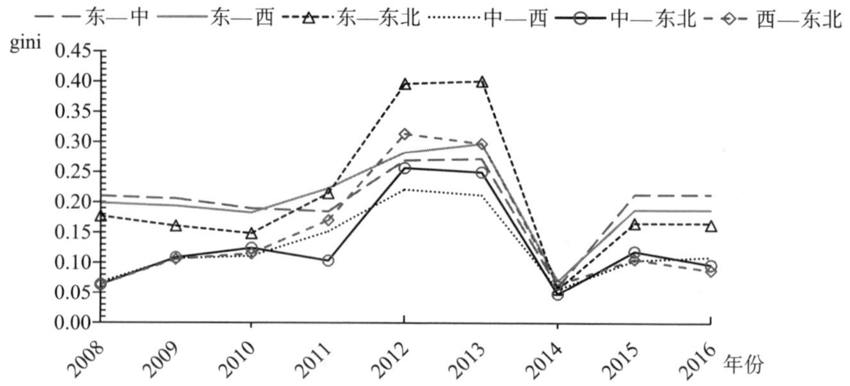

图 6-1　2008—2016 年省级政府层面城镇人均低保支出四大区域间差距演变

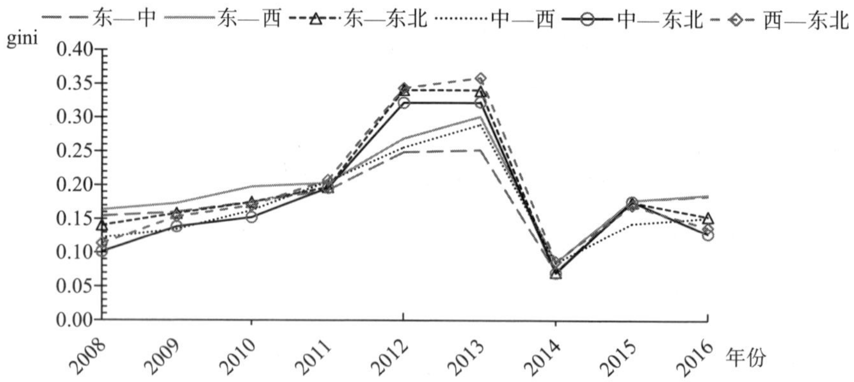

图 6-2　2008—2016 年市级政府层面城镇人均低保支出四大区域间差距演变

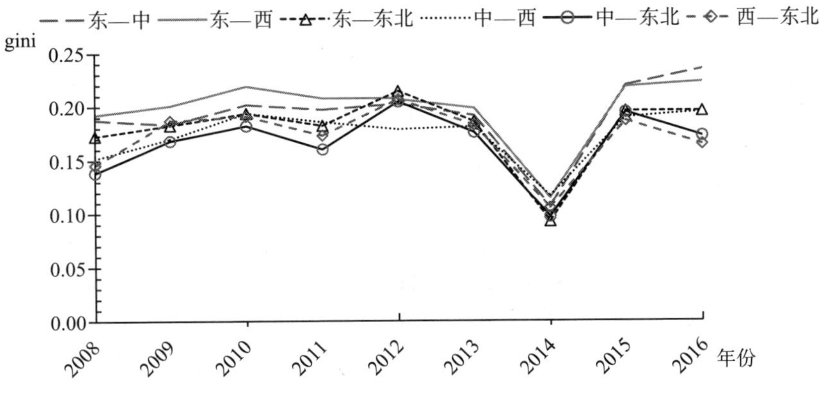

图 6-3　2008—2016 年县级政府层面城镇人均低保支出四大区域间差距演变

通过比较，可以发现：省级政府层面区域之间城镇人均低保支出差距水平相对较高，其次为市级层面，最后为县级层面。这说明，城镇人均低保支出方面，省级政府区域之间最不均衡，其次为市级政府，而县级政府的人均支出最为均衡。

6.3.4.3　城镇低保支出差距来源占比分析

Dagum 基尼系数分解方法将省级政府、市级政府和县级政府城镇人均低保支出区域差距分解为地区内差距、地区间差距和超变密度三个部分，图 6-4 至图 6-6 分别呈现了这三个部分占比的变化。可以看出，在样本考察期内，省级政府层面地区内差距贡献率相对较稳定，并且基本维持在 25%—29% 的范围内小幅度波动。与之对应的地区间差距贡献率波动幅度较大，并且贡献率在绝大多数年份均比较高，地区间差距贡献率在 2014 年最小为 29.17%，在 2008 年最高为 55.66%，平均贡献率为 46.60%，大致高出地区内差距贡献率 10 个百分点，表明地区间差距对省级政府城镇人均低保支出差距贡献较大。超变密度对省级政府城镇人均低保支出差距贡献率呈现出一定的波动性，平均贡献率为 26.06%。

市级政府城镇人均低保支出差距贡献率构成方面，2008—2016 年地区内差距贡献率维持在 27%—30% 的范围内。但地区间差距相对较小，最低在 2011 年达到 9.68%，最高在 2009 年达到 27.68%，平均值为 20.53%，比地区内差距贡献率大致低 8%。超变密度贡献率相对较高，2008—2016 年平均值为 50.93%。县级政府城镇人均低保支出差距贡献率构成方面，与市级政府相似，地区间差距贡献率略低于地区内差距贡献率，两者的平均值分别为17.38%和28.97%，超变密度贡献率偏高，平均为53.65%。

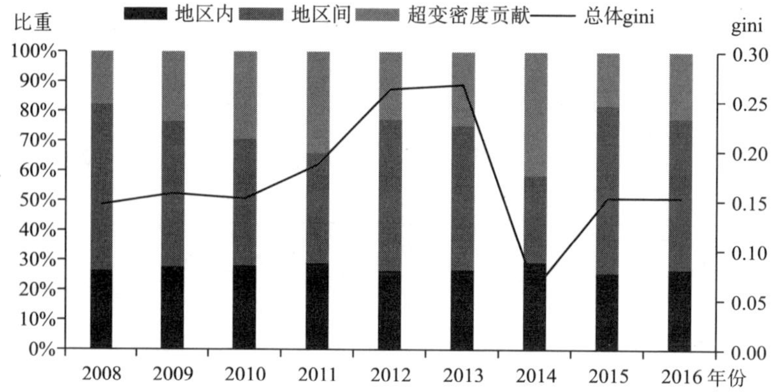

图6－4　省级政府层面城镇人均低保支出差距来源演变（2008—2016年）

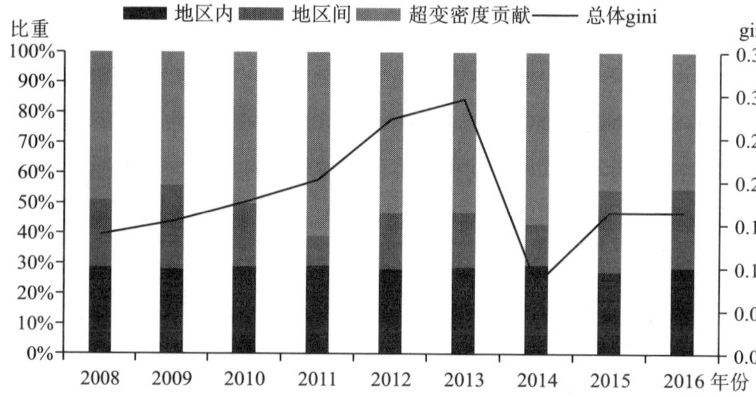

图6－5　市级政府层面城镇人均低保支出差距来源演变（2008—2016年）

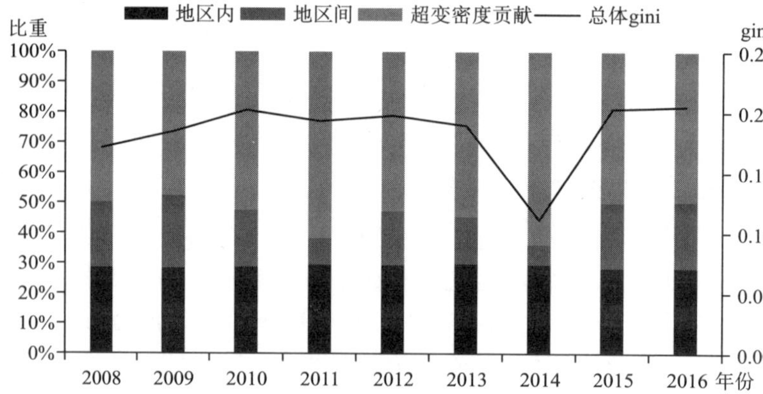

图6－6　县级政府层面城镇人均低保支出差距来源演变（2008—2016年）

6.3.5　城市低保支出核密度估计

核密度（Kernel Density）函数作为一种非参数估计方法，能够有效地观察出样本个体分布的动态演进过程，较为常用的有四种，分别是高斯核、四次核、三角核和 Epanechnikov 核，参考现有文献的常用做法（李强谊、钟水映，2016①；聂荣等，2015②；刘靖等，2009③；陈娟、孙敬水，2009④），本书使用高斯核函数对城市和农村的人均低保支出的分布形态进行分析，考察城乡人均低保支出分布的动态特征。由于分区域后，省级层面的各区域人均低保支出的样本较少，分布形态呈现出无序状态，因此本书仅分析市级和县级层面人均低保支出分布的动态演进。市级和县级层面城市人均低保支出的 Kernel 密度估计二维图，见附图 1 - 1 和附图 1 - 2。

可以看出，在考察期范围内，市级层面城市人均低保支出表现出如下特征：第一，从整体上来看，城市人均低保支出的核密度曲线在 2008—2014 年向右移动，2015 年有所回调，2016 年继续向右移动，表明市级城市人均低保支出先逐步增加，回调后继续增加；第二，2008—2013 年核密度曲线的高度降低，同时宽度增加，表明城市低保人均支出差距在这段时期逐渐扩大；第三，2015 年和 2016 年城市人均低保支出的核密度曲线呈现出明显的右拖尾现象，表明部分地级市城市人均低保支出水平较高，从而拉大了区域总体差距。从分地区的核密度曲线来看，四大区域的核密度曲线移动规律与总体的核密度曲线移动规律基本一致，均表现出在 2008—2014 年市级城市人均低保支出逐步提高，2015 年有所回调，2016 年继续增加。值得注意的是，2012 年市级层面城市人均低保支出核密度曲线相对较宽，2016 年核密

---

① 李强谊，钟水映．我国财政医疗卫生支出的空间差异及分布动态演进——基于 Dagum 基尼系数分解与 Kernel 密度估计的实证研究［J］．财经论丛，2016（10）：19 - 28.

② 聂荣，高艳，储德银．中国农村居民收入分配差距的时空演变——基于 Dagum 基尼系数分解［J］．财贸研究，2015，26（04）：20 - 28.

③ 刘靖，张车伟，毛学峰．中国 1991—2006 年收入分布的动态变化：基于核密度函数的分解分析［J］．世界经济，2009，32（10）：3 - 13.

④ 陈娟，孙敬水．我国城镇居民收入不平等变动实证研究——基于收入分布变化分解的视角［J］．统计研究，2009，26（09）：77 - 81.

度曲线右拖尾较为明显，说明这两个年份区域内部差距相对较大；相对于其他年份，各区域2014年核密度曲线的波宽相对较小，说明在该年份各区域城市人均低保支出的差距相对较小。

就县级层面而言，从城市人均低保支出的核密度曲线的动态演进趋势中可以看出：县级层面城市人均低保支出在2008—2014年逐年增加，2015年有所降低，但是在2016年继续增加；2013年和2016年，县级层面城市人均低保支出的波峰相对较宽，并有明显的右拖尾现象，表明这两个年份低保支出差距相对于其他年份更大。从分区域的核密度曲线图来看，四大区域县级层面城市人均低保支出核密度曲线与总体的图形形状基本一致，波宽、波峰的具体位置表现出细微的差异，这表明四大区域县级层面城市人均低保支出差距的演进具有一定的一致性。值得说明的是，2012年东北地区县级城市人均低保支出核密度曲线呈现出多峰形态，表明在该年份东北地区县级层面城市人均低保支出出现了多极分化的现象。

6.4 农村低保支出区域性差距测算

6.4.1 农村低保支出总体差距测算

通过观察2008—2016年各级政府农村人均低保支出总体差距测算结果（见表6-10），可以看出不同层级政府单位的农村人均低保支出差距的变化规律不完全相同。首先，从省级层面来看，全国31个省级单位农村人均低保支出差距总体呈现出“缩小—扩大—再缩小—再扩大”的走势。具体来看，2008—2010年差距水平总体缩小，并在2010年达到最低的差距水平，泰尔指数和基尼系数的值分别为0.0551和0.1796。2011—2012年，差距水平连续两年扩大，其中在2012年差距水平最高，泰尔指数和基尼系数分别达到0.1861和0.3234，2013—2015年则连续三年降低，2016年差距水平略微反弹。从平均水平来看，泰尔指数和基尼系数的平均值分别为0.1110和0.2448。

表 6 - 10　　2008—2016 年各级政府农村人均低保支出总体差距测算

年份	省级		市级		县级	
	泰尔指数	基尼系数	泰尔指数	基尼系数	泰尔指数	基尼系数
2008	0.0811	0.2180	0.0958	0.2216	0.1124	0.2403
2009	0.0790	0.2043	0.1158	0.2424	0.1316	0.2631
2010	0.0551	0.1796	0.0894	0.2264	0.1166	0.2560
2011	0.0970	0.2375	0.1083	0.2495	0.1284	0.2633
2012	0.1861	0.3234	0.1848	0.3251	0.1225	0.2587
2013	0.1631	0.3079	0.2091	0.3463	0.1216	0.2572
2014	0.1137	0.2500	0.1026	0.2356	0.1175	0.2531
2015	0.1111	0.2412	0.0922	0.2255	0.1135	0.2523
2016	0.1129	0.2414	0.0859	0.2148	0.1149	0.2519
平均值	0.1110	0.2448	0.1204	0.2541	0.1199	0.2551

从市级层面来看，全国市级层面农村人均低保支出差距同样表现出“扩大—缩小—再扩大—再缩小”的变化趋势。具体来看，2008—2009 年，市级层面的差距水平有所扩大，2010 年差距水平降低，2011—2013 年差距水平连续三年扩大，并在 2013 年达到最大差距水平，其中泰尔指数和基尼系数分别为 0.2091 和 0.3463。而在 2014 年之后，市级层面农村人均低保支出连续三年缩小，并在 2016 年降至最低水平，该年的泰尔指数和基尼系数分别为 0.0859 和 0.2148。从平均水平来看，2008—2016 年市级层面的泰尔指数和基尼系数分别为 0.1204 和 0.2541，略高于省级层面的差距水平。

从县级层面的变化来看，全国县级层面农村人均低保支出差距水平波动较为明显，总体表现出“扩大—缩小—扩大—缩小—扩大”的发展趋势。具体来看，除了 2009 年、2011 年和 2016 年差距水平逐年扩大以外，其余年份（2008 年除外）的差距水平逐年缩小。泰尔指数和基尼系数在 2010 年取得最小值，分别为 0.1166 和 0.2560；在 2009 年取得最大值，分别为 0.1135 和 0.2523。从平均水平来看，2008—2016 年全国县级层面农村人均低保支出泰尔指数和基尼系数的平均值分别为 0.1199 和 0.2551，略高于省级层面的差距水平，并与市级层面的差距水平基本持平。

通过比较可以发现，尽管农村人均低保支出差距的波动频率较高，但是总体来看波动幅度相对较小，说明农村人均低保支出的区域差距水平具有一定的稳定性。另外，省级、市级和县级层面不均衡程度相差不大，但是市级层面的不均衡程度较高，省级层面和县级层面的不均衡程度相对较低，并且省级和县级较为接近。

6.4.2 农村低保支出各区域差距测算

6.4.2.1 东部地区农村低保支出差距测算

根据2008—2016年东部各级政府农村人均低保支出总体差距测算结果（见表6－11），可以看出东部地区不同层级政府在农村人均低保支出差距方面并不完全一致。首先，从省级层面来看，东部地区省级层面农村人均低保支出差距在不同年份具有一定的波动性，但是总的来看波动幅度较小。具体来看，2009年、2011年、2012年和2015年泰尔指数和基尼系数有所增大，其余年份（2008年除外）的差距均在缩小。从平均水平来看，2008—2016年泰尔指数和基尼系数分别为0.0938和0.2371。其次，从市级层面来看，东部地区农村人均低保支出差距的波动幅度较大，波动次数也相对较多。总的来看，除了2009年、2014年和2016年东部地区市级层面农村人均低保支出差距缩小以外，其他年份（2008年除外）的差距水平有所扩大。2008—2016年泰尔指数和基尼系数的平均值分别为0.1054和0.2478，略高于省级层面的差距水平，表明东部地区市级层面农村的人均低保支出更不均衡。再次，从县级层面来看，东部地区农村人均低保支出区域差距水平呈现出波动式上升，然后在2016年差距略微缩小。从平均水平来看，泰尔指数与基尼系数的平均值分别为0.1296和0.2756，不仅高于省级层面的差距水平，而且高于市级层面的差距水平。

表6－11　2008—2016年东部地区各级政府农村人均低保支出差距测算

年份	省级		市级		县级	
	泰尔指数	基尼系数	泰尔指数	基尼系数	泰尔指数	基尼系数
2008	0.0530	0.1839	0.0787	0.2131	0.1155	0.2589
2009	0.0991	0.2362	0.0694	0.2060	0.1067	0.2495

续表

年份	省级		市级		县级	
	泰尔指数	基尼系数	泰尔指数	基尼系数	泰尔指数	基尼系数
2010	0. 0495	0. 1773	0. 0792	0. 2249	0. 1191	0. 2674
2011	0. 0818	0. 2198	0. 0855	0. 2322	0. 1325	0. 2780
2012	0. 1300	0. 2820	0. 1370	0. 2814	0. 1251	0. 2696
2013	0. 1109	0. 2608	0. 1831	0. 3244	0. 1373	0. 2805
2014	0. 0945	0. 2428	0. 0985	0. 2455	0. 1430	0. 2923
2015	0. 1143	0. 2683	0. 1127	0. 2574	0. 1506	0. 2995
2016	0. 1114	0. 2626	0. 1046	0. 2450	0. 1367	0. 2844
平均值	0. 0938	0. 2371	0. 1054	0. 2478	0. 1296	0. 2756

通过比较可以发现：相较于农村最低生活保障制度全面实施之初（2008年之后），东部地区不同层级政府农村人均低保支出在 2014—2016 年间的差距有所扩大。同时，东部地区农村低保人均支出区域不均衡程度方面，县级层面最为严峻，其次为市级层面，最后为省级层面。

6. 4. 2. 2　中部地区农村低保支出差距测算

根据 2008—2016 年各级政府中部农村人均低保支出差距测算结果（见表 6 - 12），可知中部地区各级政府农村人均低保支出差距总体波动幅度较小，并且差距水平总体偏低。首先，从省级层面来看，2008—2016 年中部农村人均低保支出差距总体偏低，并且波动幅度较小，同时波动的频率较高。从平均值来看，2008—2016 年泰尔指数和基尼系数平均值分别为 0. 0129 和 0. 0858。从市级层面来看，中部地区市级层面农村人均低保支出差距水平略高，并且也表现出一定幅度的波动。其中，除了在 2009 年、2013 年、2014 年和 2016 年差距有所缩小以外，其余年份（2008 年除外）差距水平均小幅度扩大。从平均值来看，2008—2016 年泰尔指数和基尼系数的平均值分别为 0. 0625 和 0. 1785，明显高于省级层面的不均衡程度。其次，从县级层面来看，2008—2016 年中部地区农村人均低保支出差距同样呈现出一定的波动性。具体来看，2010 年、2011 年和 2015 年区域差距较上年有所扩大，其余年份（2008 年除外）的差距水平则有所缩小。从平均值来看，2008—2016 年两者的均值分别为 0.0704 和 0.1905，不仅高于省级层面的差距水平，同时高于市级层面的差距水平。

表 6－12　2008—2016 年中部地区各级政府农村人均低保支出差距测算

年份	省级		市级		县级	
	泰尔指数	基尼系数	泰尔指数	基尼系数	泰尔指数	基尼系数
2008	0.0126	0.0850	0.0715	0.1489	0.0625	0.1634
2009	0.0061	0.0604	0.0268	0.1294	0.0590	0.1715
2010	0.0045	0.0526	0.0510	0.1643	0.0646	0.1885
2011	0.0153	0.0985	0.0527	0.1788	0.0834	0.2056
2012	0.0135	0.0905	0.1369	0.2731	0.0736	0.1878
2013	0.0206	0.1131	0.1077	0.2481	0.0672	0.1881
2014	0.0080	0.0686	0.0339	0.1430	0.0609	0.1812
2015	0.0187	0.1044	0.0437	0.1651	0.0900	0.2205
2016	0.0169	0.0995	0.0380	0.1557	0.0728	0.2081
平均值	0.0129	0.0858	0.0625	0.1785	0.0704	0.1905

通过比较可以发现：中部地区不同层级政府农村人均低保支出在农村低保政策实施之后的前三年（2008—2010 年）差距较小，均在 2009 年差距水平最低，明显低于 2014—2016 年的差距水平，表明 2014—2016 年的不均衡程度有所增加。同时，县级层面的不均衡程度最严重，市级层面次之，省级层面相对最为均衡。

6.4.2.3　西部地区农村低保支出差距测算

表 6－13 呈现了 2008—2016 年西部地区各级政府农村人均低保支出差距的测算结果，可以看出不同层级政府农村人均低保支出差距水平总体波动幅度较大，并且波动频率较多。

首先，从省级层面来看，2008—2016 年西部农村人均低保支出差距水平，除了在 2010 年、2014 年和 2015 年有所降低以外，其余年份（2008 年除外）的差距水平相较于上年均有所扩大。其中，2015 年的差距水平最低，对应年份的泰尔指数和基尼系数分别为 0.0243 和 0.1256；而 2013 年总体的差距水平最大，对应年份的泰尔指数和基尼系数分别为 0.0918 和 0.2403。平均来看，2008—2016 年西部地区省级层面农村人均低保支出泰尔指数和基尼系数分别为 0.0542 和 0.1738。其次，从市级层面来看，2008—2016 年西部农村人均低保支出差距水平同样表现出较大的波动性。具体来看，2010 年、2014 年和 2015 年差距水平相较于上年有一定的缩小，其余年份相较于上年则差距程度有所扩大。从平均水平来看，泰尔指数和基尼系数的均值分别为 0.1174 和 0.2449，明显高于省级层面的差距水平。再次，从县级层面来看，2008—2016 年西部地区农村人均低保支出差距表现出一定的波动性。具体来看，除了 2009 年、2011 年和 2016 年差距水平较上年有所扩大以外，其余年份（2008 年除外）较上年差距水平则相对有所降低。从平均差距水平来看，2008—2016 年泰尔指数和基尼系数的均值分别为 0.1145 和 0.2464，与市级层面的差距水平基本持平，但明显高于省级层面的差距水平。

表 6－13　2008—2016 年西部地区各级政府农村人均低保支出差距测算

年份	省级		市级		县级	
	泰尔指数	基尼系数	泰尔指数	基尼系数	泰尔指数	基尼系数
2008	0.0487	0.1686	0.0820	0.2010	0.0988	0.2219
2009	0.0888	0.1969	0.1541	0.2697	0.1571	0.2829
2010	0.0270	0.1278	0.0932	0.2234	0.1205	0.2547
2011	0.0625	0.1983	0.1359	0.2710	0.1471	0.2780
2012	0.0847	0.2290	0.1635	0.3010	0.1170	0.2510
2013	0.0918	0.2403	0.2166	0.3512	0.1110	0.2482
2014	0.0307	0.1405	0.0802	0.2002	0.0933	0.2246
2015	0.0243	0.1256	0.0609	0.1889	0.0861	0.2234
2016	0.0295	0.1376	0.0701	0.1978	0.0994	0.2333
平均值	0.0542	0.1738	0.1174	0.2449	0.1145	0.2464

进一步，通过比较可以发现：西部地区各级政府农村人均低保支出在 2014—2016 年的差距水平普遍有所降低，这可能是因为精准扶贫政策的扶贫要求使西部农村低保支出普遍提高。同时，通过对西部地区不同层级政府农村人均低保支出泰尔指数和基尼系数进行比较发现，省级层面的差距水平最为均衡，而市级和县级层面的差距水平相对较高。

6.4.2.4 东北地区农村低保支出差距测算

表6－14呈现了2008—2016年东北地区各级政府农村人均低保支出差距的测算结果，可以看出东北地区不同层级政府在农村人均低保支出方面的差距水平走势并不完全一致。首先，从省级层面的差距水平来看，东北地区省级层面的农村人均低保支出差距水平表现出“降低—扩大—再降低”的走势。平均来看，2008—2016年东北地区省级层面农村人均低保支出泰尔指数和基尼系数的均值分别为0.0669和0.1571。

表6－14　2008—2016年东北地区各级政府农村人均低保支出差距测算

年份	省级		市级		县级	
	泰尔指数	基尼系数	泰尔指数	基尼系数	泰尔指数	基尼系数
2008	0.0650	0.1779	0.0603	0.1842	0.0955	0.2121
2009	0.0079	0.0677	0.1119	0.2249	0.1256	0.2524
2010	0.0101	0.0744	0.0605	0.1851	0.0800	0.2154
2011	0.0169	0.0993	0.1027	0.2301	0.0650	0.1857
2012	0.1744	0.3064	0.3609	0.4534	0.1205	0.2533
2013	0.1937	0.3267	0.3070	0.4224	0.0976	0.2163
2014	0.1037	0.2038	0.1429	0.2607	0.0662	0.1804
2015	0.0272	0.1156	0.0700	0.1721	0.0469	0.1554
2016	0.0032	0.0420	0.0135	0.0898	0.0464	0.1591
平均值	0.0669	0.1571	0.1366	0.2470	0.0826	0.2034

其次，从市级层面来看，2008—2016年东北地区市级农村低保人均支出差距水平表现出“扩大—缩小—再扩大—再缩小”的M型走势。其中，2009年、2011年和2012年东北地区市级层面的差距水平不断扩大；2010年、2013年至2016年的差距水平则有所降低。从平均值来看，2008—2016年泰尔指数和基尼系数的平均值分别为0.1336和0.2470，明显高于省级层面的不均衡程度。

再次，从县级层面来看，2008—2016年东北地区县级层面农村人均低保总支出的差距水平同样呈现出一定的波动性。具体来看，2009年、2012年差距水平有所扩大，2016 年差距较上年基本无变化，其余年份（2008 年除外）差距水平均缩小。平均来看，2008—2016 年泰尔指数和基尼系数的平均值分别为 0. 0826 和 0. 2034，略高于省级层面的差距水平，但是低于市级层面的差距水平。

通过比较，可以发现：东北地区不同层级政府农村人均低保支出差距的变化趋势并不完全一致，但差距水平均在 2012—2014 年较高。同时，对于东北地区农村人均低保支出而言，市级层面的不均衡程度最为严峻，其次为县级层面，而省级层面最为均衡。

6. 4. 3　农村低保支出泰尔指数分解

在以上对全国和各个区域农村人均低保支出的差距测算和分析的基础上，进一步将这些差距进行分解，从而明确差距的具体来源。与本章前文中城镇人均低保支出泰尔指数的分解方法类似，这里同样以省份为组别，将市级和县级层面人均低保支出总体差距分解为组内不平等和组间不平等。表 6 - 15 报告了 2008—2016 年市级、县级层面农村人均低保支出泰尔指数总体分解结果。

首先，从市级层面来看，市级政府农村人均低保支出的组内泰尔指数和组间泰尔指数大致表现出先扩大后降低的走势，两者均在 2012 年和 2013 年较大，说明在这两年间市级层面农村年均低保支出的组内不平等和组间不平等均比较高。2008—2016 年，市级层面农村人均低保支出组内泰尔指数的平均值为 0. 0668，组间泰尔指数的平均值为 0. 0536，两者大致相当。通过观察组内泰尔指数和组间泰尔指数的占比变化，可以知道组内不平等占比相对较平稳，绝大多数年份（2012 年和 2013 年除外）占比在 45%—55%。组间不平等占比与之类似，除了 2012 年和 2013 年占比较低以外，其余年份组间不平等占比均在 44% 以上。从两者的均值来看，2008—2016 年市级政府农村人均低保支出组内不平等占比平均为 53. 43%，组间不平等占比平均为 46. 57%，两者相差不大，说明省内不平等和省际的不均衡力量大致相当。从两者占比的变化可以看出，市级政府农村人均低保支出不平等经历了省内和省份之间的相互转移。

表 6－15　2008—2016 年市级、县级层面农村人均低保支出泰尔指数总体分解

年份	市级层面				县级层面			
	组内不平等	组内比重（%）	组间不平等	组间占比（%）	组内不平等	组内比重（%）	组间不平等	组间占比（%）
2008	0.0526	54.87	0.0432	45.13	0.0661	58.78	0.0463	41.22
2009	0.0468	40.44	0.0690	59.56	0.0693	52.66	0.0623	47.34
2010	0.0492	54.99	0.0402	45.01	0.0755	64.77	0.0411	35.23
2011	0.0603	55.71	0.0480	44.29	0.0876	68.28	0.0407	31.72
2012	0.1205	65.22	0.0643	34.78	0.0770	62.87	0.0455	37.13
2013	0.1383	66.12	0.0709	33.88	0.0710	58.41	0.0506	41.59
2014	0.0453	44.16	0.0573	55.84	0.0637	54.18	0.0538	45.82
2015	0.0426	46.21	0.0496	53.79	0.0640	56.41	0.0495	43.59
2016	0.0457	53.17	0.0402	46.83	0.0706	61.43	0.0443	38.57
平均值	0.0668	53.43	0.0536	46.57	0.0717	59.75	0.0482	40.25

其次，从县级层面来看，县级政府农村人均低保支出的组内泰尔指数和组间泰尔指数总体波动幅度较小，组内泰尔指数基本维持在 0.0600—0.0900 的范围内波动，组间泰尔指数基本维持在 0.0400—0.0600 的范围内波动。从平均值来看，2008—2016 年县级政府农村人均低保支出的组内泰尔指数的平均值为 0.0717，组间泰尔指数的平均值为 0.0482。从各自所占的比重来看，组内不平等占比绝大多数年份维持在 50%—60%，组间不平等占比大部分年份在 40% 左右，两者的平均值分别为 59.75% 和 40.25%，说明县级层面的不平等主要来源于省份内部的不平等，因此需要由省级政府发挥作用，促进县级农村低保支出的横向公平。

再次，通过比较市级、县级层面农村人均低保支出的组内不平等和组间不平等，可以发现：不论是组内泰尔指数，还是其占比大小，县级政府均略高于市级政府，这可能是因为省级政府在促进横向公平方面更加注重市级层面。另外，相较于市级层面，县级层面的组间差距水平较低，即不同农村省份之间人均低保支出差距较小。

最后，通过分区域将以上全国市级政府和县级政府农村人均低保支出差距进行分解（见表 6－16 和表 6－17），观察各个区域的组内差距和组间差距

是否存在差异。

表 6 - 16　　2008—2016 年市级层面农村人均低保支出泰尔指数区域分解

年份	东部				中部			
	组内不平等	组内比重（%）	组间不平等	组间占比（%）	组内不平等	组内比重（%）	组间不平等	组间占比（%）
2008	0.0431	54.83	0.0355	45.17	0.0644	90.10	0.0071	9.90
2009	0.0400	57.57	0.0294	42.43	0.0205	76.36	0.0063	23.64
2010	0.0423	53.46	0.0368	46.54	0.0450	88.15	0.0060	11.85
2011	0.0435	50.83	0.0421	49.17	0.0338	64.04	0.0190	35.96
2012	0.1026	74.95	0.0343	25.05	0.1245	90.97	0.0124	9.03
2013	0.1446	78.99	0.0385	21.01	0.0968	89.92	0.0109	10.08
2014	0.0519	52.69	0.0466	47.31	0.0204	60.03	0.0136	39.97
2015	0.0695	61.67	0.0432	38.33	0.0202	46.29	0.0235	53.71
2016	0.0721	68.93	0.0325	31.07	0.0201	52.95	0.0179	47.05
平均值	0.0677	61.55	0.0377	38.45	0.0495	73.20	0.0130	26.80
年份	西部				东北			
	组内不平等	组内比重（%）	组间不平等	组间占比（%）	组内不平等	组内比重（%）	组间不平等	组间占比（%）
2008	0.0517	62.97	0.0304	37.03	0.0592	98.05	0.0012	1.95
2009	0.0527	34.22	0.1014	65.78	0.0940	83.96	0.0180	16.04
2010	0.0589	63.21	0.0343	36.79	0.0452	74.70	0.0153	25.30
2011	0.0857	63.08	0.0502	36.92	0.0873	84.99	0.0154	15.01
2012	0.1059	64.79	0.0576	35.21	0.2698	74.75	0.0911	25.25
2013	0.1459	67.38	0.0707	32.62	0.2036	66.31	0.1034	33.69
2014	0.0456	56.84	0.0346	43.16	0.0777	54.40	0.0651	45.60
2015	0.0303	49.73	0.0306	50.27	0.0445	63.60	0.0255	36.40
2016	0.0465	66.30	0.0236	33.70	0.0112	82.91	0.0023	17.09
平均值	0.0693	58.72	0.0482	41.28	0.0992	75.96	0.0375	24.04

表 6-17　　2008—2016 年县级层面农村人均低保支出泰尔指数分解

年份	东部				中部			
	组内不平等	组内比重（%）	组间不平等	组间占比（%）	组内不平等	组内比重（%）	组间不平等	组间占比（%）
2008	0.0610	52.75	0.0546	47.25	0.0591	94.59	0.0034	5.41
2009	0.0587	55.08	0.0479	44.92	0.0521	88.28	0.0069	11.72
2010	0.0727	61.09	0.0463	38.91	0.0611	94.66	0.0034	5.34
2011	0.0764	57.67	0.0561	42.33	0.0747	89.57	0.0087	10.43
2012	0.0714	57.06	0.0537	42.94	0.0665	90.29	0.0071	9.71
2013	0.0778	56.71	0.0594	43.29	0.0583	86.63	0.0090	13.37
2014	0.0781	54.63	0.0649	45.37	0.0473	77.66	0.0136	22.34
2015	0.0787	52.25	0.0719	47.75	0.0631	70.09	0.0269	29.91
2016	0.0814	59.51	0.0554	40.49	0.0571	78.41	0.0157	21.59
平均值	0.0729	56.31	0.0567	43.69	0.0599	85.57	0.0105	14.43
年份	西部				东北			
	组内不平等	组内比重（%）	组间不平等	组间占比（%）	组内不平等	组内比重（%）	组间不平等	组间占比（%）
2008	0.0705	71.39	0.0283	28.61	0.0859	89.94	0.0096	10.06
2009	0.0731	46.51	0.0840	53.49	0.1198	95.40	0.0058	4.60
2010	0.0885	73.43	0.0320	26.57	0.0691	86.36	0.0109	13.64
2011	0.1129	76.76	0.0342	23.24	0.0624	95.97	0.0026	4.03
2012	0.0806	68.90	0.0364	31.10	0.1197	99.34	0.0008	0.66
2013	0.0678	61.13	0.0431	38.87	0.0939	96.24	0.0037	3.76
2014	0.0594	63.63	0.0339	36.37	0.0648	97.85	0.0014	2.15
2015	0.0567	65.89	0.0294	34.11	0.0438	93.42	0.0031	6.58
2016	0.0766	77.11	0.0228	22.89	0.0435	93.78	0.0029	6.22
平均值	0.0762	67.20	0.0382	32.80	0.0781	94.26	0.0045	5.74

第一，东部地区方面，2008—2016 年市级政府农村低保人均支出组内不平等基本呈现出“先扩大，后略有降低但又出现反弹”的走势，2012 年和 2013 年市级政府农村人均低保支出的省内不均衡最为严峻，2008—2016 年

组内泰尔指数的平均值为 0.0677。组间不平等程度相对较低，组间泰尔指数基本维持在 0.0300—0.0400，2008—2016 年的平均值为 0.0377，比组内泰尔指数小 0.0300，说明省份内部市级政府农村人均低保支出的差距对总体差距的影响较大。从占比情况来看，组内不平等占比在 2008—2011 年基本维持在 50% 左右，表明这段时间各省内部市级政府农村的人均低保支出差距占比相对较低，但是在 2012 年之后绝大多数年份的组内差距占比高于 60%，平均来看组内不平等的平均占比为 61.55%，比组间不平等的占比高出 23.10%，表明东部地区市级政府农村人均低保支出的差距更多地来源于省份内部。

第二，从中部的情况来看，中部地区市级政府农村人均低保支出的组内泰尔指数在 2008—2016 年的大致走势为先增大后降低，即省份内部的差距先扩大然后逐渐降低，其中组内泰尔指数在 2012 年和 2013 年的取值相对较大。组间不平等方面，组间泰尔指数在 2008—2010 年相对较小，之后年份的波动较为频繁但幅度较小，组间泰尔指数在 2015 年和 2016 年的取值相对较大，说明在这两年东部省份之间的市级政府农村人均低保支出差距相对较大。组内泰尔指数的平均值为 0.0495，组间泰尔指数的平均值为 0.0130，前者约为后者的 3.81 倍，说明省内的差距同样是中部地区市级农村人均低保支出差距的重要来源。根据组内不平等和组间不平等占比的变化，可以看出，中部地区市级政府农村人均低保支出的省份内部的横向不公平总体在逐渐弱化，2008—2013 年组内不平等贡献相对较高，之后则明显降低，最低时占比为 2015 年的 46.29%，说明中部地区市级政府农村人均低保支出差距中来源于省份内部的部分有所缩小，市级政府之间的不平等逐渐由省内差距转向省际之间的差距。

第三，从西部地区的情况来看，西部地区市级政府农村人均低保支出组内差距同样表现出先扩大后降低的走势，其中在 2012—2013 年组内不均衡相对最为严峻，2008—2016 年组内泰尔指数平均为 0.0693，组内差距的大致走势与组间差距保持同步变化，组间泰尔指数的平均值为 0.0482，两者相差不大，说明省内差距尽管占主导，但是也存在一定的省际差距。从贡献率来看，组内不平等占比在个别年份相对较低，低于组间不平等占比，从绝大多数年份来看该占比在 60% 左右，组内不平等占比平均为 58.72%，组间不平等占比平均为41.28%，说明西部地区市级政府农村低保支出差距省份内部与省际之间的差距相差较小。从历年的占比变化来看，除2009年和2015年省际不平等相对较大以外，其余年份省内不平等占主导。

第四，从东北地区的分解结果来看，东北地区市级政府农村人均低保支出组内差距的波动幅度较大，绝大多数年份各省内部市级农村低保支出差距较大，仅在个别年份各省内部的差距较小。同样是在2012年和2013年，东北地区市级政府农村人均低保支出省内差距水平较高，2008—2016年组内泰尔指数平均达到0.0992。相比于组内泰尔指数，组间泰尔指数相对较小，平均水平为0.0375，将近为组内泰尔指数均值的1/3，说明东北地区市级政府农村人均低保支出差距中省内不平等占据主导地位。从两者占比来看，组内不平等占比在2008年达到了98.05%，表明农村低保政策实施之初，东北市级农村低保支出的差距几乎全部来源于各个省份内部。其中，2013—2015年的组内不平等差距较小，其他年份高达70%或80%。平均来看，组内不公平占比平均为75.96%，说明约有3/4的差距来自东北地区各个省份内部。

比较而言，东北地区市级政府农村人均低保支出的省内不均等问题最为突出，其次为东部和西部地区（两者省内不平等大致相当），中部地区相对最为均衡。从不平等的来源来看，四大区域的组内不平等均由省内不平等主导，并且中部和东北地区市级政府农村人均低保支出差距来源于省内不平等占比较高。

根据县级政府农村人均低保支出的泰尔指数分解结果（见表6-17），可知各个区域组内不平等和组间不平等存在一定的差异。

第一，从各个区域县级政府农村人均低保支出的组内泰尔指数变化来看，相比于农村政策实施的前三年（2008—2010年），东部地区县级政府农村低保支出的省内差距在2014—2016年略微扩大；对于中部、西部和东北地区而言，相较于早期，组内差距在2014—2016年有一定的改善，其中东北地区的组内不平等改善最为明显，其次为西部地区，再次为中部地区。

第二，从各个区域县级政府农村人均低保支出的组内泰尔指数和组间泰尔指数大小来看，东北地区县级政府农村人均低保支出的省内不均等问题最突出（组内泰尔指数均值为0.0781），西部地区和东部地区次之（组内泰尔指数均值分别为0.0762和0.0729），中部地区省份内部差距相对最小（组内泰尔指数均值为 0.0599)。县级政府农村人均低保支出组间差距方面，东部地区和西部地区省份之间差距较大，中部和东北地区省份之间的差距相对较低。

第三，从各个区域县级政府农村人均低保支出的组内泰尔指数和组间泰尔指数占比来看，东北地区省内不平等贡献率相对较高，除了 2009 年以外，其他年份占比都超过了 90%；其次为中部地区，组内不平等占比平均为 85.57%，但从变化趋势来看，省内不平等的占比在近年来有所降低，说明中部地区县级政府农村人均低保支出差距中来源于省份内部的因素有所减少；西部地区方面，大约有 2/3 的差距来源于省份内部差距，另外的 1/3 来源于省份之间的差距；东部地区方面，组内不平贡献率相对较低，组内和组间差距占比分别为 56.31% 和 43.69%，说明东部地区县级政府农村人均低保支出省内和省份之间的差距较为接近。

6.4.4　农村低保支出基尼系数分解

6.4.4.1　区域内部农村低保支出基尼系数演变趋势分析

与前文中的分析类似，这里分析的区域内部农村人均低保支出差距与分地区所计算的基尼系数结果完全一致。首先，从分地区的比较来看，与城镇人均低保支出的区域差距结果较为类似，同样表现为东部和西部地区农村人均低保支出区域内部的差距相对较大，而中部和东北地区农村人均低保支出区域差距相对较小。从省级层面来看，区域内部农村人均低保支出差距由大到小分别为东部、西部、东北和中部；从市级层面来看，区域内部农村人均低保支出差距由大到小分别为东部、东北、西部和中部；从县级层面来看，区域内部农村人均低保支出差距由大到小分别为东部、西部、东北和中部。相对而言，东部地区表现出高支出水平的不平等，2008—2016 年省级、市级和县级层面平均的农村人均低保支出分别是 2182.47 元、1183.8 元和 1935.5 元，为四大区域中最高；而中部地区则是较低保障力度的平等，省级、市级和县级层面平均的农村人均低保支出分别是 1202.6 元、1266.0 元和 1370.5 元，除了市级层面的平均水平略高于西部地区以外，省级层面和县级层面农村人均低保支出水平都是四大区域中的最低水平。

其次，从不同层级政府农村人均低保支出的区域内部差距来看，总体而言，省级层面的区域内部差距最小，其次为市级层面，县级层面的内部差距最大。东部、中部和西部地区农村人均低保支出区域内的差距均表现出上述规律，东部地区则是省级层面差距最小，县级层面差距次之，市级层面的差距最大。

6.4.4.2 区域间农村低保支出基尼系数演变趋势分析

图6－7至图6－9分别呈现了2008—2016年省级政府、市级政府和县级政府农村人均低保支出四大区域两两之间的差距变化情况。可以看出，省级政府层面，区域之间的农村人均低保支出差距总体偏高，区域之间的差距大致经历了“先扩大、后降低”的走势，其中在2012年和2013年区域之间各省农村人均低保支出差距最大。东部地区与其他三个地区之间农村低保支出的差距水平，明显高于三个区域两两之间的差距水平，说明东部地区省级政府农村低保支出水平偏高，而其他地区支出水平相对较低且差距相对较小。这表明省级政府农村低保支出区域之间的不平衡，主要在于东部地区与其他地区之间的支出不平衡。市级政府层面，区域之间的农村低保支出差距同样是区域间差距水平先扩大后缩小的走势，并在2012年和2013年的区域差距相对最高。同时，相较于省级政府层面，市级层面东部地区与其他三个区域农村人均低保支出区域间差距相对小一些。这表明，市级政府层面农村人均低保支出区域间不均衡，不是由东部地区与其他地区的不均衡占主导，而是由区域间不均衡共同作用。县级政府层面，区域间农村人均低保支出差距总体偏低，并且变化不大，区域间基尼系数基本维持在0.2—0.3。但是县级政府农村人均低保支出不均衡，同样是东部地区与其他三个地区的不均衡占主导。从图6－9中可以看出，东部地区与其他地区间的基尼系数略高一些，而其他三个地区间的基尼系数则相对要低一些。

通过比较发现：省级层面和市级层面的农村人均低保支出区域间差距明显高于县级层面的差距水平，表明省级层面、市级层面农村低保支出的区域不均衡问题较为突出。另外，总体来看，东部地区与其他区域之间的农村低保支出差距是区域间差距的主要来源。

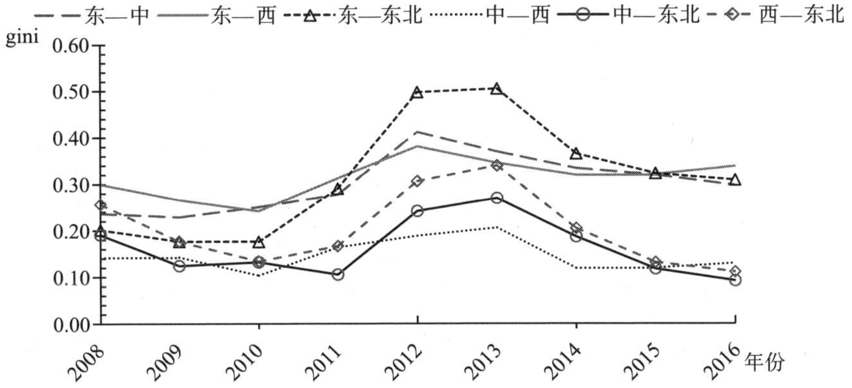

图 6－7　省级政府层面农村人均低保支出四大区域间差距演变（2008—2016 年）

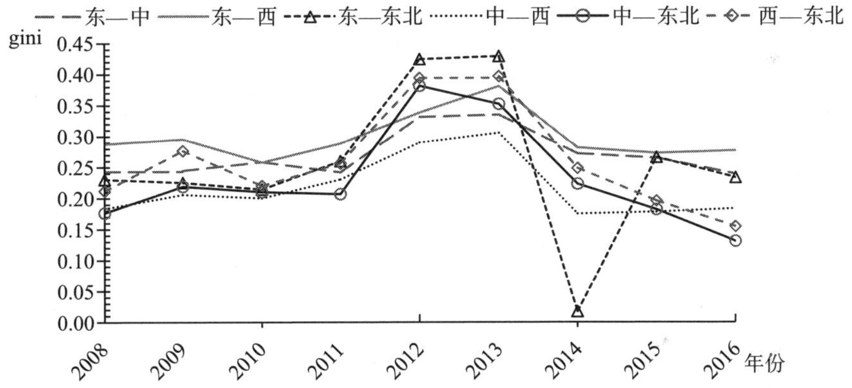

图 6－8　市级政府层面农村人均低保支出四大区域间差距演变（2008—2016 年）

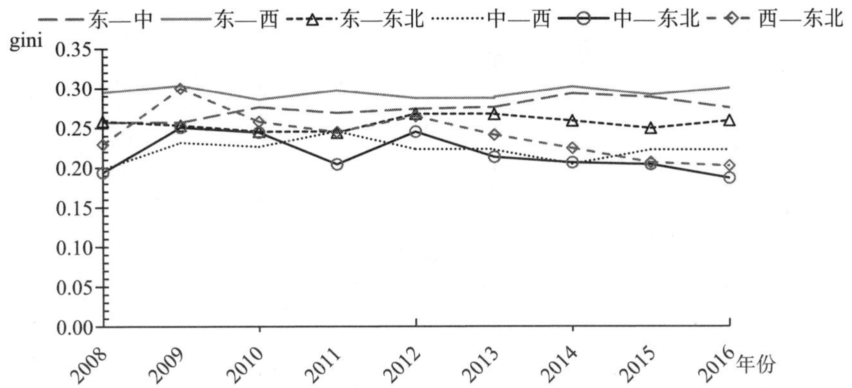

图 6－9　县级政府层面农村人均低保支出四大区域间差距演变（2008—2016 年）

6.4.4.3　农村低保支出差距来源占比分析

上面使用泰尔指数分解方法，将农村低保支出差距分解为组内差距和组间差距，这里进一步使用 Dagum 基尼系数分解方法，以区域为单位将农村人均低保支出分解为地区内差距、地区间差距和超变密度贡献。图 6－10 至图 6－12 分别呈现了省级层面、市级层面和县级层面农村人均低保支出差距的分解情况，可以看出不同层级政府农村人均低保支出差距来源占比存在一定的差异。首先，省级政府层面农村人均低保支出差距中地区间差距的贡献率，除了 2009 年（为 35.45%）较低以外，其余年份均超过了 56%，2008—2016 年地区间差距贡献率的平均值为 59.88%。而地区内差距贡献总体偏低，贡献率的平均值为 24.42%，超变密度贡献率也较低，平均值仅为 15.70%。其次，从市级政府层面来看，地区内差距、地区间差距和超变密度贡献率分布比较均匀。平均来看，2008—2016 年市级政府农村人均低保支出差距来源方面，平均有 26.10% 来源于地区内差距，38.09% 来源于地区间差距，35.81% 来源于超变密度。再次，县级政府农村人均低保支出差距来源的三个部分同样分布较为平均。其中，超变密度平均贡献了 40.00% 的差距来源，地区间差距大约贡献了 32.30% 的差距来源，地区内差距大约贡献了 27.70% 的差距来源。

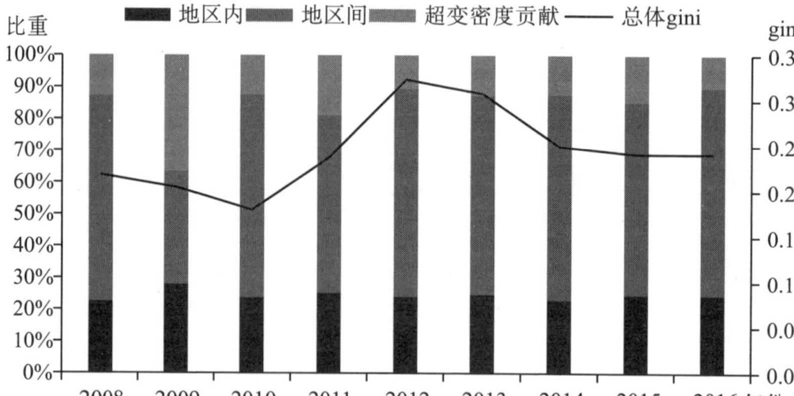

图 6－10　省级政府层面农村人均低保支出差距来源演变（2008—2016 年）

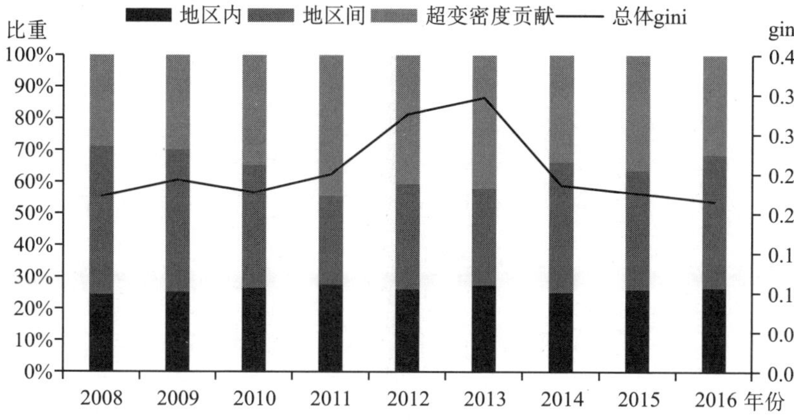

图 6-11　市级政府层面农村人均低保支出差距来源演变（2008—2016 年）

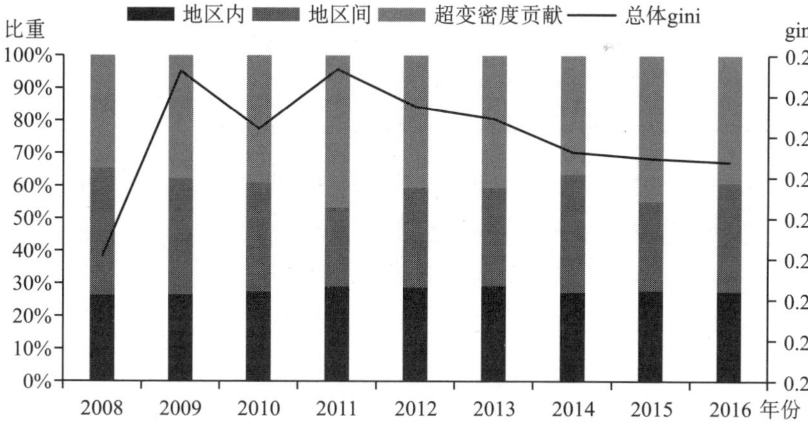

图 6-12　县级政府层面农村人均低保支出差距来源演变（2008—2016 年）

6.4.5　农村低保支出核密度估计

附图 2-1 和附图 2-2 分别呈现了市级和县级层面 2008—2016 年农村人均低保支出的核密度估计图形的动态演进趋势。从市级层面来看，总体的核密度农村人均低保支出核密度曲线（见附图 2-1）表明：第一，市级层面农村人均低保支出主要集中在 3000 元以内，核密度曲线逐年右移，但是移动幅度相对较小，说明市级层面农村人均低保支出尽管逐年提高，但是增长幅度相对较小；第二，部分年份的核密度曲线存在较为明显的右拖尾现象，表明部分地级市农村人均低保支出相对偏高，从而会拉大地级市间的农村人均低保支出差距。从不同区域地级市农村人均低保支出的核密度形态来看：共同点是，随着时间的推移，核密度曲线在不断地右移，即各个区域市级层面农村人均低保支出均在逐年增加；不同点是，东部和西部地区核密度曲线右拖尾形态突出，东部地区市级层面农村人均低保支出超出 4000 元的样本较多，西部也有一部分样本超出 4000 元，中部和东部地区不存在右拖尾形态（农村人均低保支出均在 4000 元以内）。另外，东北地区市级层面农村人均低保支出 Kernel 密度曲线在 2012 年和 2014 年呈现出多峰形态，表明出现了多极分化的问题。

从县级层面农村人均低保支出的 Kernel 密度图来看（见附图 2-2），可以得出如下结论：首先，总体的和分区域的农村人均低保支出 Kernel 密度曲线均在缓慢右移，表明县级层面农村人均低保支出提升较为缓慢；其次，总体和分区域的 Kernel 密度曲线均表现出不同程度的右拖尾现象，表明各个区域都存在农村人均低保支出强度较高的县区，但是东部地区拖尾相对更长，其次为西部地区，再次为中部地区，最后为东北地区；最后，从各区域 Kernel 密度曲线的波宽来看，东北地区的波宽相对较宽，表明东北地区各县农村人均低保支出分布相对较为分散。

6.5 剔除价格因素后城乡低保支出区域性差距测算

6.5.1 剔除价格因素后城乡低保支出总体差距变化情况

与第五章的处理方法类似，这里同样使用消费者价格指数（以 2000 年为基期），对城市和农村人均低保支出进行平减，由此得到实际的人均低保支出。由于地级市和区县的 CPI 数据不可获得，故这里同样基于省级层面的数据，考察在剔除价格因素后城市和农村人均低保支出区域差距的变化情况。

表 6 - 18 呈现了 2008—2016 年省级政府城市和农村实际人均低保支出差距测算结果，可以看出，城市和农村实际的人均低保支出差距均大致表现出先扩大后缩小的走势，这与名义的人均低保支出差距的变化趋势保持一致。但是考虑了价格因素之后，省级层面城市和农村人均低保支出差距均在一定程度上扩大了。

表 6 - 18　2008—2016 年省级政府城乡人均低保支出差距测算结果（剔除价格因素）

年份	城市		农村	
	泰尔指数	基尼系数	泰尔指数	基尼系数
2008	0. 0527	0. 1597	0. 0903	0. 2298
2009	0. 0510	0. 1693	0. 0824	0. 2101
2010	0. 0469	0. 1655	0. 0652	0. 1952
2011	0. 0669	0. 2015	0. 1138	0. 2559
2012	0. 1270	0. 2774	0. 2081	0. 3410
2013	0. 1299	0. 2806	0. 1827	0. 3254
2014	0. 0096	0. 0763	0. 1303	0. 2673
2015	0. 0488	0. 1662	0. 1272	0. 2561
2016	0. 0510	0. 1702	0. 1296	0. 2600
平均值	0. 0649	0. 1852	0. 1255	0. 2601

6. 5. 2　剔除价格因素后各区域城乡低保支出差距变化情况

6. 5. 2. 1　剔除价格因素后各区域内部城乡低保支出差距变化情况

表 6 - 19 呈现了 2008—2016 年省级层面各区域城市实际人均低保支出差距的变化情况。可以看出，在考虑价格因素后，各区域城市人均低保支出差距变化都比较平稳，但差距水平均高于名义人均低保支出差距。从区域之间的比较结果来看，东部和西部地区的城市实际人均低保支出差距较大，中部和东北地区的实际差距相对较小。

表 6-19　2008—2016 年省级层面各区域城市人均低保支出差距（剔除价格因素）

年份	东部		中部		西部		东北	
	泰尔指数	基尼系数	泰尔指数	基尼系数	泰尔指数	基尼系数	泰尔指数	基尼系数
2008	0.0783	0.2203	0.0027	0.0374	0.0122	0.0875	0.0000	0.0047
2009	0.0674	0.2057	0.0040	0.0486	0.0263	0.1301	0.0027	0.0388
2010	0.0606	0.1954	0.0064	0.0617	0.0336	0.1429	0.0039	0.0470
2011	0.0672	0.2066	0.0129	0.0850	0.0669	0.2040	0.0198	0.1026
2012	0.0817	0.2225	0.0213	0.1142	0.1186	0.2694	0.1535	0.2956
2013	0.0969	0.2404	0.0319	0.1415	0.1089	0.2613	0.1252	0.2680
2014	0.0093	0.0754	0.0030	0.0430	0.0101	0.0798	0.0017	0.0301
2015	0.0523	0.1810	0.0106	0.0798	0.0180	0.1058	0.0131	0.0822
2016	0.0585	0.1920	0.0099	0.0788	0.0300	0.1261	0.0053	0.0508
平均值	0.0636	0.1933	0.0114	0.0767	0.0472	0.1563	0.0361	0.1022

类似地，表 6-20 呈现了 2008—2016 年省级层面各区域农村实际人均低保支出差距的变化情况。可以发现，在考虑了价格因素后，省级层面的农村实际人均低保支出差距水平同样略有提高，并且中部地区农村实际人均低保支出差距最小，其次为东北和西部地区，东部地区的差距水平最高。

表 6-20　2008—2016 年省级层面各区域农村人均低保支出差距（剔除价格因素）

年份	东部		中部		西部		东北	
	泰尔指数	基尼系数	泰尔指数	基尼系数	泰尔指数	基尼系数	泰尔指数	基尼系数
2008	0.0582	0.1920	0.0138	0.0896	0.0469	0.1639	0.0629	0.1731
2009	0.0995	0.2390	0.0068	0.0642	0.0842	0.1886	0.0067	0.0625
2010	0.0542	0.1850	0.0063	0.0624	0.0290	0.1337	0.0087	0.0672
2011	0.0913	0.2302	0.0181	0.1070	0.0716	0.2113	0.0194	0.1069
2012	0.1404	0.2914	0.0145	0.0924	0.0938	0.2403	0.1810	0.3136
2013	0.1194	0.2689	0.0207	0.1130	0.1052	0.2563	0.2019	0.3340
2014	0.1019	0.2526	0.0106	0.0777	0.0312	0.1403	0.1065	0.2113
2015	0.1220	0.2760	0.0197	0.1034	0.0230	0.1213	0.0286	0.1144
2016	0.1191	0.2716	0.0183	0.1012	0.0348	0.1479	0.0047	0.0508
平均值	0.1007	0.2452	0.0143	0.0901	0.0577	0.1782	0.0689	0.1593

6.5.2.2　剔除价格因素后各区域间城乡低保支出差距变化情况

进一步，这里同样将价格因素进行剔除后，使用 Dagum 基尼系数分解方法，测算省级层面城市和农村人均低保支出水平在不同区域之间差距的变化。图 6－13 和图 6－14 分别呈现了 2008—2016 年省级层面城市和农村实际人均低保支出差距贡献率变化情况，这与未剔除价格因素前城市和农村人均低保支出区域间差距的演化规律基本一致（见图 6－1 和图 6－7）。这主要是因为区域间价格水平相差不大，并且价格涨跌具有同步性，因此人均低保支出同时除以一个差别不大的数字，并不会引起区域间的基尼系数有太大的改变。

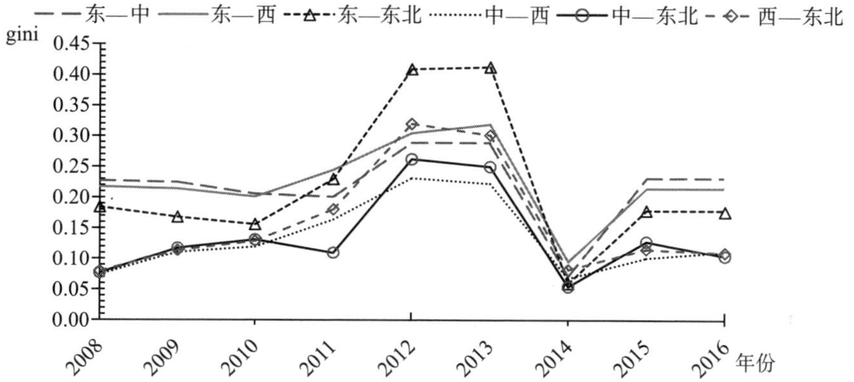

图 6－13　省级层面城市实际人均低保支出区域间差距变化情况（2008—2016 年）

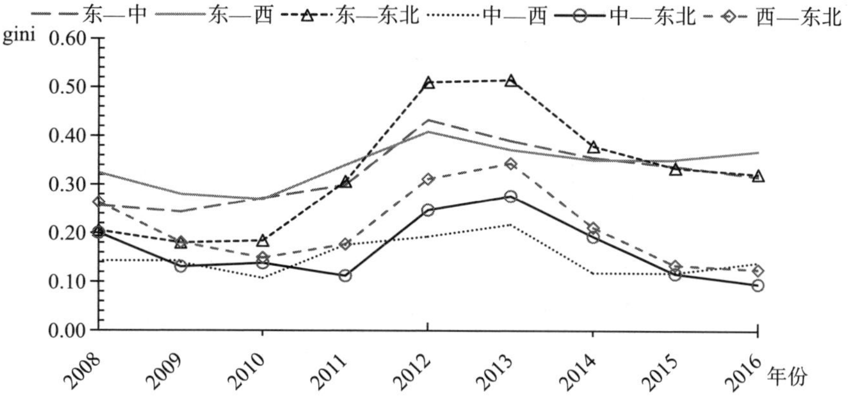

图 6－14　省级层面农村实际人均低保支出区域间差距变化情况（2008—2016 年）

6.5.2.3 剔除价格因素后各区域间城乡低保支出差距贡献率变化情况

进一步，这里分析剔除价格因素后，2008—2016 年省级层面城市和农村实际人均支出区域差距的来源占比情况，具体分解结果见图 6－15 和图 6－16。剔除价格因素后，城市人均低保支出差距的区域内平均贡献率，相较于名义的城市人均低保支出平均贡献率有较大的提升，由原来的 17.38% 提升为 51.28%；农村低保支出差距的区域内贡献率提升幅度较小，由未剔除价格因素情况下的 59.88% 提升到剔除价格因素后的 62.26%。而区域内差距的平均贡献率，尽管在城市和农村实际人均低保支出差距区域内贡献率中具有一定幅度的提升，但是提升幅度相对较小。由此可以看出，经过剔除价格因素后，城市和农村人均低保支出差距来源占比出现了一定的变化，其中城市人均低保支出差距来源占比中的区域内差距贡献率变化最为明显。

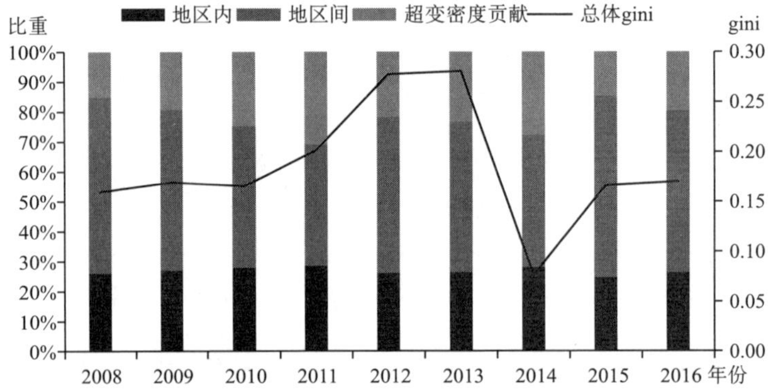

图 6－15 省级层面城市实际人均低保支出差距贡献率变化情况（2008—2016 年）

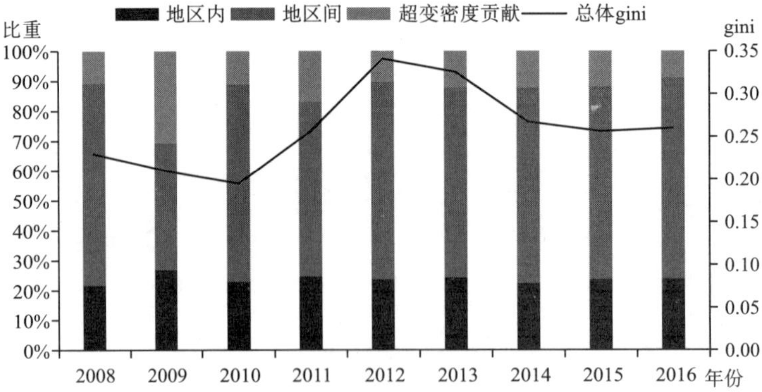

图 6－16 省级层面农村实际人均低保支出差距贡献率变化情况（2008—2016 年）

6.6　城乡低保人均支出比值的区域性差异测算

6.6.1　全国层面城乡低保人均支出比变化情况

以上分别分析了城市人均低保支出和农村人均低保支出的区域性差距，这里进一步分析城乡人均低保支出的区域性差异。与之前的分析方法保持一致，这里同样分别从省级、市级和县级层面进行分析比较。

首先，先分析2008—2016年全国省级、市级、县级城市农村低保人均支出比的变化情况，具体数值见表6-21。从变化趋势来看，城市和农村之间人均低保支出差距呈现出逐年降低的趋势（除了在2014年有所反弹以外[①]）。在2016年，城乡人均低保支出比降至最低，省级、市级和县级层面城市农村低保人均支出比分别为1.88、1.92和1.90。从城市农村低保人均支出比的平均值来看，省级层面、市级层面与县级层面城乡低保人均支出比的差异较小，但是城市低保人均支出大约为农村低保人均支出的2.2倍。这表明，从人均支出的绝对量来看，低保支出具有一定的城市偏向。

表6-21　2008—2016年全国各级政府城市农村低保人均支出比

年份	省级	市级	县级
2008	2.48	2.53	2.54
2009	2.71	2.36	2.43
2010	2.30	2.22	2.26
2011	2.09	2.12	2.09
2012	2.04	2.05	2.06
2013	1.99	1.96	1.99
2014	2.59	2.78	2.78
2015	1.95	1.97	1.99
2016	1.88	1.92	1.90
平均值	2.22	2.21	2.23

① 主要是因为2014年城市人均低保支出突然快速提高。

6.6.2 分区域城乡低保人均支出比变化情况

进一步，这里分四大区域从省级、市级、县级层面比较城乡低保人均支出比值的区域性差异，表 6－22 呈现了 2008—2016 年全国省级、市级、县级不同区域城市农村低保人均支出比的变化情况。可以看出，与全国的测算结果一致，除了 2014 年之外，四大区域不同层面的城乡人均低保支出的差距总体表现出逐年缩小的趋势，表明各级政府在农村低保方面的投入力度在逐年加大。从区域间的比较来看，东部地区省级层面和市级层面的城乡人均低保支出的差距水平最低，其次为中部地区，再次为东北地区，西部地区省级层面和市级层面的城乡人均低保支出的差距水平最高；而县级层面的测算结果表明，东部地区城乡人均低保支出的差距水平最低，其次为东北地区，再次为中部地区，西部地区县级层面的城乡人均低保支出的差距水平最高。从城乡低保比的均值大小来看，无论是省级层面，还是市级层面或者县级层面，东部地区的城乡人均低保支出差距较小，城乡低保人均支出比均低于 1.92，而另外三个区域城乡低保人均支出比整体偏高，均高于 2.28，三个区域城乡人均低保支出比值差别不明显。

表 6－22　2008—2016 年各级政府不同区域城市农村低保人均支出比

年份	省级				市级				县级			
	东部	中部	西部	东北	东部	中部	西部	东北	东部	中部	西部	东北
2008	2.27	2.42	3.03	1.99	2.02	2.48	3.05	2.66	2.12	2.53	2.95	2.67
2009	2.76	2.45	2.89	2.39	1.91	2.47	2.80	2.23	2.09	2.44	2.83	2.20
2010	2.02	2.43	2.58	2.40	1.86	2.41	2.42	2.24	1.91	2.45	2.47	2.23
2011	1.78	2.33	2.40	2.16	1.75	2.31	2.32	2.11	1.81	2.25	2.24	2.14
2012	1.72	2.47	2.35	2.30	1.72	2.23	2.23	2.26	1.80	2.19	2.24	2.11
2013	1.76	2.38	2.10	2.39	1.65	2.18	2.08	2.19	1.72	2.15	2.13	2.19
2014	1.80	3.44	3.11	3.88	2.06	3.29	3.02	3.36	2.14	3.21	3.13	2.80
2015	1.65	2.03	2.24	2.46	1.66	2.00	2.12	2.42	1.78	1.95	2.16	2.15
2016	1.54	1.84	2.33	2.29	1.61	1.82	2.20	2.23	1.67	1.82	2.16	2.05
平均值	1.92	2.42	2.56	2.47	1.81	2.35	2.47	2.41	1.89	2.33	2.48	2.28

6.7　城乡低保支出差距缩小与财政可承受能力分析

缩小当前的城乡低保支出差距水平，是基本公共服务均等化的一项重要内容。但是，无论是“吃饭”财政，还是建设财政都需考虑到财政的承受能力（梁尚敏，1987①；高建初、马巾英，1993②）。分析缩小城乡低保支出差距需要结合当前的财政支出结构进行考虑，社会保障中具有保险性质（如医疗保险）的统筹涉及代际间的测算（蒋云赟，2014③；蒋云赟、刘剑，2015④），而本书涉及的缩小低保支出差距，则不用考虑代际因素。这里主要利用全国层面和分省数据，来分析缩小城乡低保支出差距后，财政支出结构的变化情况。

6.7.1　基于全国数据的分析

全国层面的数据方面，这里主要考察城乡低保在全国财政支出和全国社会保障与就业支出中所占比重的情况。这里使用 2008—2016 年的数据进行分析。

首先，从城市低保、农村低保及两项之和占全国公共财政支出的比重变化来看（见图 6－17），2008—2016 年全国城市低保支出占全国财政支出比重稳中有降，比重从 2008 年的 0.63%，缓慢降低到了 2016 年的 0.37%。农村低保支出比重表现出稳中有升的走势，其中在 2008—2013 年农村低保支出的比重从 0.37% 增长到了 0.62%，2014 年之后占比维持在 0.5% 以上。从城乡低保支出之和占全国财政支出的比重来看，城乡低保支出在 2008—2016 年占全国财政支出比重平均为 1.06%，总体的时间变化趋势为先增后减。

---

① 梁尚敏．论财政承受能力［J］．财政研究，1987（01）：12－16.

② 高建初，马巾英．财政对改革承受能力的弹性初探［J］．当代财经，1993（03）：23－25.

③ 蒋云赟．我国城乡大病保险的财政承受能力研究［J］．财经研究，2014，40（11）：4－16.

④ 蒋云赟，刘剑．我国统筹医疗保险体系的财政承受能力研究［J］．财经研究，2015，41（12）：4－14.

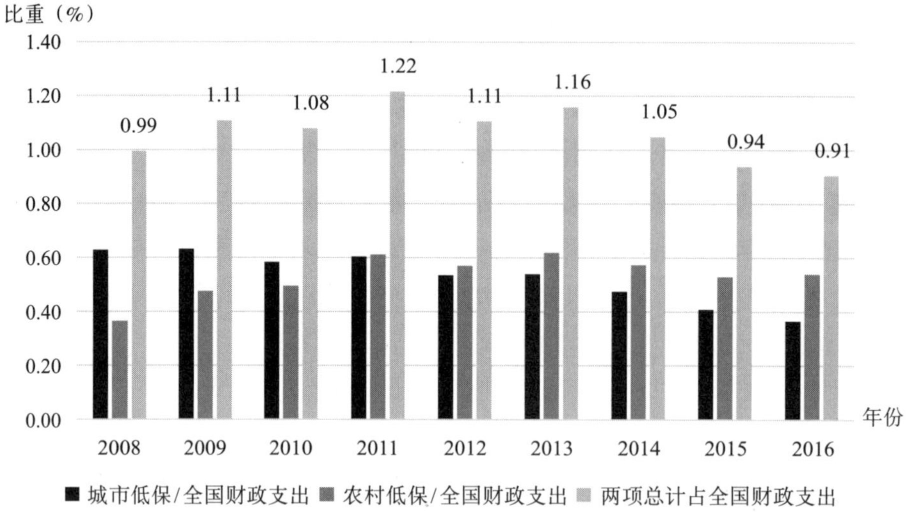

图 6－17　2008—2016 年城乡低保支出占全国财政支出比重的变化

其次，从城市低保、农村低保及两项之和占全国社会保障与就业支出的比重变化来看（见图 6－18），城市低保支出在社会保障与就业支出中的比重维持在 3%—6%，农村低保支出比重在 2008 年农村低保制度建立后快速提高，之后伴随着精准扶贫政策的实施略有降低。城乡低保支出之和在 2008—2016 年占全国社会保障与就业支出的比重平均为 10.18%。

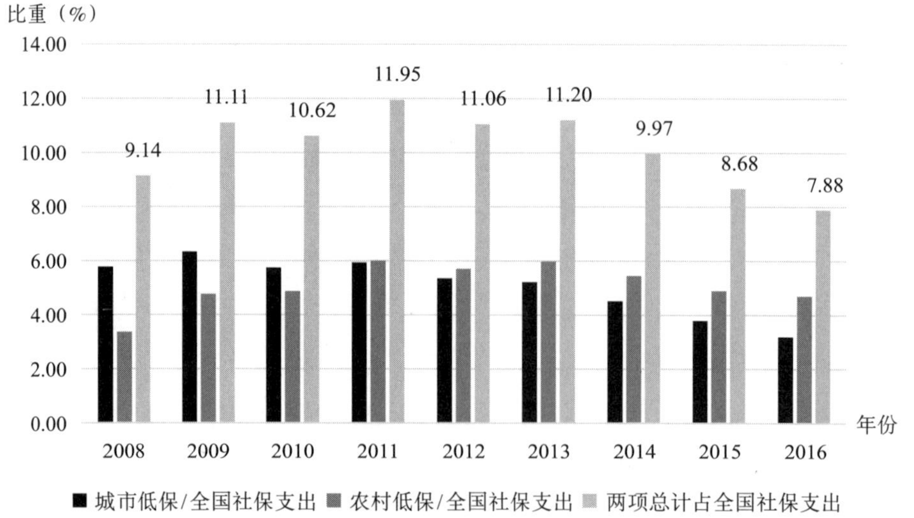

图 6－18　2008—2016 年城乡低保支出占全国社会保障与就业支出比重的变化

通过观察全国社会保障占全国公共财政支出的比重，可知 2008 年以来这一比例维持在 9%—12%。然而，西方发达国家的社会保障支出一般占到财政总支出的 30% 以上，其中美国为 30%，加拿大为 39%，北欧的一些福利国家如芬兰、瑞典更是达到 45% 以上（董全瑞，2012）①。因此，我国与发达国家相比在社会保障方面的支出还是偏低的，存在一定的提升空间。省份内部的城市或农村低保支出差距，可以通过内部进行统筹平衡，而省份之间或者区域间的差距，则可以通过中央在区域之间进行转移支付获得。假如对城乡低保支出进行统筹，控制城乡人均低保支出差距，那么会引起多少的财政支出呢？这里借鉴“反事实”的思想，假定将城乡人均低保支出的比值控制在特定的比例之下，计算城乡低保总支出会增加多少。2008—2016 年全国的城乡人均低保支出的比值介于 2.1—3.2 之间，这里分别测算将城乡人均低保支出比值控制在 2、1.8、1.5、1.2 和 1 五种情形之下（保持城市人均低保支出及全国财政收入不变），城乡低保总支出增加量及其在财政总支出、社会保障支出中的比重变化（见附表 3 - 1）。假定在各种情形下，财政总支出和社会保障总支出没有任何变化。

在城乡人均低保支出比值为 2 时（情形一），除了在 2015 年需要增加 49.14 亿元的低保支出以外，其余年份需要增加低保支出 100 亿—150 亿元。在财政总支出中的占比增加最低为 0.03%（2016 年），最高为 0.21%；在社会保障与就业支出中的占比增加最低为 0.23%（2016 年），最高为 1.97%。总的来看，将城乡人均低保支出比值控制在 2 时，2008—2016 年平均每年需要增加 115.21 亿元，在财政总支出中的比重需要提高 0.11 个百分点，在社会保障与就业支出中所占比例平均需要提高 1.06%。类似地，在城乡人均低保支出比值为 1.8 时（情形二），平均每年需要增加低保支出 203.39 亿元，在财政总支出中的占比需要提高 0.18%，在社会保障与就业支出中的比重需要提高 1.74%；在城乡人均低保支出比值为 1.5 时（情形三），平均每年需要增加低保支出 379.74 亿元，在财政总支出中的占比需要提高 0.32%，在社会保障与就业支出中的比重需要提高 3.11%；在城乡人均低保支出比值为 1.2 时（情形四），平均每年需要增加低保支出 644.28 亿元，在财政总支出

① 董全瑞．中美收入分配差距比较与反思［J］．中州学刊，2012（01）：27 - 32.

中的占比需要提高 0.54%，在社会保障与就业支出中的比重需要提高 5.16%；在城乡人均低保支出比值为 1 时（情形五），平均每年需要增加低保支出 908.82 亿元，在财政总支出中的占比提高了 0.75%，在社会保障与就业支出中的比重提高了 7.21%。李先德和王士海（2010）① 在对财政收入预测的情况下，认为只要政府的职能得以转变及公共财政得以建立，实施农村社保的全覆盖并采取较高的支付水平，未来的财政能力是可以实现的。这里并没有通过预测来分析未来缩小城乡低保支出差距时财力是否可以承受，而是通过设定的几种情形，来分析缩小低保支出差距时财政的可承受能力。根据当前低保人数的发展情况和贫困发生率的变化来看，城乡贫困人口的数量越来越少，缩小城乡人均低保支出在未来也具备一定的可行性。

考虑到当前我国经济发展进入新常态，经济增速下降的同时，财政收入增长速度亦有所降低，如果将城乡人均低保支出比值降低到 2 或者 1.8，平均每年在城乡低保支出方面增加 100 亿—200 亿元的支出，当前财政方面仍可以承受。如需将城乡人均低保支出比值降至更低，比如 1.5 或 1.2，甚至达到 1，则需要进一步控制贫困人口数量。2020 年年底，中国消除了绝对贫困现象，伴随着贫困人口数量的减少，国家财政在贫困人口上的支出压力会有所降低。因此，总的来看，进一步缩小城乡人均低保支出差距，以当前或 2020 年全面脱贫以后的财政能力可以承受，但是需要缓步降低支出差距。以上只是基于不同的假设情形，从全国层面进行了分析，由于地区财力存在差异，在实际控制城乡人均低保支出比值时，中央政府根据设定的控制目标，在不同省份进行转移支付即可。对于各省内部的城乡低保支出差距，省级政府同样可以在设定的差距控制目标上进行调剂安排。

6.7.2 基于分省数据的分析

从分省的情况来看，各个省份城乡低保支出在地方财政总支出和社会保障与就业总支出中的比重差异较大（见表 6-23）。总的规律是，经济发达

① 李先德，王士海．城乡统筹下农村社会保障的资金需求分析［J］．农业经济问题，2010，31（10）：60-66+111.

省份在城乡低保支出中所占比例相对较低（西藏除外），农村贫困人口较多地区农村低保支出比重相对更高。对于绝大多数省份而言，城乡低保占地方财政总支出的比重低于 1%。从 2008—2016 年的平均水平来看，有 14 个省份的农村低保支出比重高于城市低保，17 个省份城市低保占比较高。表明多数省份在低保支出的投入方面，优先考虑的是城市低保投入。

表 6－23　2008—2016 年城乡低保占各地公共财政支出、社会保障支出比重的平均值（%）

省份	城市/总支出	农村/总支出	城乡/总支出	城市/社保	农村/社保	城乡/社保
北京	0.19	0.06	0.26	1.79	0.56	2.36
天津	0.53	0.13	0.65	5.34	1.29	6.63
河北	0.56	0.61	1.17	4.34	4.79	9.14
山西	0.94	0.71	1.65	6.42	4.90	11.32
内蒙古	1.01	0.72	1.73	7.60	5.35	12.95
辽宁	0.90	0.32	1.23	4.81	1.72	6.53
吉林	1.38	0.45	1.83	9.58	3.20	12.77
黑龙江	1.60	0.57	2.16	10.12	3.55	13.67
上海	0.33	0.03	0.37	3.02	0.31	3.34
江苏	0.20	0.41	0.61	2.54	5.20	7.74
浙江	0.10	0.38	0.48	1.35	5.06	6.41
安徽	0.72	0.76	1.48	5.56	5.98	11.54
福建	0.19	0.40	0.59	2.18	4.73	6.91
江西	0.98	0.78	1.76	8.07	6.57	14.64
山东	0.30	0.59	0.89	2.86	5.67	8.53
河南	0.68	0.84	1.52	5.06	6.24	11.30
湖北	1.04	0.67	1.72	7.01	4.60	11.61
湖南	1.01	0.75	1.76	7.04	5.34	12.38
广东	0.15	0.36	0.51	1.76	4.15	5.91
广西	0.49	1.06	1.54	4.54	9.87	14.41
海南	0.51	0.41	0.91	3.85	3.15	7.00
重庆	0.71	0.45	1.16	4.65	3.00	7.65

续表

省份	城市/总支出	农村/总支出	城乡/总支出	城市/社保	农村/社保	城乡/社保
四川	0.82	0.78	1.60	6.04	5.68	11.72
贵州	0.59	1.84	2.43	6.45	20.66	27.10
云南	0.77	1.44	2.21	5.64	10.71	16.35
西藏	0.22	0.32	0.54	3.03	4.35	7.38
陕西	0.84	1.01	1.85	5.88	7.22	13.11
甘肃	1.21	1.75	2.96	8.03	11.68	19.70
青海	0.76	0.61	1.37	4.82	3.97	8.78
宁夏	0.68	0.66	1.34	6.55	6.13	12.69
新疆	1.14	0.76	1.90	10.94	7.32	18.27

低保支出比例高低与享受低保的人口、低保标准高低有关。比如，北京、天津和上海农村人口比例较低，从而尽管其实施了低差别的城乡低保支出，但农村低保支出比例仍明显低于城市低保支出比重。对于绝大多数地区而言，农村贫困人口数量更多，从而导致农村低保支出比重较高。通过观察城乡低保支出占各地区社会保障支出比重的平均值，可以看出有17个省份的比值均超过了10%（低于10%的省份，经济水平或财力保障方面相对更加充足），其中贵州省的支出比例高达27.10%，为31个省份中的最高水平。

总的说来，各省在缩小城市、农村低保支出差距及城乡低保支出差距方面，对于城乡低保在财政总支出或社会保障支出中占比相对较低的省份，在财力方面可以承受平衡城乡低保均衡发展的要求。而对于城乡低保在地方财政总支出或者社会保障支出占比相对较高的省份而言，财政承受能力相对有限，可以更多地依靠中央的转移支付。此外，通过观察各个省份在2008—2016年财政总支出中社会保障比例的平均值，可以看出有7个省的社保支出比重低于10%（其中贵州为9.02%），其余省份在10%—15%，提升社会保障支出比重仍然存在一定的空间。在省级层面，部分省份缩小城乡人均低保支出差距可能存在较大的压力，中央转移支付给予更多的政策倾斜，可以提升财力较弱省份的财政承受能力。

6.8　本章小结

本章以城市和农村人均低保支出为研究对象，分别测算了城市低保人均支出区域差距、农村低保人均支出差距和城乡低保支出比值的变化情况。在测算城市和农村低保人均支出差距时，既从总体加以测算，又分区域测算，同时采用了泰尔指数分解法、Dagum 基尼系数分解法两种分解方法，从省级、市级和县级层面对低保支出差距进行了全面的评估。

根据 2008—2016 年城市和农村低保人均支出的多维度数据，城市人均低保支出区域差距方面，从全国的区域差距来看，省级层面城镇人均低保支出差距相对较小，泰尔指数和基尼系数的均值分别为 0.0556 和 0.1710；市级和县级层面差距相对较大，其中市级层面泰尔指数和基尼系数的均值分别为 0.0662 和 0.1828，县级层面上述两者的均值分别为 0.0618 和 0.1837。从分区域的测算结果来看，2008—2016 年各区域在省级层面的城镇人均低保支出最为均衡，但是东部地区和中部地区表现为县级层面的差距最大，西部地区和东北地区表现为市级层面的差距最大。根据泰尔指数分解结果，不论是全国还是分区域，省份内部的城镇人均低保支出不均等是造成各市级单位或各县级单位城镇人均低保支出差距的主要来源，其中各市城镇人均低保支出的省内不平等平均贡献了 64.07% 的不平等，而各县城镇人均低保支出的省内不平等平均贡献了总体差距的 74.68%。其中，东北和中部地区组内不平等占比相对较高，市级层面的数据显示，东北和中部地区组内不平等的平均比重分别达到 77.53% 和 75.43%；县级层面的数据显示，东北和中部地区组内不平等的平均比重分别达到 95.22% 和 87.93%。根据 Dagum 基尼系数分解结果，从区域内部的差距来看，东部和西部地区城镇人均低保支出的内部差距较大，中部和东北地区内部差距相对较小；从区域间的差距来看，省级层面的区域间城镇人均低保支出差距分化较大，市级和县级层面的区域间城镇人均低保支出差距趋于一致，并且省级和市级层面区域间差距大致表现出“扩大—缩小—扩大”的走势，而县级层面的区域间差距表现出“平稳—缩小—扩大”的走势；从城镇人均低保支出差距来源的贡献率来看，在不考虑超变密度贡献的情况下，省级层面分解结果表明，区域间的差距对总体差距贡献相对较大；而市级和县级层面分解结果表明，区域内部的差距对总体差距贡献相对较大。

农村人均低保支出差距方面，从全国的差距水平来看，省级、市级和县级层面的测算结果一致表明，2008—2016 年农村人均低保支出差距大致呈现出“先扩大、后缩小”的态势。省级、市级和县级层面的农村人均低保支出差距差别较小，其中省级层面泰尔指数和基尼系数的均值分别为 0. 1110 和 0. 2448，市级层面泰尔指数和基尼系数的均值分别为 0. 1204 和 0. 2541，县级层面泰尔指数和基尼系数的均值分别为 0. 1199 和 0. 2551。从分区域的测算结果来看，尽管不同区域农村人均低保支出差距走势不尽一致，但绝大多数测算结果均表明，农村人均低保支出差距在“精准扶贫”战略实施之后有所降低。同时，测算结果一致显示，省级层面的农村人均低保支出差距最小，但东部和中部地区县级层面农村人均低保支出最不均衡，西部地区市级层面与县级层面不均衡程度大致相当，东部地区市级不均衡程度最高。从泰尔指数分解结果来看，全国及分区域的测算结果均显示，来源于省份内部的农村人均低保支出差距相对大一些，2008—2016 年市级和县级层面农村人均低保支出的组内不平等平均比重分别为 54. 43% 和 59. 75% 。其中，分区域的泰尔指数分解结果显示，东北和中部地区省份内部的农村人均低保支出组内差距贡献相对偏高；市级层面的数据显示，东北和中部地区组内农村低保支出不平等的平均比重分别达到 75. 96% 和 73. 20% ；县级层面的数据显示，东北和中部地区组内不平等的平均比重分别达到 94. 26% 和 85. 57% 。从 Dagum基尼系数的分解结果来看，区域内农村人均低保支出差距方面，省级、市级和县级层面的区域内基尼系数一致表明，东部地区农村人均低保支出区域内差距最大，而中部地区的区域内差距最小；区域间差距的测算结果表明，省级层面和市级层面农村人均低保支出区域间差距都表现出“先扩大、后降低”的走势，而县级层面的区域内差距变化相对较为平稳，说明区域间各县差距没有任何改善；从总体差距的各个来源来看，除了超变密度贡献以外，省级、市级和县级层面的结果均表明，地区间的差距贡献了更多的农村人均低保总支出差距。其中，2008—2016 年省级层面地区间差距贡献率平均为 59. 88% ，地区内差距贡献率平均为 24. 42% ，市级层面地区间和地区内差距贡献率分别为 38.09% 和 26.10%，县级层面地区间和地区内差距贡献率分别为 32.30% 和 27.70%。

考虑区域价格因素的影响后，发现利用名义低保标准数据测算总体差距和区域差距，均存在一定水平的低估。利用核密度函数，进一步分析了城乡人均低保支出分布的时间演进特征，发现随着时间的推移，市级和县级层面城乡人均低保支出分布曲线总体右移，波峰逐年降低，波宽有一定的提高，并逐步呈现右拖尾现象，说明低保支出水平总体在提高，有利于和不利于分布的均衡性的因素同时出现，同时也存在部分支出水平较高的政府。基于政府财政可承受能力的视角，分析了不同情形下，低保总支出增加量、公共财政支出占比增加量、社保支出占比增加量，认为适当缩小城乡低保支出差距，对当前的财政支出水平来说是可以承受的。

低保支出水平的区域性差距可以追溯至低保标准的区域性差距，前者在一定程度上受到后者的影响。地区间人均低保支出存在差距与地方政府在实行家计调查时过度的裁量权有一定的关系，在低保资金预算给定的情况下，地方政府会通过两种方式压低人均低保支出水平。一是在特定的低保标准下，地方政府会高估低保对象的收入水平，通过降低低保覆盖人数、降低补差水平来减轻财政支出（肖萌等，2017）[①]；二是在特定的低保覆盖水平下，地方政府通过制定偏低的低保标准，以降低补差水平。由于全国的省、市、县数量较多，县区级政府同时承担了低保标准制定的多数事权和部分支出责任，区县级政府行政单位“自由裁量”的偏离程度不一，有大有小，从而导致地方政府在低保财政支出上的差距较大。低保支出水平的区域性差距可以追溯至低保标准的区域性差距。因此控制低保支出差距水平，需要从控制低保标准差距着手。

---

① 肖萌，李飞跃，斯华景．城市低保支付水平的影响因素［J］．城市问题，2017（11）：64－71.

第7章

城乡低保的收入分配效应研究

7.1 引　言

改革开放以来，我国的经济取得了快速发展，居民生活水平也得到了显著提高。全国居民人均收入水平①从1978年的171.18元，增长到了2016年的24551.85元，增长了142.43倍。然而，城镇居民和农村居民收入提升的速度却明显不一致，城乡居民的收入水平出现了较大的分化。根据国家统计局统计数据显示，城镇居民可支配收入水平从1978年的343.4元增长达到了2016年的33616.25元，增长了96.89倍。而农村居民收入水平②则从1978年的133.6元，增长到了2016年的12363.41元，增长了91.54倍。由此可见，尽管城乡居民收入水平都在提高，但是城镇居民收入提高速度更快，表明近40年以来城乡收入差距在逐步扩大。从城乡居民收入比来看，1978—2001年城乡居民人均收入比值均低于3（区间内的最大值在2001年取得，最高水平为2.90），这段时间城乡居民收入比表现出先降低、然后逐渐升高的走势，其中在1983年城乡居民人均收入比最低为1.82；2002—2012年间城乡居民收入比均高于3，其中最高时达到3.33（2009年）；

① 这里使用城乡居民平均收入水平，分别乘以城镇或农村的人口比重计算得到，数据来源于国家统计局网站。

② 2013年之前，农村居民收入水平采用“人均纯收入”衡量；2013年起，国家统计局实施了城乡住户一体化调查，农村居民收入水平采用“人均可支配收入”来衡量。

2013—2016 年，城乡居民收入差距水平稳中有降，这段时期城乡间居民收入比维持在 2.7—2.8。当前居民收入差距的特点是：城乡之间收入差距在缩小，而城市内部和农村内部收入差距仍在扩大（李实，2018）①。

低保政策可以通过两种渠道影响居民收入水平，一种是政府低保支出直接转为家庭收入，另一种是通过影响居民就业意愿从而进一步影响收入。低保政策的实施可能会使得受救助者产生福利依赖（朱一丹、金喜在，2014）②，对其工作意愿的影响具有不确定性（慈勤英、王卓祺，2006）③，因而对其收入水平可能会有一定的抑制作用。因此，需要评估低保制度的实施对居民收入的具体影响。我国的城乡最低生活保障制度已经运行了数十年，低保政策的实施对城乡居民收入水平有怎样的影响？是否促进了城乡居民收入水平的提升？又是在多大程度上影响了城市或农村居民内部收入差距？这种影响是否存在区域差距？此外，由于城乡低保制度实施的二元化发展现状，是否会对城乡间居民收入差距产生一定的影响呢？目前现有文献主要从微观层面对这些问题进行了分析，比如蔡萌和岳希明（2018）④ 使用 CHIP2013 的数据实证研究了社会保障支出对居民收入分配的影响，发现退休金和医疗报销恶化了收入分配，而低保金和农村养老金改善了收入分配。李实和杨穗（2009）⑤ 利用了 CHIP2007 的数据，通过比较扣除低保人群补助前后基尼系数和 FGT 指数变化，衡量城市低保的减贫效果和收入分配效果。而微观数据的分析大多选择一个或几个时间截面，不能实现不同年份效果的差异对比。鉴于此，本章主要使用 2008—2016 年省级层面的宏观经济数据，运用多种实证分析方法，同时结合数据测算，对上述问题逐一进行解答。

---

① 李实. 中国收入分配格局新变化 [J]. 治理研究，2018，34（05）：35－42.

② 朱一丹，金喜在. 我国城市低保福利依赖问题及对策探析 [J]. 东北师大学报（哲学社会科学版），2014（06）：74－79.

③ 慈勤英，王卓祺. 失业者的再就业选择——最低生活保障制度的微观分析 [J]. 社会学研究，2006（03）：135－150＋244.

④ 蔡萌，岳希明. 中国社会保障支出的收入分配效应研究 [J]. 经济社会体制比较，2018（01）：36－44.

⑤ 李实，杨穗. 中国城市低保政策对收入分配和贫困的影响作用 [J]. 中国人口科学，2009（05）：19－27＋111.

7.2 变量定义与描述性分析

7.2.1 变量定义

被解释变量主要有三个：城镇居民人均可支配收入、农村居民人均可支配收入及城乡居民收入差距。其中，前两个变量来源于历年的《中国统计年鉴》中的统计数据，而城乡收入差距在文献中有多种度量方法。城乡收入比是衡量城乡收入差距的常用方法（吕光明、李莹，2016）①，然而该指标考虑的因素较为单一，未考虑到人口流动因素对城乡人口结构的影响，无法真实反映城乡内部的收入结构变化。为此，也有部分文献使用基尼系数（占华，2018）②、泰尔指数等方法测算城乡收入差距（董黎明、满清龙，2017）③。考虑到基尼系数面临可分解性等方面的问题，对数据有一些特殊的要求，而泰尔指数的计算不仅简便而且可以进行简单的分解，在城乡收入差距的测算方面运用较为广泛。因此借鉴现有文献的做法，选取泰尔指数作为衡量城乡收入差距的测算方法。使用泰尔指数测算城乡居民收入差距的计算公式如下：

$$Theil_{it} = \sum_{j=1}^{2} \left(\frac{I_{ij,t}}{I_{it}}\right) \ln\left(\frac{I_{ij,t}}{I_{it}} / \frac{P_{ij,t}}{P_{it}}\right) \quad \text{（公式 7-1）}$$

可进一步将上式进行分解，得到如下公式：

$$Theil_{it} = \left(\frac{I_{i1,t}}{I_{i1t}+I_{i2t}}\right) \ln\left(\frac{I_{i1,t}}{I_{i1t}+I_{i2t}} / \frac{P_{i1,t}}{P_{i1t}+P_{i2t}}\right) + \left(\frac{I_{i2,t}}{I_{i1t}+I_{i2t}}\right) \ln\left(\frac{I_{i2,t}}{I_{i1t}+I_{i2t}} / \frac{P_{i2,t}}{P_{i1t}+P_{i2t}}\right) \quad \text{（公式 7-2）}$$

其中，$Theil_{it}$ 表示第 i 个省份（自治区、直辖市）第 t 年的泰尔指数，下标 j 代表城市或农村，其中 $j=1$ 表示城市，$j=2$ 表示农村。I 代表收入水平，I_{i1t} 表

① 吕光明，李莹．我国收入分配差距演变特征的三维视角解析［J］．财政研究，2016（07）：11－21＋45.

② 占华．收入差距对环境污染的影响研究——兼对“EKC”假说的再检验［J］．经济评论，2018（06）：100－112＋166.

③ 董黎明，满清龙．地方财政支出对城乡收入差距的影响效应研究［J］．财政研究，2017（08）：43－55.

示 i 个省份（自治区、直辖市）城市居民第 t 年的收入水平，I_{i2t} 表示 i 个省份（自治区、直辖市）农村居民第 t 年的收入水平。P 代表人口数量，P_{i1t} 表示 i 个省份（自治区、直辖市）城市居民第 t 年的总人口数量，P_{i2t} 表示 i 个省份（自治区、直辖市）农村居民第 t 年的总人口数量。这里的城市和农村居民收入数量、人口数量数据来源于历年的各省市统计年鉴和《中国统计年鉴》。

核心解释变量为：城市（农村）低保支出占财政支出比重、城市（农村）人均低保支出水平。城市或农村低保支出、城市或农村人均低保支出水平数据来源于历年的《中国民政统计年鉴》。这里需说明的是，由于《中国民政统计年鉴》没有统计 2010 年城市或农村人均低保支出水平数据，这里通过将城市（农村）低保总支出除以城市（农村）低保人口数得到。另外，《中国民政统计年鉴》中 2012 年及之后的城市（农村）低保支出平均水平中标注有"不含春节补助"字样，这表明 2011 年及之前的低保支出中含有春节补助。通过比较 2012 年前后的人均支出数据，发现没有出现数据突变，因此使用《中国民政统计年鉴》中的城市（农村）人均低保支出数据。

控制变量方面，选取了第一产业产值比重、第三产业产值比重、城镇化水平、铁路营业里程密度、人均受教育水平、医疗环境水平 6 个变量。

（1）第一产业产值比重。选择第一产业 GDP 比重指标的原因是，第一产业涉及农、林、牧、副、渔等产业，这些产业通常在农村的发展更为普遍，对农村居民收入的影响更为直接。因此，通常来说第一产业占比越高，农村居民的收入水平越高。

（2）第三产业产值比重。选择第三产业 GDP 比重指标的原因是，第三产业即服务业涉及的交通运输、金融业、房地产业和信息产业等通常更多地集中在城市，从而对城镇居民收入的影响更为直接，故将第三产业产值比重加入控制变量，以显示经济因素对城镇居民收入水平的影响。一般来说一个地区第三产业的比重越高，城镇居民收入水平越高。

（3）城镇化水平。城镇化的衡量方式有很多，通常有产业城镇化、土地城镇化和人口城镇化三种指标（史敦友等，2018）[①]。其中，经济城镇化侧

① 史敦友，李小波，段龙龙．新型城镇化改善了西部地区生态文明质量吗？［J］．经济问题探索，2018（07）：164－173.

重于从 GDP 方面衡量城镇发展水平，使用城镇创造的 GDP 占全部 GDP 的比重；土地城镇化侧重于从土地发展角度衡量城镇化发展情况，使用城市建设面积占全部国土面积来衡量；而人口城镇化则侧重于从人口角度衡量人口变化对城镇人口的影响，使用城镇人口占全部人口来表示。参考现有大多数文献的做法，使用人口城镇化指标作为影响城镇居民或农村居民收入水平、收入差距的控制变量，具体使用城镇人口占各地常住人口比重测算人口城镇化。

（4）铁路营业里程密度。基础交通设施的建设情况，在一定程度上也同样影响居民的收入水平，通常来说一个地区交通设施越健全，地区内生产要素的流动就更加通畅，从而能够带动经济更快地发展，从而促进居民的收入水平。这里使用铁路营业里程密度来衡量地区基础交通设施的发展情况，具体用各个地区铁路营业里程数除以地区行政区划面积来衡量。

（5）人均受教育水平。一个地区居民的受教育水平，决定了该地区人力资本的一个方面。教育水平的改善最直接的衡量指标有各级各类学校数、各级各类学生数和各级各类生师比等指标，但是这些指标不能直接加总，而是需要一定的权重，学术界几乎没有直接将同类指标进行加总的做法。为此，为了更加可靠地衡量教育水平，采用人均受教育年限作为教育水平改善的衡量指标。之所以采用这一指标，主要是因为政府提供教育的主要目的是增强国民的受教育程度，并且伴随着学校数量、学生数量的提高，居民的受教育水平也会得以提高。参考梁城城（2018）① 的做法，使用“6 岁以上人口人均受教育年限”来衡量政府提供教育服务的改善情况，这里使用的数据来源于历年《中国人口统计年鉴》中的各地区受教育程度人口抽样调查数据，计算公式为“Σ（各类受教育人口数量 × 对应的受教育年限）/各地区抽样调查总人口”。具体而言，将受教育程度为“不识字或识字很少（未上过学）”类群体的受教育年限定义为 0 年，受教育程度为“扫盲班”类群体的受教育年限定义为 3 年，受教育程度为“小学”类群体的受教育年限定义为 6 年，受教育程度为“初中”类群体的受教育年限定义为 9 年，受教育程度为“高中（和中专）”类群体的受教育年限定义为 12 年，受教育程度为“大专以

---

① 梁城城．中国积极财政政策的区域性效果［M］//刘尚希．财政蓝皮书：中国财政政策报告（2018）．北京：社会科学文献出版社，2018：222－269.

上”类群体的受教育年限定义为 15 年，受教育程度为“大学本科”类群体的受教育年限定义为 16 年，受教育程度为“研究生”类群体的受教育年限定义为 19 年。通常来看，随着居民受教育程度的提高，将会有更多的就业机会，从而收入水平会更高。

（6）医疗水平。一个地区的医疗水平，体现了医疗设施对人力资本的保障程度。一般来说医疗水平越高，居民的健康状况越好，因病致贫的现象越少，从而居民收入水平越高。衡量地区医疗水平的指标主要包括地区医院数量、地区医疗人员数量和医疗机构床位数等，使用人均拥有床位数来衡量地区医疗水平。各个变量的具体定义方式和数据来源如表 7－1 所示。

表 7－1　　被解释变量、核心解释变量和控制变量的定义与数据来源

<table>
<tr><th>变量名称</th><th>变量含义</th><th>单位</th><th>数据来源与说明</th></tr>
<tr><td colspan="4">被解释变量</td></tr>
<tr><td>城镇居民收入水平</td><td>城镇居民人均收入</td><td>元/人</td><td rowspan="3">数据来源于 wind 数据库，其中 2013 年之前分别为城镇居民人均可支配收入、农村居民人均纯收入，2014 年之后为城乡住户一体化调查数据</td></tr>
<tr><td>农村居民收入水平</td><td>农村居民人均收入</td><td>元/人</td></tr>
<tr><td>城乡收入差距</td><td>根据城乡居民收入和城乡人口数据，使用泰尔指数公式进行计算</td><td>—</td></tr>
<tr><td colspan="4">核心解释变量</td></tr>
<tr><td>城镇低保支出水平</td><td>城镇低保人均支出水平</td><td>元/人</td><td rowspan="3">数据均来源于历年的《中国民政年鉴》</td></tr>
<tr><td>农村低保支出水平</td><td>农村低保人均支出水平</td><td>元/人</td></tr>
<tr><td>城乡低保支出差距</td><td>根据城市和农村低保人均支出水平，以及城乡低保保障人口数，使用泰尔指数公式进行计算</td><td>—</td></tr>
<tr><td colspan="4">控制变量</td></tr>
<tr><td>第一产业产值比重</td><td>（第一产业 GDP/各个地区 GDP）×100%</td><td>—</td><td rowspan="6">控制变量数据主要来源于历年《中国统计年鉴》《中国人口统计年鉴》数据，以及 wind 数据库。值得说明的是：由于各个地区行政区划面积年度变化较小，同时 2013 年之后该数据并未更新，2013 年之前的行政区划面积数据来源于 wind 数据库，2013 年之后均使用 2013 年的数据替代</td></tr>
<tr><td>第三产业产值比重</td><td>（第三产业 GDP/各个地区 GDP）×100%</td><td>—</td></tr>
<tr><td>城镇化水平</td><td>城镇人口占地区常住人口比重（%）</td><td>—</td></tr>
<tr><td>铁路营业里程密度</td><td>使用各个地区的铁路营业里程除以各个地区的行政区域面积</td><td>米/平方公里</td></tr>
<tr><td>居民受教育水平</td><td>使用各地区居民的人均受教育年限来衡量，计算公式为“Σ（各类受教育人口数量×对应的受教育年限）/各地区抽样调查总人口”</td><td>年</td></tr>
<tr><td>地区医疗水平</td><td>使用每 10 万人卫生机构床位数来衡量</td><td>张/十万人</td></tr>
</table>

注：“—”表示无单位。

7.2.2 描述性分析

为了降低异方差对回归结果的影响，将所有变量进行对数化处理。表7－2呈现的所有变量的描述性统计结果，均采用的是对数形式。使用2008—2016年9个年度中国31个省（自治区、直辖市）的平衡面板数据，所有变量均无缺失值。从各个变量的描述性统计结果来看，变量的平均值与50%分位数相差不大，同时最小值和最大值均没有出现异常，说明变量分布较为均匀。另外，从标准差的大小来看，城乡收入差距对数和城乡低保支出差距对数相对较大，表明城乡居民收入分配和城乡低保资金的城乡分配存在一定的不均衡问题。

表7－2　　变量的描述性统计结果

变量名称	平均值	观察值	标准差	最小值	50%分位数	最大值
城镇居民收入水平对数	9.991	279	0.341	9.303	10.02	10.96
城市人均低保支出对数	8.034	279	0.397	7.253	8.035	9.180
城镇居民收入水平对数	8.959	279	0.470	7.910	8.976	10.15
农村人均低保支出对数	7.213	279	0.548	5.609	7.224	9.013
城乡居民间泰尔指数对数	－2.437	279	1.309	－10.32	－2.158	－0.311
城乡低保泰尔指数对数	－1.527	279	1.449	－9.767	－1.144	0.362
第一产业产值占比对数	2.139	279	0.845	－0.942	2.370	3.401
第三产业产值占比对数	3.744	279	0.189	3.343	3.712	4.385
人口城镇化对数	3.939	279	0.267	3.086	3.943	4.495
铁路营业里程密度对数	5.060	279	1.004	1.425	5.279	6.791
人均受教育年限对数	2.153	279	0.141	1.435	2.168	2.472
人均床位数对数	6.031	279	0.230	5.390	6.052	6.484

7.3 模型构建

为了研究城乡低保政策的实施对城乡居民收入，以及城乡收入差距的影响，分别使用普通 OLS 模型、静态面板模型、动态面板模型对上述问题进行实证研究。首先，使用普通 OLS 模型、静态面板模型、动态面板模型（差分 GMM 模型和系统 GMM 模型）分别实证分析城市低保政策的实施对城镇居民收入的影响及农村低保政策的实施对农村居民收入的影响。具体来看，模型 7－1、模型 7－3、模型 7－5 用于研究城市低保政策的实施对城镇居民收入的影响；模型 7－2、模型 7－4、模型 7－6 用于研究农村低保政策的实施对农村居民收入的影响。

普通 OLS 模型设定：

$$\ln urban\_inc = \alpha_1 + \beta_1 \ln ur\_dbpop + \sum \gamma_{1j} X_j + \xi \qquad (模型 7-1)$$

$$\ln rural\_inc = \alpha_2 + \beta_2 \ln ru\_dbpop + \sum \gamma_{2j} X_j + \xi \qquad (模型 7-2)$$

静态面板模型设定：

$$\ln urban\_inc_{it} = \alpha_3 + \beta_3 \ln ur\_dbpop_{it} + \sum \gamma_{3j} X_{j,it} + \xi_{it} \qquad (模型 7-3)$$

$$\ln rural\_inc_{it} = \alpha_4 + \beta_4 \ln ru\_dbpop_{it} + \sum \gamma_{4j} X_{j,it} + \xi_{it} \qquad (模型 7-4)$$

动态面板模型（差分 GMM 模型）设定：

$$\ln urban\_inc_{it} = \alpha_5 + \beta_5 \ln ur\_dbpop_{it} + \chi_5 urban\_inc_{it-1} + \sum \gamma_{5j} X_{j,it} + \xi_{it}$$

（模型 7－5）

其中，模型中的 $\ln urban\_inc$ 、$\ln rural\_inc$ 分别代表城镇和农村居民的人均收入对数形式，$\ln ur\_dbpop$ 、$\ln ru\_dbpop$ 分别代表城镇和农村低保人均支出水平对数形式，X 代表控制变量。α_1 — α_5 代表各个模型中的常数项，β_1 — β_5 为城市和农村低保人均支出的系数，用以衡量城乡低保支出对城镇居民和农村居民收入水平的影响（由于模型两边均为对数形式，故该系数可以理解为弹性），γ_{1j} — γ_{5j} 为各个控制变量的系数，用来衡量各个控制变量对城镇或农村居民收入水平的影响。下标 i 代表省份，下标 t、$t-1$ 代表年份，ξ 和 μ 为随机误差项，两者均服从正态分布。

在研究城乡低保支出差距对城乡居民收入差距的影响时，使用静态面板模型，同时分别引入城乡人均低保支出对数的二次项，以考察城乡低保支出与收入差距水平是否存在二次函数关系。即，在控制城乡低保支出差距的同时，随着城镇或农村低保支出人均支出水平的增加，城乡收入差距与城镇或农村低保支出人均支出水平是否会存在“U 型”或“倒 U 型”的关系。以城镇低保对城乡居民收入差距为例，静态面板固定效应模型设定形式如下：

$$\ln theil_{it} = \varphi_1 + \chi_1 lntheil\_db_{it} + \kappa_1 \ln ur\_dbpop_{it} + \nu_1 \ln ur\_dbpop_{it}^2 + \sum \pi_{1j} X_{j,it} + \xi_{it} \quad \text{（模型 7-6）}$$

模型7－6中的ln*theil*表示城乡居民收入差距，ln*theil_ db*表示城乡人均低保支出的差距，模型中引入了城镇人均低保支出的一次项和二次项（农村人均低保支出的引入形式一致）。其他参数的含义与模型7－1至模型7－5中相同参数的含义一致，这里不再赘述。

7.4 实证结果分析

7.4.1 实证分析一：城市低保实施对城镇居民收入影响实证分析

7.4.1.1 全样本回归结果分析

表7－3报告了城市低保制度实施对城镇居民收入影响的回归结果。其中，第（1）列对应的是混合OLS模型回归结果，第（2）列为固定效应模型回归结果（通过豪斯曼检验，拒绝随机效应模型），第（3）列为差分GMM模型回归结果。在估计完混合OLS回归结果后，进一步估计了回归方程的方差膨胀因子，发现方差膨胀因子VIF均小于10，说明不存在多重共线性问题。动态面板差分GMM模型AR（2）的P值大于0.1，表明不存在二阶序列相关。

首先，第（1）—第（3）列的回归结果一致显示，城镇人均低保支出对城镇居民人均收入水平有着显著的促进作用，除了在模型（3）中通过10%的显著性检验，其余模型中的城镇人均低保支出对数的系数均通过了1%的显著性水平。这表明，城镇低保支出的增加有助于促进居民的收入水平，这可能主要是因为：一方面，城镇人均低保支出的增加，可以直接增加贫困人口的收入水平；另一方面，通过对城镇贫困人口的生活救助，有效改善了家庭成员的自我发展能力，使其能够通过自身的能力改变现状，从而实现收入增加。从模型（2）系数大小来看，在控制其他变量保持不变的情况下，城镇人均低保支出平均每增加 1%，将会使城镇居民收入水平提高约 0.3598 个百分点。

其次，控制变量方面，第一产业产值比重对数对城镇居民收入水平有一定的抑制作用，其系数仅在模型（2）下显著，两者呈现出负相关关系主要是因为第一产业更多地与农村发展关联度比较高，其占比过高会导致城镇居民收入空间在一定程度上有所降低。而第三产业占比对城镇居民收入水平的促进作用显著，并在所有模型中均通过了 1% 的显著性水平，表明第三产业与城市居民生产生活联系比较紧密，第三产业越发达给城镇居民创造的收入就更多。人口城镇化水平在一定程度上促进了城镇居民的收入水平，这主要是因为随着城镇人口越来越多，人口“聚集效应”显现，较多的人口会在城镇就业，从而促进了城镇居民的收入水平，但从显著性来看，人口城镇化系数在模型（1）—模型（3）中均显著。从铁路营业里程密度来看，其系数符号在不同的模型中并不完全一致，但从固定效应模型上来看，铁路营业里程密度越高，城镇居民收入水平越高，但系数并不显著。从人均受教育年限对数的系数来看，人均受教育水平越高，城镇居民收入水平越高，除了模型（1）中的系数为负，模型（3）中的系数不显著以外，其他模型的系数均较为显著，并通过了 1% 的显著性检验。卫生机构床位数的系数除了在模型（3）中不显著外，其余模型中均通过了不同的显著性水平。这说明，受教育水平和医疗水平的提高，对城镇居民的“人力资本”有一定的提升作用，从而促进了其收入水平。同时，根据动态面板模型回归系数，可知城镇居民收入水平显著受到上一期收入水平的影响。

表 7-3　　城市低保制度实施对城镇居民收入影响回归结果

变量名称	(1) 混合 OLS	(2) 固定效应模型	(3) 差分 GMM
城市人均低保支出对数	0.4761 *** (0.0385)	0.3598 *** (0.0304)	0.0694 * (0.0420)
第一产业产值占比对数	0.0305 # (0.0192)	-0.2068 *** (0.0469)	-0.0598 (0.0817)

续表

变量名称	(1) 混合 OLS	(2) 固定效应模型	(3) 差分 GMM
第三产业产值占比对数	0.2254 *** (0.0680)	0.3882 *** (0.0615)	0.2823 *** (0.0926)
人口城镇化对数	0.4488 *** (0.0890)	0.4744 *** (0.1604)	0.5787 * (0.3317)
铁路营业里程密度对数	0.0851 *** (0.0165)	0.0379 (0.0364)	-0.0101 (0.0545)
人均受教育年限对数	-0.6156 *** (0.1658)	0.4367 *** (0.1558)	0.1218 (0.1924)
人均床位数对数	0.2278 *** (0.0569)	0.3028 *** (0.0657)	-0.1533 (0.1230)
城镇居民收入对数 滞后一期	—	—	0.8949 *** (0.0704)
常数项	3.0102 *** (0.3656)	1.2628 *** (0.4198)	—
样本量（个）	279	279	217
拟合优度	0.8282	0.9497	—

注：(1) 括号内为标准误；#、*、**、*** 分别代表通过 15%、10%、5% 和 1% 的显著性检验。(2)"—"代表无数据。

7.4.1.2 分区域回归结果分析

为了观察城市低保制度在不同地区实施产生的效果，这里分区域进一步分析城市低保制度实施对不同区域城镇居民收入影响差异（见表 7-4），表 7-4 中的第（1）—第（4）列分别对应各区域的回归结果。这里主要使用固定效应的面板模型，分别分东部、中部、西部和东北地区实证分析各个区域城镇低保支出对城镇居民收入的影响。通过城镇人均低保支出的系数可知，城镇人均低保支出对各个区域城镇居民收入水平均有促进作用，但是对东北地区促进作用不显著，对其他三个区域促进作用都十分显著，并且均通过了 1% 的显著性水平。根据系数的大小及其含义可知，在保持其他变量不变的情况下，城镇人均低保支出平均每增加 1 个百分点，平均会引起东部地区城镇居民收入增加 0.1740%、中部地区城镇居民收入增加 0.2231% 以及西部地区城镇居民收入提高 0.2293%。由此可见，城镇低保制度的实施对西部地区城镇居民收入的提升效应最为明显，其次为中部地区，再次为东部地区。

表 7-4　城市低保制度实施对不同区域城镇居民收入影响回归结果

变量名称	(1) 东部	(2) 中部	(3) 西部	(4) 东北
城市人均低保支出对数	0.1740*** (0.0543)	0.2231*** (0.0571)	0.2293*** (0.0564)	0.0337 (0.1007)
第一产业产值占比对数	-0.6995*** (0.0930)	0.0917 (0.0721)	-0.1472# (0.0966)	0.1254# (0.0767)
第三产业产值占比对数	0.0797 (0.1821)	0.0152 (0.0874)	0.4447*** (0.0949)	-0.3961*** (0.1361)
人口城镇化对数	0.9743*** (0.3325)	1.2340*** (0.3489)	1.1253*** (0.3022)	1.6006*** (0.4684)
铁路营业里程密度对数	0.0875 (0.0694)	0.1704* (0.0878)	0.0519 (0.0465)	0.2241# (0.1420)
人均受教育年限对数	0.8578** (0.3818)	0.5184* (0.2819)	0.0913 (0.1826)	-0.9232* (0.4705)
人均床位数对数	0.2087* (0.1161)	0.3282*** (0.0951)	0.2567** (0.1096)	1.7309*** (0.2504)
常数项	1.7964** (0.8678)	-0.9087# (0.5916)	0.5595 (0.6832)	-5.5808*** (1.6294)
样本量（个）	90	54	108	27
拟合优度	0.9575	0.9877	0.9560	0.9947

注：括号内为标准误；#、*、**、*** 分别代表通过 15%、10%、5% 和 1% 的显著性检验。

控制变量方面，同一控制变量对各区域城镇居民收入水平的影响不完全一致。具体来看，第一产业产值占比和第三产业产值占比对各个区域居民收入影响的方向及显著性均存在较大的差异，这可能是因为各个地区的产业结构与居民收入的关联程度有所差异。城镇化水平对各个地区城镇居民收入水平均有显著的正向促进作用，并且都通过了 1% 的显著性水平。铁路营业里程密度对各个地区城镇居民收入尽管有一定的促进作用，但是对东部和西部居民收入水平的促进作用并不显著，对中部地区居民的收入促进作用仅通过了10%的显著性水平，东部地区仅通过15%的显著性检验。居民受教育水平对中部、东部和西部城镇居民收入水平有一定的促进作用，但是对西部地区居民收入的促进作用不显著，同时对东部地区城镇居民收入水平有显著的负向作用，这可能是因为东部地区高学历人才“人才流失”较为严重，从而在一定程度上抑制了城镇居民收入水平的提升。地区医疗水平方面，卫生机构床位数人均拥有量在不同的显著性水平上促进了城镇居民收入水平的提升，表明医疗水平的改善有助于提升城镇居民的收入水平。

7.4.2 实证分析二：农村低保实施对农村居民收入影响实证分析

7.4.2.1 全样本回归结果分析

与上一节类似，这里使用混合 OLS、静态面板固定效应（通过豪斯曼检验，拒绝随机效应模型）、差分 GMM 模型，实证分析农村低保政策的实施对农村居民收入水平的促进作用，具体的回归结果如表 7-5 所示。根据回归结果，可以知道农村人均低保支出对农村居民收入水平有着显著的促进作用，并且在模型（1）—模型（3）中均通过了1%或5%的显著性检验。通过与城镇低保的居民收入弹性进行比较，可知农村低保的收入弹性相对较小，这可能是由农村低保人均支出水平太低或者农村低保的覆盖率太低引起的。

表 7-5　农村低保制度实施对农村居民收入影响回归结果

变量名称	(1) 混合 OLS	(2) 固定效应模型	(3) 差分 GMM
农村居民人均收入对数	0.4539*** (0.0328)	0.2699*** (0.0235)	0.1175*** (0.0386)
农村居民人均收入对数滞后一期	—	—	0.5442*** (0.1013)

续表

变量名称	(1) 混合 OLS	(2) 固定效应模型	(3) 差分 GMM
第一产业产值占比对数	0.0378# (0.0232)	-0.1651*** (0.0559)	0.0043 (0.1796)
第三产业产值占比对数	0.1672** (0.0824)	0.4218*** (0.0702)	-0.5077*** (0.1085)
人口城镇化对数	0.9064*** (0.1101)	1.0569*** (0.1829)	-0.0974 (0.4886)
铁路营业里程密度对数	0.1348*** (0.0201)	0.1168*** (0.0410)	0.2640** (0.1321)
人均受教育年限对数	-1.4142*** (0.1963)	0.0265 (0.1838)	0.0597 (0.3396)
人均床位数对数	0.3496*** (0.0643)	0.4457*** (0.0738)	0.5958*** (0.2133)
常数项	1.6614*** (0.4660)	-1.7135*** (0.4935)	—
样本量（个）	279	279	217
拟合优度	0.8648	0.9589	—

注：（1）括号内为标准误；#、*、**、*** 分别代表通过 15%、10%、5% 和 1% 的显著性检验。（2）“—”代表无数据。

控制变量方面，产业结构变量中的第一产业产值占比对农村居民收入水平的影响显著为负，表明第一产业比重的提高并没有提高农村居民的收入水平，相反有一定的抑制作用，这可能是因为农业依赖程度高的省份，农村居民的收入来源反而会受到限制。与之对应的第三产业比重，在模型（1）和模型（2）中均表现出显著的促进作用，说明第三产业产值比重提高不仅促进城镇居民的收入水平，同样促进了农村居民的收入水平。城镇化水平方面，同样在模型（1）和模型（2）中对农村居民的收入水平表现出显著的促进作用，说明城镇化发展不仅惠及城镇居民，同样有利于农村居民。铁路营业里程密度方面，除了模型（4）外，其他模型均显示铁路营业里程密度对数对农村居民收入水平有着显著的促进作用，这可能是因为铁路等基础交通的增加，促进了农村劳动力的流动，从而增加了其收入水平。从居民受教育水平来看，在固定效应模型中其对农村居民的收入影响并不显著。卫生机构床位数对农村居民收入水平的影响显著为正，并且在 3 个回归模型中通过了 1% 的显著性检验，说明医疗水平的改善不仅对于城镇居民提升收入有利，也能促进农村居民收入水平的提高。

7.4.2.2 分区域回归结果分析

以上的回归结果表明，农村低保制度的实施对于促进农村居民收入水平影响显著，但是这种影响在不同区域是否存在差异呢？进一步采用静态面板固定效应模型，同样分东部、中部、西部和东北地区四大区域，研究农村低保制度在各区域的实施效果，具体的回归结果如表 7-6 所示。从回归结果来看，农村低保人均支出水平对不同地区农村居民收入水平均有一定的促进作用。但是从显著性上来看，农村低保支出对东部、中部和西部地区居民收入的促进作用显著，但是对东北地区农村居民收入的促进作用并不显著。从农村低保支出的收入弹性来看，东部地区农村低保的收入弹性最大为 0.2566%，即在控制其他变量的情况下，东部地区农村人均低保支出平均每提高一个百分点，将会使当地农村居民收入水平提高 0.2556 个百分点；其次是西部地区，平均来说农村低保支出每提高 1%，将会导致西部农村居民收入增加 0.1927%；最后为中部地区，中部地区农村低保支出的收入弹性为 0.1455。

表 7-6　农村低保制度实施对不同区域农村居民收入影响回归结果

变量名称	(1) 东部	(2) 中部	(3) 西部	(4) 东北
农村人均低保支出对数	0.2566*** (0.0429)	0.1455*** (0.0422)	0.1927*** (0.0414)	0.0265 (0.0816)
第一产业产值占比对数	-0.3212*** (0.1190)	-0.0656 (0.0979)	-0.3176*** (0.1122)	0.1896# (0.1136)
第三产业产值占比对数	0.1730 (0.1945)	0.2904** (0.1174)	0.5094*** (0.1147)	-0.8208*** (0.1888)
人口城镇化对数	1.5448*** (0.3532)	1.5558*** (0.4381)	1.8777*** (0.3324)	0.3355 (0.6887)
铁路营业里程密度对数	0.2232*** (0.0720)	0.2845** (0.1166)	0.0534 (0.0578)	0.3695* (0.2027)

续表

变量名称	(1) 东部	(2) 中部	(3) 西部	(4) 东北
人均受教育年限对数	-0.0740 (0.4108)	0.9399** (0.3825)	-0.2602 (0.2329)	-0.2900 (0.7111)
人均床位数对数	0.2351* (0.1183)	0.2669** (0.1285)	0.2846** (0.1362)	2.2700*** (0.3017)
常数项	-1.7619* (0.9289)	-4.2046*** (0.8564)	-2.2586*** (0.8472)	-5.3184** (2.0213)
样本量（个）	90	54	108	27
拟合优度	0.9673	0.9861	0.9628	0.9911

注：括号内为标准误；#、*、**、*** 分别代表通过 15%、10%、5% 和 1% 的显著性检验。

控制变量方面，第一产业产值比重对东部和西部地区农村居民收入的抑制作用显著，对中部地区农村居民收入影响不显著，而对东北地区农村居民收入水平呈现出正向促进作用，并通过 15% 的显著性检验（这可能是因为东北地区农业发达，农村居民收入水平与第一产业关联度高）。第三产业对东部、中部和西部地区农村居民收入水平有促进作用，但是对东部地区的作用并不显著，对东北地区农村居民收入有显著的抑制作用。城镇化水平对东部、中部和西部地区农村居民收入促进作用显著，均通过了 1% 的显著性水平检验，对东北地区农村居民收入的促进作用不显著。铁路营业里程密度对东部、中部和东北地区农村居民的收入水平促进作用显著，但对西部地区农村居民收入水平的促进作用并不显著。受教育水平方面，仅对中部地区农村居民收入水平有显著的提升作用，对其他地区居民收入的影响并不显著。医疗水平方面，每 10 万人拥有卫生机构床位数对农村居民收入水平均有显著的促进作用。

7.4.3　实证分析三：城乡低保差异化实施对居民收入差距影响实证分析

7.4.3.1　基本回归结果分析

以上分别分析了城市低保和农村低保对城镇居民和农村居民收入的影

响，这里进一步分析城乡低保制度的实施对城乡居民收入差距的影响。这里主要分析城乡人均低保支出差距对城乡居民收入差距的影响，同时分别引入城镇或农村人均低保支出对数的一次项和二次项，目的是分析在控制城乡低保差距的情况下，观察城镇或农村人均低保支出是否会与城乡居民收入差距存在“U 型”或者“倒 U 型”的关系。在具体的实证分析中使用面板固定效应模型进行分析。

表 7 - 7 分别报告了城乡低保收入差距、城镇或农村人均低保支出水平对城乡居民收入差距产生的影响的回归结果。其中，第（1）列和第（4）列分别引入了城市或农村人均低保支出对数的一次项，用以考察城乡低保支出对城乡居民收入差距是否存在线性影响；第（2）列和第（5）列在对第（1）列和第（4）列的基础上分别引入了城市或农村人均低保支出对数平方项，用以考察城乡低保支出与城乡居民收入差距之间是否存在“U 型”或“倒 U 型”的关系；第（3）列和第（6）列则进一步在两者的基础上，引入了城乡低保支出差距指标，考察分别在控制城乡人均低保支出的基础上，低保支出差距对居民收入差距的具体影响。首先，从城市或农村人均低保支出的一次项来看，城乡人均低保支出与城乡收入分配差距之间并没有显著的线性关系，这与杨翠迎和冯广刚（2014）① 的研究结论存在一定的差异，这可能与研究区间的选取有一定关系。引入城乡人均低保支出对数的二次项后，城市人均低保支出对城乡居民收入分配差距的影响仍不显著；而引入农村人均低保支出对数的平方项后，发现一次项和平方项对城乡居民收入分配差距有显著的影响，一次项和平方项系数均通过了 1% 的显著性检验，从两者的系数符号来看，可知农村低保人均支出与居民收入分配差距存在“倒 U 型”的关系。进一步在控制城乡人均低保支出对数的一次项、二次项的基础上，引入城乡低保支出差距指标。第（3）列和第（6）列的回归结果显示，城乡低保支出差距显著促进了城乡居民收入分配差距，在两个模型中均通过了 1% 的显著性检验。同时，在控制城乡低保支出差距的情形下，城镇低保支出对城乡居民收入差距的影响并不显著。但是，从农村低保人均支出对数一

① 杨翠迎，冯广刚．最低生活保障支出对缩小居民收入差距效果的实证研究［J］．人口学刊，2014，36（03）：33 - 40.

次项及其平方的系数来看，一次项系数显著为正，二次项系数显著为负，说明在引入城乡低保支出差距后，农村人均低保支出与城乡居民收入差距依然呈现“倒 U 型”关系。即当农村人均低保支出低于一定水平时，农村人均低保支出与城乡收入差距水平呈负相关；当农村人均低保支出高于一定水平时，农村人均低保支出与城乡收入差距水平呈正相关。通过计算模型（4）的农村人均低保支出对数的极值点，并通过对数转换，可知农村人均低保支出取值在 1719.95 元左右，城乡居民收入差距较大，但超过该水平时城乡居民收入差距将会逐渐缩小。这可能是因为：在控制城乡低保支出差距的情况下，当农村人均低保支出水平过低时，其对农村居民收入效应不足以抵消城乡收入差距的扩大效应；只有当农村居民人均低保支出达到一定的水平后，其对城乡居民收入差距的抑制作用才得以显现。其中，在 2013 年全国各省农村低保平均值达到 1724.56 元，2014 年平均值为 1998.42 元，2015 年平均值达到 2326.93 元，2016 年平均值达到 2708.04 元，表明在 2013 年之后，提升农村低保支出对于降低城乡收入差距有着积极的作用。

表 7-7　　城乡低保实施对城乡居民收入差距影响回归结果

变量名称	(1)	(2)	(3)	(4)	(5)	(6)
城市人均低保支出对数	-0.0832 (0.2273)	2.0229 (3.1020)	3.8102 (3.0825)	—	—	—
城市人均低保支出对数平方	—	-0.1288 (0.1891)	-0.2496 (0.1886)	—	—	—
低保支出差距对数	—	—	0.1792*** (0.0530)	—	—	0.1767*** (0.0503)
农村人均低保支出对数	—	—	—	0.1443 (0.1536)	3.6356*** (1.1881)	4.2361*** (1.1734)
农村人均低保支出对数平方	—	—	—	—	-0.2404*** (0.0811)	-0.2843*** (0.0803)
第一产业产值占比对数	-0.4842 (0.3514)	-0.5580# (0.3681)	-0.3579 (0.3652)	-0.2812 (0.3659)	-0.6384* (0.3798)	-0.3720 (0.3788)
第三产业产值占比对数	-0.7935* (0.4602)	-0.7223# (0.4724)	-0.8939* (0.4653)	-0.9416** (0.4594)	-0.4689 (0.4795)	-0.6837# (0.4725)

续表

变量名称	(1)	(2)	(3)	(4)	(5)	(6)
人口城镇化对数	4.0646*** (1.2011)	3.9777*** (1.2092)	4.3174*** (1.1880)	4.0207*** (1.1976)	3.2281*** (1.2087)	3.4502*** (1.1828)
铁路营业里程密度对数	-0.7264*** (0.2725)	-0.7348*** (0.2731)	-0.7470*** (0.2674)	-0.8155*** (0.2684)	-0.8195*** (0.2642)	-0.8735*** (0.2586)
人均受教育年限对数	-0.0226 (1.1668)	-0.1259 (1.1779)	-0.1562 (1.1531)	-0.5074 (1.2032)	-0.6399 (1.1850)	-0.7267 (1.1582)
人均床位数对数	-3.2319*** (0.4918)	-3.3109*** (0.5058)	-3.1858*** (0.4966)	-3.3741*** (0.4832)	-3.5128*** (0.4779)	-3.4268*** (0.4676)
常数项	9.4443*** (3.1439)	1.8297 (11.6192)	-6.1862 (11.6198)	10.3802*** (3.2308)	1.0348 (4.4791)	-1.4281 (4.4323)
样本量（个）	279	279	279	279	279	279
拟合优度	0.5545	0.5553	0.5756	0.5559	0.5715	0.5926

注：（1）括号内为标准误；#、*、**、*** 分别代表通过 15%、10%、5%和 1%的显著性检验。（2）“—”代表无数据。

控制变量方面，第一产业产值比重和第三产业产值比重对城乡居民收入差距均表现出一定的抑制作用，但是显著性较弱。人口城镇化显著促进了城乡居民收入分配差距，并在所有模型中都通过了1%的显著性检验，这可能因为随着城镇化的推进，农村居民的劳动报酬率逐渐递减，从而引起城乡居民收入差距扩大（杨森平，2015）①。铁路营业里程密度对城乡居民收入差距有显著的抑制作用，并且在多数模型中通过了1%的显著性水平，这可能是因为铁路方面的基础交通较大地促进了农村劳动力的流动，解放了农村部分劳动生产力，从而更多地促进了农村居民收入水平提升，缩小了城乡居民之间的收入差距。居民受教育平均年限方面，其系数为负但并不显著，表明居民受教育水平的普遍提升尽管有利于缩小城乡居民收入差距，但是这种影响并不显著。医疗水平方面，卫生机构床位数对城乡居民收入差距促进作用显著，这可能是因为：尽管医疗水平提高对城乡居民收入水平的提升都有一定的促进作用，但是这种促进作用对城镇居民的作用更强，因此医疗水平的

① 杨森平，唐芬芬，吴栩．我国城乡收入差距与城镇化率的倒U关系研究［J］．管理评论，2015，27（11）：3－10.

提升拉大了城乡居民收入差距。

7.4.3.2　城乡低保支出差距对不同区域城乡收入差距的影响分析

进一步考虑到城市低保人均支出对居民收入分配影响不显著，在分析城乡低保人均支出差距对不同地区居民收入的影响时，仅在城乡低保差距变量的基础上引入农村人均低保支出一次项和二次项，具体的回归结果如表 7 - 8 所示。回归结果显示，不同地区城乡低保支出差距、农村低保人均支出对居民收入分配的影响存在一定的差异。主要表现在：（1）城乡人均低保支出差距方面，对东部地区居民收入差距的影响显著为正，对中部地区的影响为负但不显著，对西部和东北地区的影响均为正但不显著；（2）农村低保人均支出对数与东部、中部、西部居民收入分配差距均存在显著的“倒 U 型”关系，但对东北地区的影响不显著。另外，控制变量对不同地区城乡间居民收入分配差距的影响也存在一定的差异。

表 7 - 8　　城乡低保人均支出差距对不同地区居民收入差距的影响

变量名称	(1) 东部	(2) 中部	(3) 西部	(4) 东北
低保支出差距对数	0.1439* (0.0852)	-0.3444 (0.0881)	0.0148 (0.0551)	0.0519 (0.1683)
农村人均低保支出对数	10.9002*** (3.5513)	4.4201*** (0.7751)	4.4881*** (0.6113)	-1.5115 (4.5937)
农村人均低保支出对数平方	-0.6755*** (0.2340)	-0.3412*** (0.0552)	-0.3449*** (0.0447)	0.1010 (0.3435)
第一产业产值占比对数	0.1507 (1.4143)	-0.0628 (0.1811)	0.4478** (0.1800)	-0.5448 (0.3868)
第三产业产值占比对数	0.3220 (2.0418)	-0.2958 (0.2195)	-0.5206*** (0.1835)	0.6903 (0.6627)
人口城镇化对数	-2.3016 (3.9874)	0.1039 (0.8556)	0.8631# (0.5203)	-13.2576*** (2.7100)
铁路营业里程密度对数	-0.4905 (0.7690)	-0.2157 (0.2101)	-0.1140 (0.0884)	-1.2635# (0.7878)

续表

变量名称	(1) 东部	(2) 中部	(3) 西部	(4) 东北
人均受教育年限对数	5.8286 (4.2347)	-0.3288 (0.6700)	-0.4273 (0.3567)	-5.8776** (2.6436)
人均床位数对数	-7.0413*** (1.2389)	-1.0226*** (0.2291)	-1.0554*** (0.2089)	0.7819 (1.6067)
常数项	-6.3607 (12.0070)	-7.8204** (3.3934)	-10.7146*** (2.7698)	69.7920** (26.4232)
样本量（个）	90	54	108	27
拟合优度	0.6943	0.9767	0.9280	0.9699

注：括号内为标准误；#、*、**、*** 分别代表通过 15%、10%、5% 和 1% 的显著性检验。

7.5 城乡低保支出对居民收入泰尔指数的影响

这里进一步使用省级宏观数据，测算享受城乡低保前后居民收入分配格局的变化，计算出享受低保之后，城乡居民收入差距改变了多少，评估低保政策对居民收入分配格局的影响。首先计算出城镇或农村居民的收入差距，这里采用泰尔指数指标，再从居民收入中剔除人均低保支出，计算出剔除低保后居民的收入差距水平。其中，剔除低保后的居民平均收入水平 = 家庭人均纯（可支配）收入 - 低保人口比重 × 低保平均支出水平。这里的居民收入水平数据为上面实证分析中使用到的城镇或农村居民家庭人均收入，平均低保支出等数据使用的是《中国民政年鉴》中的分省数据。具体的收入分配改善公式为：

$$RE_{theil} = (theil_{不含} - theil_{含})/theil_{不含}$$

其中，RE_{theil} 代表城乡居民收入泰尔指数的相对变化率，$theil_{不含}$ 和 $theil_{含}$ 分别代表不含低保收入和包含低保收入的城乡居民收入泰尔指数。

7.5.1 含低保收入与不含低保收入城乡内部居民收入差距变化

表 7-9 呈现了 2008—2016 年城市和农村居民收入水平，在不含低保和

包含低保两种情况下，全国省级层面城市和农村居民收入差距的变化情况。首先，从城市居民收入差距来看，城市低保对城市居民间收入差距有一定的抑制作用，其中在 2011 年之前城市低保对于均衡城市居民收入水平的作用相对较大，但是在 2012 年之后，城市低保的抑制作用逐渐减弱，这可能是城市低保覆盖率逐年降低所致。平均来看，2008—2016 年城市低保使得城市居民的收入差距每年大约降低了 2.19%。其次，从农村居民收入差距来看，农村低保在实施之后，对于缩小农村居民间的收入差距作用较为明显，农村低保对农村居民间收入差距的抑制作用逐渐得到增强，在 2011 年之后，农村低保每年能够使农村居民间的收入差距降低超过 5%。平均来看，2008—2016 年农村低保使得农村居民的收入差距每年大约降低了 4.65%。

表 7－9　2008—2016 年城市和农村居民收入水平泰尔指数变化（不含低保和包含低保）

年份	城市居民收入泰尔指数			农村居民收入泰尔指数		
	不含低保	含低保	降低百分比(%)	不含低保	含低保	降低百分比(%)
2008	0.0284	0.0277	2.32	0.0443	0.0434	2.03
2009	0.0282	0.0275	2.58	0.0456	0.0440	3.53
2010	0.0287	0.0280	2.50	0.0431	0.0413	4.28
2011	0.0275	0.0267	2.81	0.0428	0.0402	6.08
2012	0.0257	0.0251	2.33	0.0403	0.0382	5.25
2013	0.0252	0.0246	2.21	0.0385	0.0364	5.43
2014	0.0243	0.0239	1.78	0.0307	0.0291	5.35
2015	0.0240	0.0236	1.61	0.0306	0.0289	5.46
2016	0.0243	0.0240	1.34	0.0304	0.0288	5.30
均值	0.0262	0.0257	2.19	0.0385	0.0367	4.65

注：降低百分比数值大小受到泰尔指数“四舍五入”的影响。下同。

表 7－10 呈现了 2008—2016 年分地区城市居民收入水平，在不含低保收入和包含低保收入两种情形下泰尔指数的变化情况。可以看出，除了中部地区以外，其他区域实施城市低保都能降低区域内城市居民收入不平等。其中，2008—2016 年东部地区城市居民收入差距因城市低保支出平均降低了 0.38%，中部地区反而扩大了 0.91%，西部地区缩小了 4.37%，东北地区缩小了 4.60%。这表明城市低保在平衡区域内居民收入水平方面，在东北和

西部地区的作用最为明显，在东部地区的作用相对较小，而在中部地区的城市低保则助推了中部地区城市居民收入差距的进一步扩大。从时间的变化趋势来看，城市低保在东部、西部和东北地区抑制各个区域内部城市居民收入差距方面的作用逐年降低。

表 7－10　　2008—2016 年分地区城市居民收入水平泰尔指数变化（不含低保和包含低保）

年份	东部			中部			西部			东北		
	不含低保	含低保	降低百分比（%）	不含低保	含低保	降低百分比（%）	不含低保	含低保	降低百分比（%）	不含低保	含低保	降低百分比（%）
2008	0.0170	0.0169	0.42	0.0003	0.0003	0.28	0.0035	0.0034	4.45	0.0046	0.0044	3.54
2009	0.0163	0.0162	0.52	0.0003	0.0003	－0.68	0.0038	0.0036	5.18	0.0050	0.0048	4.52
2010	0.0156	0.0155	0.48	0.0002	0.0002	－1.14	0.0040	0.0038	4.73	0.0061	0.0057	5.50
2011	0.0155	0.0154	0.57	0.0002	0.0002	1.50	0.0039	0.0037	5.95	0.0070	0.0066	5.91
2012	0.0146	0.0146	0.53	0.0002	0.0002	－2.25	0.0036	0.0034	4.89	0.0071	0.0067	4.54
2013	0.0146	0.0145	0.45	0.0002	0.0002	－0.55	0.0034	0.0033	4.78	0.0070	0.0066	4.97
2014	0.0202	0.0201	0.28	0.0008	0.0008	－1.14	0.0019	0.0019	1.85	0.0076	0.0073	4.14
2015	0.0203	0.0203	0.22	0.0008	0.0009	－1.48	0.0017	0.0016	0.93	0.0076	0.0072	4.30
2016	0.0205	0.0205	0.11	0.0012	0.0012	－0.96	0.0016	0.0016	2.13	0.0071	0.0068	3.79
均值	0.0172	0.0171	0.38	0.0005	0.0005	－0.91	0.0031	0.0029	4.37	0.0066	0.0063	4.60

表 7－11 呈现了 2008—2016 年分地区城市居民收入水平，在不含低保收入和包含低保收入两种情形下泰尔指数的变化。可以看出，农村低保的实施对四个区域内部农村居民收入差距的缩小均有明显的降低作用。

表 7－11　　2008—2016 年分地区农村居民收入水平泰尔指数变化（不含低保和包含低保）

年份	东部			中部			西部			东北		
	不含低保	含低保	降低百分比（%）	不含低保	含低保	降低百分比（%）	不含低保	含低保	降低百分比（%）	不含低保	含低保	降低百分比（%）
2008	0.0253	0.0252	0.14	0.0009	0.0009	0.74	0.0141	0.0133	5.54	0.0021	0.0021	1.77
2009	0.0262	0.0260	0.64	0.0014	0.0014	2.58	0.0138	0.0127	8.06	0.0021	0.0020	4.46

续表

年份	东部			中部			西部			东北		
	不含低保	含低保	降低百分比（%）	不含低保	含低保	降低百分比（%）	不含低保	含低保	降低百分比（%）	不含低保	含低保	降低百分比（%）
2010	0.0258	0.0256	0.57	0.0016	0.0015	2.63	0.0126	0.0113	10.54	0.0013	0.0013	4.63
2011	0.0232	0.0230	0.90	0.0017	0.0016	5.83	0.0149	0.0127	15.04	0.0011	0.0010	6.84
2012	0.0221	0.0219	1.14	0.0016	0.0016	5.13	0.0142	0.0124	12.85	0.0009	0.0009	0.74
2013	0.0210	0.0208	1.14	0.0016	0.0015	5.57	0.0136	0.0119	12.79	0.0009	0.0009	3.62
2014	0.0233	0.0230	1.24	0.0013	0.0012	5.40	0.0108	0.0094	12.95	0.0004	0.0004	5.76
2015	0.0239	0.0236	1.08	0.0015	0.0014	3.23	0.0103	0.0088	14.34	0.0007	0.0007	7.72
2016	0.0242	0.0239	1.00	0.0016	0.0015	3.83	0.0104	0.0089	13.64	0.0007	0.0007	8.25
均值	0.0239	0.0237	0.86	0.0015	0.0014	4.05	0.0127	0.0113	11.61	0.0011	0.0011	4.34

具体来看，2008—2016 年，农村低保的实施平均每年使得东部、中部、西部和东北地区内部农村居民收入差距分别拉低了 0.86%、4.05%、11.61%和 4.34%。这说明，农村低保的实施对于降低西部地区农村居民收入差距的作用最大，其次是东北和中部地区，对于东部地区农村居民收入差距的拉低作用较为有限。

7.5.2　含低保收入与不含低保收入城乡之间居民收入差距变化

表 7－12 呈现了 2008—2016 年城乡居民收入差距变化情况，这里使用泰尔指数公式（见公式 7－1）计算得出各省城乡间居民收入的差距，进一步利用省级层面数据计算出各个年份的泰尔指数及其平均值。通过比较剔除低保收入情况下的城乡居民收入差距和包含低保收入情况下的城乡居民收入差距，发现城乡低保支出对于降低全国各省平均的城乡居民收入差距有一定的积极效果。从全国来看，城乡低保制度的实施对于降低城乡之间居民收入差距的拉低作用逐步加强，低保制度的实施使得全国城乡居民收入差距平均每年降低约 1.36%。分地区的比较结果表明，东部地区低保制度的实施使得地区内城乡居民收入差距平均每年降低约 0.42%，中部地区平均每年降低约 0.84%，西部地区平均每年降低约 1.76%，东北地区平均每年降低约 0.03%。

表 7 - 12　　2008—2016 年城乡居民收入差距变化情况（不含低保和包含低保）

年份	全国			东部			中部			西部			东北		
	不含低保	含低保	降低百分比（%）	不含低保	含低保	降低百分比（%）	不含低保	含低保	降低百分比（%）	不含低保	含低保	降低百分比（%）	不含低保	含低保	降低百分比（%）
2008	0. 2211	0. 2204	0. 30	0. 0969	0. 0967	0. 26	0. 2287	0. 2287	0. 02	0. 3631	0. 3615	0. 45	0. 0512	0. 0517	-0. 91
2009	0. 2113	0. 2096	0. 81	0. 0935	0. 0931	0. 43	0. 2145	0. 2138	0. 37	0. 3473	0. 3435	1. 08	0. 0532	0. 0534	-0. 28
2010	0. 1852	0. 1832	1. 07	0. 0820	0. 0816	0. 49	0. 1900	0. 1891	0. 49	0. 3048	0. 3004	1. 44	0. 0416	0. 0418	-0. 51
2011	0. 1659	0. 1630	1. 75	0. 0751	0. 0746	0. 60	0. 1621	0. 1604	1. 06	0. 2769	0. 2707	2. 26	0. 0320	0. 0320	0. 09
2012	0. 1506	0. 1481	1. 69	0. 0706	0. 0702	0. 60	0. 1418	0. 1403	1. 07	0. 2520	0. 2466	2. 15	0. 0289	0. 0288	0. 20
2013	0. 1362	0. 1338	1. 81	0. 0662	0. 0659	0. 52	0. 1237	0. 1221	1. 27	0. 2287	0. 2234	2. 30	0. 0250	0. 0250	0. 14
2014	0. 1102	0. 1081	1. 88	0. 0544	0. 0542	0. 40	0. 0931	0. 0917	1. 52	0. 1871	0. 1827	2. 37	0. 0224	0. 0223	0. 69
2015	0. 0987	0. 0966	2. 14	0. 0466	0. 0464	0. 29	0. 0806	0. 0792	1. 78	0. 1705	0. 1659	2. 67	0. 0214	0. 0211	1. 30
2016	0. 0884	0. 0863	2. 37	0. 0432	0. 0432	0. 09	0. 0689	0. 0673	2. 25	0. 1529	0. 1484	2. 95	0. 0193	0. 0189	1. 84
均值	0. 1519	0. 1499	1. 36	0. 0698	0. 0695	0. 42	0. 1448	0. 1436	0. 84	0. 2537	0. 2492	1. 76	0. 0328	0. 0328	0. 03

表 7－12 中的结果表明城乡低保制度的实施对于降低城乡之间居民收入差距的作用较为微弱。李实（2015）[①] 通过模拟分析发现，中国再分配政策可以使收入差距的基尼系数缩小 10% 左右，而 OECD 国家的平均水平大概是 40%，其中有些国家的比例更高。通过比较可知，我国城乡低保制度在降低居民收入差距中的作用偏弱。

7.6　本章小结

本章主要基于 2008—2016 年的省级宏观数据，通过构建计量模型实证研究了城乡低保制度的实施对城乡居民收入水平及城乡间居民收入分配的影响。

首先，本章实证研究了城市低保制度的实施对城镇居民收入水平的影响，并分区域研究了城市低保在各个区域的实施所产生的效果。实证结果表明：城市低保支出对城镇居民收入水平有着显著的促进作用。从固定效应模型来看，在控制其他变量保持不变的情况下，城镇人均低保支出平均每增加 1%，将会使城镇居民收入水平提高约 0.3598 个百分点。分地区的回归结果显示，城市低保的实施对中部和西部地区的作用较强，对东部地区作用次之，但对东北地区的促进作用不显著。

其次，实证研究了农村低保制度的实施对农村居民收入水平的影响，并分区域研究了农村低保在各个区域的实施产生的效果。实证结果表明：总体而言，农村低保的实施有利于促进农村居民收入水平的提高。在控制其他变量保持不变的情况下，农村人均低保支出平均每增加 1%，将会使城镇居民收入水平提高约 0.2699 个百分点。分地区来看，农村低保的实施对东部地区居民收入的促进作用最大，其次为西部地区，再次为中部地区，而东北地区农村低保的实施对农村居民收入的促进作用不显著。

最后，在上述基础上，实证研究了城乡低保制度的实施对城乡居民收入水平及收入分配差距的影响。实证结果表明：城乡低保支出水平对于促进城

---

① 李实．中国财产分配差距与再分配政策选择［J］．经济体制改革，2015（01）：21.

乡居民收入水平提升有着显著的促进作用，并且在不同地区对城乡居民收入的促进作用大小不同。城乡低保支出差距的扩大，在一定程度上导致了城乡居民收入分配格局的恶化，即扩大了城乡居民收入差距，但是仅在东部地区的影响较为显著。此外，城市低保人均支出对城乡间居民收入差距影响较弱，农村人均低保支出与城乡居民收入分配差距存在“倒U型”关系。

同时，还分别测算了剔除低保收入和包含低保收入两种情形下，城市居民间收入差距、农村居民间收入差距及城乡间居民收入差距的变化情况。通过对比发现，低保制度的实施对于降低居民收入差距有一定的积极作用，并且在不同地区的作用存在差别，城乡低保对于西部地区居民收入分配格局的改善作用最为明显。

| 第 8 章 |

结论与政策建议

8.1　主要研究结论

本书在梳理我国城市和农村最低生活保障制度历史和现状的基础上，采用多种方法对我国城乡低保标准进行了测算与比较。运用区域差距的测算方法，从省级、市级和县级层面，测算了城市和农村低保标准、低保人均支出水平的总体差距及各个区域的差距演化情况。借助泰尔指数分解方法和基尼系数分解方法，进一步分析了区域差距的内部结构。最后，使用省级面板数据，借助计量模型，实证检验了城乡低保制度的实施对城乡居民收入水平及收入差距的影响，并测算了实施城乡低保对城乡内部和城乡间居民收入差距的改善效果。

通过梳理我国城市和农村最低生活保障制度的历史和现状，发现我国城市和农村低保标准和低保支出都表现出逐年上升的趋势，低保对贫困人口的保障力度越来越大。但是从中央政府、省级政府、市级政府和县级及以下政府在城乡低保资金方面的分担比例来看，中央承担了绝大部分的低保资金支出，地方政府承担的比例相对较低。从地方政府内部来看，县级政府承担了更多的支出事权，省级政府和市级政府在城乡低保方面的支出比例相对偏低。我国长期以来的城乡二元结构导致了我国城乡低保制度彼此独立运行，并且低保制度的“城市偏向”较为突出（肖育才、余喆杨，2017）①；尽管

① 肖育才，余喆杨．社会保障支出对城乡收入差距的影响研究［J］．华东经济管理，2017，31(03)：32-41.

城乡低保标准占城乡居民收入水平、消费水平比例较为平稳且稳中有小幅攀升，但是城乡低保标准在满足城乡居民的生存型消费方面还存在一定的“缺口”，表明我国低保保障程度总体偏低；另外，低保标准的制定缺乏“硬约束”以及低保资金政府间分担比例没有制度化，导致各个地区（省、市、县）低保标准和低保保障力度存在较大的差异。

8.1.1 城乡低保标准测算研究结论

从低保标准制定的常用方法出发，利用全国宏观数据测算了各种方法之下的城市、农村理论低保标准，进一步将这些测算的理论低保线与城乡低保实际执行标准进行比较。研究发现，城镇低保实际执行标准比较接近消费支出比例法下的理论测算结果，低于恩格尔系数法下的理论城镇低保标准，大约能保证70%的基本食品消费支出；在采用线性支出模型方法进行测算的情况下，实际执行的城镇低保标准仅能够维持基本的食品和衣着消费，但是对于进一步保障城镇贫困群体的居住需求还存在一定的缺口；通过与马丁法下的低贫困线、高贫困线进行比较，发现现行的城镇低保标准分别存在30%—40%、50%—60%的保障缺口。农村低保标准方面，实际执行标准略高于消费比例支出法下测算的理论农村低保标准，低于恩格尔系数法下计算的理论农村低保标准，但随着农村低保制度的逐步实施，恩格尔系数法下的理论农村低保标准与实际的农村低保标准越来越接近；与线性支出模型计算的理论农村低保标准对比，发现实际执行的农村低保标准能够覆盖贫困群体基本的食品需求，但是如果进一步满足住房和穿衣的最低消费需求则存在20%—30%的缺口；而与马丁法之下计算的农村低贫困线和高贫困线进行比较，发现农村实际执行的低保标准不足以满足农村居民的低贫困需求和高贫困生活标准，仅占低贫困线的30%—40%、高贫困线的20%—30%，存在着较大的保障缺口。这表明，我国在制定城乡低保标准时更多使用的是消费比例支出法，但是这种方法估算出来的低保标准是最低的，该方法依靠过去的低保标准和居民消费情况，存在较强的“历史依赖”，倘若上一年制定的低保标准偏低，之后年份该标准很可能会一直低下去。

8.1.2 城市和农村低保标准区域差距研究结论

鉴于城乡低保制定实际是由地方政府制定并上报到上级政府备案后执行，因此不同地方政府在制定城乡低保标准时会出现分化现象，即导致地区间低保标准存在差距。本书主要采用基尼系数和泰尔指数对城乡低保标准区域性差距进行了测算，城市低保标准区域差距测算区间为2007—2017年，农村低保标准区域差距测算区间为2008—2017年。进一步利用差距分解方法，对城乡低保差距来源占比情况进行了分析。

（1）全国和各区域城乡低保标准差距情况（见表8-1）。城市低保标准差距方面，全国各级政府城镇低保标准差距测算结果显示，省级、市级和县级层面均表明全国城乡低保标准总体呈现缩小态势，相比而言，省级和县级层面的差距较大。分地区的城镇低保标准差距测算结果显示，东部地区省级、市级和县级层面的城镇低保标准差距水平走势不完全一致，东部地区县级差距最大，省级次之，市级层面的差距最小；中部地区省级层面的城镇低保标准差距水平表现为在低水平波动，而市级和县级层面的差距水平大致表现出“先扩大后缩小”的走势，比较而言，省级层面的低保标准最为公平，其次为市级层面，最后是县级层面；西部地区省级、市级和县级层面的城镇低保标准差距水平表现出一定的波动性，同时县级层面不均衡程度最强，其次是市级层面，省级层面相对最为均衡；东北地区省级、市级和县级层面的城镇低保标准差距水平均表现出逐年缩小的态势，并且县级层面不均衡程度最强，其次是市级层面，省级层面相对最为均衡。以上的结果表明，不同区域城镇低保标准差距均为县级政府之间的不均衡程度最强，说明将低保标准的自主权交给基层政府制定，可能会导致城镇低保标准在区域之间不公平。

农村低保标准差距方面，全国各级政府农村低保标准差距测算结果显示，省级、市级和县级层面的结果均一致表明农村低保标准差距总体表现出逐年缩小的趋势。从分地区的测算结果来看，东部地区省级、市级和县级层面的农村低保标准差距总体较为平稳，并且在近几年来表现出小幅的降低趋势，此外，政府层级越低，农村低保标准的区域不均衡现象越严重。中部地区各级政府的农村低保标准差距总体表现出“先扩大后缩小”的走势，并且在实施农村低保政策之初，农村低保标准在市级单位和县级单位之间的差距较大，并且县级层面的农村低保标准最不均衡，省级层面最为均衡。西部和东北地区不同政府层级农村低保标准差距均呈现出逐年降低的趋势，并同样是政府层级越低，低保标准的均衡性越弱。各区域的差距指标一致表明，县级层面的农村低保标准均衡性相对最弱，省级层面低保标准的差距相对较小。但从全国来看，省级层面的不均衡程度最强。

表 8－1　　全国和各区域城乡低保标准差距情况汇总

区域	行政级别	城市（2007—2017 年）			农村（2008—2017 年）		
		差距走势	theil 均值	gini 均值	差距走势	theil 均值	gini 均值
全国	省级	降低	0.0294	0.1292	降低	0.1042	0.2388
	市级	降低	0.0229	0.1169	降低	0.0897	0.2209
	县级	降低	0.0292	0.1310	降低	0.0991	0.2290
东部	省级	升－降－升	0.0277	0.1316	总体稳定	0.0701	0.2095
	市级	升－降－升	0.0223	0.1188	总体稳定	0.0810	0.2263
	县级	降低	0.0307	0.1393	总体稳定	0.1000	0.2480
中部	省级	波动	0.0036	0.0458	升－降	0.0071	0.0643
	市级	升－降	0.0110	0.0823	升－降	0.0425	0.1527
	县级	升－降	0.0163	0.0950	升－降	0.0545	0.1673
西部	省级	波动	0.0129	0.0863	降低	0.0239	0.1063
	市级	波动	0.0202	0.1051	降低	0.0492	0.1522
	县级	波动	0.0233	0.1155	降低	0.0601	0.1702
东北	省级	降低	0.0049	0.0502	降低	0.0092	0.0632
	市级	降低	0.0104	0.0771	降低	0.0276	0.1171
	县级	降低	0.0178	0.0969	降低	0.0413	0.1323

注：根据第 5 章测算结果整理。

（2）泰尔指数分解结果（见表 8－2）。以省份为组别，将所有的地级市和县区划分为 31 个组，采用泰尔指数分解方法，将各个区域城镇低保标准的不平等分解为组内不平等和组间不平等。根据城市低保标准泰尔指数分解结果，市级层面的分解结果显示：省内不平等程度（组内不平等）由大到小依次为东部、西部、中部、东北地区，省份之间的不平等（组间不平等）由大到小依次为西部、东部、东北、中部地区。县级层面的分解结果显示：省内不平等程度由大到小依次为东部、东北、中部、西部地区，省份之间的不平等由大到小依次为东部、西部、东北、中部地区。对全国而言，组间不平等占比相对较高，而中部和东部地区组内不平等的成分更多，同时东部地区组内差距和组间差距在四个地区中相对较高。

表 8 - 2　　全国和各区域城乡低保标准泰尔指数分解情况

区域	行政级别	城市（2007—2017 年）				农村（2008—2017 年）			
		组内平均	组间平均	组内占比（%）	组间占比（%）	组内平均	组间平均	组内占比（%）	组间占比（%）
全国	市级	0.0097	0.0133	42.20	57.80	0.0316	0.0580	35.27	64.73
	县级	0.0128	0.0164	43.81	56.19	0.0410	0.0581	41.38	58.62
东部	市级	0.0143	0.0081	63.87	36.13	0.0377	0.0433	46.54	53.46
	县级	0.0148	0.0158	48.35	51.65	0.0405	0.0595	40.47	59.53
中部	市级	0.0068	0.0041	62.22	37.78	0.0346	0.0080	81.25	18.75
	县级	0.0124	0.0039	76.25	23.75	0.0475	0.0070	87.16	12.84
西部	市级	0.0084	0.0117	41.75	58.25	0.0271	0.0221	55.09	44.91
	县级	0.0109	0.0124	46.89	53.11	0.0394	0.0207	65.59	34.41
东北	市级	0.0059	0.0045	56.77	43.23	0.0204	0.0072	73.97	26.03
	县级	0.0138	0.0040	77.60	22.40	0.0360	0.0053	87.17	12.83

注：根据第 5 章测算结果整理。

根据农村低保标准泰尔指数分解结果，组内差距由大到小依次为东部、中部、西部和东北地区，组间差距由大到小依次为东部、西部、中部和东北地区；从县级数据的分解结果来看，组内差距由大到小依次为中部、东部、西部和东北地区，组间差距与市级数据组间差距的排序一致。市级和县级层面的泰尔指数分解结果显示：从全国来看，组间不平等的占比相对更高；而从分区域的结果来看，除了东部地区组间不平等贡献率相对更高以外，其他三个地区组内不平占比相对更高。

（3）基尼系数分解结果（见表 8 - 3）。城镇低保标准 Dagum 基尼系数分解结果表明，区域内差距方面，相对于中部和东部地区，东部地区和西部地区区域内部城镇低保标准的不平衡更为严重。组间基尼系数结果表明，东部与中部、西部、东北地区之间组间差距相对较大，但有逐步降低的趋势，中部、西部、东北地区两两之间的组间差距相对较小，并且变化相对较为平稳。从区域内、区域间和超变密度贡献率的大小来看，区域间的差距为区域总体差距的贡献率最高，2007—2017 年省级层面城镇低保标准差距中平均有 61.05% 来源于区域间的差距，市级层面和县级层面分别有 43.59% 和 41.01% 的差距来源于区域间的差距。

表 8-3　城乡低保标准区域差距 Dagum 基尼系数分解占比

行政级别	城市（2007—2017 年）			农村（2008—2017 年）		
	区域内（%）	区域间（%）	超变密度（%）	区域内（%）	区域间（%）	超变密度（%）
省级	23.59	61.05	15.36	19.69	73.87	6.44
市级	25.12	43.59	31.30	22.03	57.62	20.35
县级	25.84	41.01	33.15	24.01	51.28	24.70

注：根据第 5 章测算结果整理。

农村低保标准 Dagum 基尼系数分解结果表明，中部地区农村低保标准的区域内差距最小，其次为东北地区，再次为西部地区，东部地区农村低保标准的区域内不均衡程度最高。区域间基尼系数结果表明，东部地区与其他三个地区间的农村低保标准差距相对较大，并且区域间农村低保标准差距在 2009—2015 年相对稳定，在 2015 年之后区域间差距才有所降低。从贡献率大小来看，地区间差距是农村低保标准差距的最大来源，其中省级、市级和县级层面区域内差距平均贡献率分别达到 73.87%、57.62% 和 51.28%。

（4）城乡间低保标准差距。根据城乡低保标准比值变化情况可知，2008—2017 年省级、市级和县级层面的城乡低保标准比值分别为 2.30、2.48 和 2.56。分区域来看，省级、市级和县级层面的结果一致表明，东部地区城乡低保标准差距总体最小，东北地区次之，再次为中部地区，西部地区城乡间低保标准差距最大。

8.1.3　城市和农村低保支出区域差距研究结论

基于《中国民政年鉴（光盘版）》中的数据，同样从省级、市级和县级三个层面，对城市和农村 2008—2016 年的人均低保支出区域差距进行测算。分别从全国和分区域测算了各年度城市和农村人均低保支出差距，结合泰尔指数分解方法和基尼系数分解方法，对城乡低保人均支出的来源占比进行了测算。同时，考察了城乡间低保支出的差距情况。相关研究结论描述如下。

（1）总体和各区域城乡低保人均支出差距情况（见表 8－4）。城市人均低保支出区域差距方面，从全国的区域差距来看，省级层面城镇人均低保支出差距相对较小，泰尔指数和基尼系数的均值分别为 0.0556 和 0.1710；市级和县级层面城镇人均低保支出差距相对较大，其中市级层面城镇人均低保支出泰尔指数和基尼系数的均值分别为 0.0662 和 0.1828，县级层面城镇人均低保支出泰尔指数和基尼系数的均值分别为 0.0618 和 0.1837。从分区域的测算结果来看，2008—2016 年四大区域在省级层面的城镇人均低保支出最为均衡，但是东部地区和中部地区表现为县级层面的差距最大，西部地区和东北地区表现为市级层面的差距最大。

表 8－4　　全国和各区域城乡低保人均支出差距测算结果汇总

区域	行政级别	城市（2008—2016 年）			农村（2008—2016 年）		
		差距走势	theil 均值	gini 均值	差距走势	theil 均值	gini 均值
全国	省级	降低	0.0294	0.1292	降低	0.1042	0.2388
	市级	降低	0.0229	0.1169	降低	0.0897	0.2209
	县级	降低	0.0292	0.1310	降低	0.0991	0.2290
东部	省级	升－降－升	0.0277	0.1316	小幅扩大	0.0701	0.2095
	市级	升－降－升	0.0223	0.1188	升－降	0.0810	0.2263
	县级	降低	0.0307	0.1393	总体稳定	0.1000	0.2480
中部	省级	总体稳定	0.0036	0.0458	总体稳定	0.0071	0.0643
	市级	降低	0.0110	0.0823	升－降	0.0425	0.1527
	县级	降低	0.0163	0.0950	降低	0.0545	0.1673
西部	省级	总体稳定	0.0129	0.0863	降低	0.0239	0.1063
	市级	波动	0.0202	0.1051	降低	0.0492	0.1522
	县级	波动	0.0233	0.1155	降低	0.0601	0.1702
东北	省级	降低	0.0049	0.0502	降低	0.0092	0.0632
	市级	降低	0.0104	0.0771	降低	0.0276	0.1171
	县级	降低	0.0178	0.0969	降低	0.0413	0.1323

注：根据第 6 章测算结果整理。

农村人均低保支出差距方面，从全国的差距水平来看，省级、市级和县级层面的测算结果一致表明，2008—2016 年农村人均低保支出差距大致呈现出“先扩大、后缩小”的态势。省级、市级和县级层面的农村人均低保支出差距差别较小，其中省级层面泰尔指数和基尼系数的均值分别为 0.1110 和 0.2448，市级层面泰尔指数和基尼系数的均值分别为 0.1204 和 0.2541，县级层面泰尔指数和基尼系数的均值分别为 0.1199 和 0.2551。从分区域的测算结果来看，尽管不同区域农村人均低保支出差距走势不尽一致，但绝大多数测算结果均表明农村人均低保支出差距在“精准扶贫”战略实施之后有所降低。同时，测算结果一致显示，省级层面的农村人均低保支出差距最小，但东部和中部地区县级层面农村人均低保支出最不均衡，西部地区市级层面与县级层面不均衡程度大致相当，东部地区市级层面不均衡程度最高。

（2）泰尔指数分解结果（见表 8－5）。城市方面，根据泰尔指数分解结果，不论是全国还是分区域，省份内部的城镇人均低保支出不均等是造成各市级或各县级单位城镇人均低保支出差距的主要来源。其中，各市城镇人均低保支出的省内不平等平均贡献了总体差距的 64.07%，而各县城镇人均低保支出的省内不平等平均贡献了总体差距的 74.68%。其中，东北和中部地区组内不平等占比相对较高，市级层面的数据显示东北和中部地区组内不平等的平均比重分别达到 77.53% 和 75.43%，县级层面的数据显示东北和中部地区组内不平等的平均比重分别达到 95.22% 和 87.93%。

表 8－5　　全国和分区域城乡人均低保支出泰尔指数分解占比

区域	行政级别	城市（2008—2016 年）		农村（2008—2016 年）	
		组内平均（%）	组间平均（%）	组内平均（%）	组间平均（%）
全国	市级	64.07	35.93	53.43	46.57
	县级	74.68	25.32	59.75	40.25
东部	市级	70.51	29.49	61.55	38.45
	县级	70.33	29.67	56.31	43.69
中部	市级	75.43	24.57	73.20	26.80
	县级	87.93	12.07	85.57	14.43
西部	市级	59.95	40.05	58.72	41.28
	县级	75.71	24.29	67.20	32.80
东北	市级	77.53	22.47	75.96	24.04
	县级	95.22	4.78	94.26	5.74

注：根据第 6 章测算结果整理。

农村方面，从泰尔指数分解结果来看，全国及分区域的测算结果均显示，来源于省份内部的农村人均低保支出差距相对大一些，2008—2016 年市级和县级层面农村人均低保支出的组内不平等平均比重分别为 54.43% 和 59.75%。其中，分区域的泰尔指数分解结果同样发现，东北和中部地区省份内部的农村人均低保支出差距贡献相对偏高，市级层面的数据显示东北和中部地区组内农村低保支出不平等的平均比重分别达到 75.96% 和 73.20%，县级层面的数据显示东北和中部地区组内不平等的平均比重分别达到 94.26% 和 85.57%。

(3) 基尼系数分解结果（见表 8-6）。城市方面，根据 Dagum 基尼系数分解结果，区域内基尼系数表明，东部和西部地区城镇人均低保支出的内部差距较大，中部和东北地区城镇人均低保支出的内部差距相对较小。从区域间的差距来看，省级层面差距分化较大，市级和县级层面的区域间差距趋于一致，并且省级和市级层面区域间差距大致表现出“扩大—缩小—扩大”的走势，而县级层面的区域间差距表现出“平稳—缩小—扩大”的走势。从城镇人均低保支出差距来源的贡献率来看，在不考虑超变密度贡献的情况下，省级层面分解结果表明区域间的差距对总体差距贡献相对较大，而市级和县级层面分解结果表明区域内部的差距对总体差距贡献相对较大。

表 8-6　城乡低保人均支出区域差距 Dagum 基尼系数分解占比

行政级别	城市（2008—2016 年）			农村（2008—2016 年）		
	区域内（%）	区域间（%）	超变密度（%）	区域内（%）	区域间（%）	超变密度（%）
省级	27.35	46.60	26.06	24.42	59.88	15.69
市级	28.54	20.53	50.93	26.10	38.09	35.82
县级	28.97	17.38	53.65	27.70	32.30	40.00

注：根据第 6 章测算结果整理。

农村方面，省级、市级和县级层面的区域内基尼系数一致表明，东部地区农村人均低保支出区域内差距最大，中部地区的区域内差距最小。区域间基尼系数结果表明，省级和市级层面农村人均低保支出区域间差距都表现出先扩大、后降低的走势，而县级层面的变化相对较为平稳，说明区域间各县农村低保支出差距没有任何改善。从差距的来源来看，除了超变密度贡献以外，省级、市级和县级层面的结果均表明，地区间的差距贡献了更多的农村人均低保总支出差距。其中，2008—2016 年省级层面地区间差距贡献率平均值为 59.88%，地区内差距贡献率平均值为 24.42%，市级层面地区间和地区内差距贡献率分别为 38.09% 和 26.10%，县级层面地区间和地区内差距贡献率分别为 32.30% 和 27.70%。

（4）城乡人均低保支出差距。从整体来看，城乡低保人均支出比值在近年来逐年降低，但是城市与农村人均低保支出的差距相对较大，省级、市级和县级层面的城乡低保人均支出比值平均值均为 2.2 左右。从分区域的结果来看，东部地区的城乡间低保支出差距最小，其他三个地区的城乡间低保支出差距相对较大，并且西部地区的城乡低保人均支出比值最高，省级、市级和县级层面的城乡低保人均支出平均比值分别达到 2.56、2.47 和 2.48。

8.1.4 城乡低保实施对城乡居民收入分配影响研究结论

利用 2008—2016 年的省级宏观数据，通过构建计量模型实证研究了城乡低保制度的实施对城乡居民收入水平及城乡间居民收入分配的影响。实证结果表明：（1）城市低保支出对城镇居民收入水平有着显著的促进作用。从固定效应模型来看，在控制其他变量保持不变的情况下，城镇人均低保支出平均每增加 1%，将会使城镇居民收入水平提高约 0.3598 个百分点；农村低保的实施有利于促进农村居民收入水平的提高。在控制其他变量保持不变的情况下，农村人均低保支出平均每增加 1%，将会使城镇居民收入水平提高约 0.2699 个百分点。（2）分地区的回归结果显示，城市低保的实施对中部和西部地区的作用较强，对东部地区作用次之，但对东北地区促进作用不显著；农村低保的实施对东部地区居民收入的促进作用最大，其次为西部地区，再次为中部地区，而东北地区农村低保的实施对农村居民收入的促进作用不显著。（3）城乡低保支出水平对于促进城乡居民收入水平提升有着显著的促进作用，并且在不同地区对城乡居民收入的促进作用大小不同。城乡低保支出差距的扩大，在一定程度上导致了城乡居民收入分配格局的恶化，即扩大了城乡居民收入差距，但是仅在东部地区的影响较为显著。此外，城市低保人均支出对城乡间居民收入差距影响较弱，农村人均低保支出与城乡居民收入分配差距存在“倒 U 型”关系。

同时，进一步测算了含低保收入和不含低保收入两种情形下，城市内部、农村内部和城乡之间居民收入差距的变动情况，测算结果表明城乡低保的实施对居民收入分配具有一定的改善作用，同时在各个地区的改善效果存在一定的差异。

8.2　政策建议

8.2.1　优化低保标准制定的政策建议

8.2.1.1　更大程度上满足贫困群体的生存型消费需求

通过本书的测算可以发现，我国的实际执行低保标准基本能够满足贫困居民的“衣食”生存型消费需求，但是在满足贫困居民基本的居住需求上仍然存在一定的缺口。对于贫困居民而言，基本的居住需求也是其生存型消费的一部分，这部分居住消费主要是指维持基本家庭生活的水电、燃煤和燃气等消费。尽管我国目前在部分城市建立起了住房保障制度，该制度在早期存在与低保标准相挂钩的现象，但是现在越来越多的城市将两者脱钩开来。另外，住房保障制度中的廉租房和经济适用房主要在地级市以上的城市有供给，农村居民缺乏相关的住房保障。即使不考虑居住消费中的购房或租房消费，低收入人群仍然需要解决一些基本的居住开支。因此，可以在满足贫困群体吃住等基本的生存型消费的基础上，进一步保障低收入群体最为基本的居住消费。

8.2.1.2　适当考虑贫困群体的发展型消费需求

我国当前的低保标准制定主要考虑的是贫困群体的吃穿等最为基本的消费需求，然而这只能使贫困群体在贫困线上“挣扎”，而不能使其获得更多的发展能力，这样的救助只是无效率地维持基本生活水平的救助，并不能让贫困群体有脱离最低生活水平的能力，长此以往对财政也是一种负担。因此，低保制度应适当考虑贫困群体在诸如教育和医疗等方面的发展型消费需求，对贫困群体“赋能”，增强他们脱离贫困的能力。中央应在原有低保标准规范方法的基础上，对低保标准制定公式进一步修正，或者引入新的低保标准规范方法，使得低保标准首先能够达到贫困群体的生存型消费，进一步适当满足其发展型消费需求。

8.2.1.3 吸收更多社会主体参与低保标准的制定过程

当前我国的低保标准由基层政府民政部门、统计部门和财政部门联合制定，其中民政部门牵头，统计部门负责提供统计数据和调查数据，财政部门根据部门预算审核低保标准的科学性。可见，在整个低保制定的过程中，并没有贫困居民直接参与到低保标准的制定过程中，他们可能在接受调查的过程中间接影响了低保标准的制定。低保标准制定过程不够公开，不能够保证低保标准制定的合理性。由于贫困群体对低保标准的高低最有发言权，让贫困群体和一些社会力量参与到低保标准的制定过程中，监督政府部门制定和决策低保标准的全过程，能够使制定出的低保标准更为合理。基层民政部门应将制定低保标准使用的具体方法和过程向社会公开，接受居民的监督。

8.2.2 改善低保标准区域差距的政策建议

8.2.2.1 降低低保标准在省份内部的差距水平

根据本书的测算结果，不论是市级还是县级层面，城镇低保标准的区域性差距中，中部和东北地区的省内差距相对更多；而在农村低保标准的区域性差距中，中部、西部和东北地区的省内差距则相对更多。这说明，这些地区在低保标准方面存在较为严峻的省内不均衡问题。为此，可以进一步统筹中部、西部和东北地区省份内部的低保标准制定，合理控制低保标准在不同市县的省内差距，具体来看有如下的实施思路：可以根据省域经济的发展情况，将全省（自治区、直辖市）的低保标准分为几个不同的档次，不同档次的低保标准之间差距应尽可能小。首先将地级市范围内的各个区县的城市或农村低保标准分别进行统一，然后再逐步扩大范围，缩小档次差距，几个地级市实行统一的城市或农村低保标准，然后再逐步扩大范围，实现一个省域范围内城市或农村低保标准分别统一。

8.2.2.2　缩小低保标准在区域间的差距

根据 Dagum 的分解结果可知，当前城乡低保标准差距中绝大多数都来源于区域之间，区域内部的差距来源相对较低。而区域之间的低保标准差距中，东部与中部、西部和东北地区之间的差距相对较大，因此应逐步降低东部地区与其他三个地区之间的低保标准差距。一方面，应适当控制东部地区低保标准的增长速度。东部地区中的经济发达省份（如北京、上海、天津、江苏、浙江）的城乡低保标准领先于中部、西部和东北地区的绝大多数省份，应适当对这些地区城乡低保标准的增长速度进行控制。另一方面，可以适当提高中部、西部和东北地区中经济相对落后省份的低保标准。比如提高连片贫困地区、老少边穷地区的城市或农村低保标准，对于提高低保标准有困难的地区，中央可以给予这些地区更多的转移支付或政策支持。

8.2.2.3　制定动态的低保标准下限，对地方政府制定低保标准形成硬约束

民政部门可以考虑制定动态的全国性的低保标准下限，可以分不同的经济发展水平制定不同的下限，对地方政府部门制定低保标准进行进一步的规范。尽管民政部在制定低保标准方面出台了一些规范性的方法，但是这些方法在实际使用过程中“自由度”较大。尽管地方将低保的事权下放到了地方政府，但是在缺乏约束的情况下，地方政府民政部门在制定低保标准时通常是“就低不就高”，导致贫困群体的最低生活诉求得不到有效的保障。因此，民政部在放权的同时，应对不同经济水平地区制定最低的低保标准指导线，以约束基层政府民政部门等相关部门制定的低保标准。

8.2.2.4　探索城乡间低保标准统筹发展，为消除城乡差别奠定基础

应逐步探索制定较低差别城乡低保标准，实现城乡低保标准统筹发展。2020 年农村全面脱贫以后，应制定统一的城乡贫困标准（陈志钢等，2019）①，逐步由贫困标准统一向低保标准统一过渡。当前我国城乡间的低保

① 陈志钢，毕洁颖，吴国宝，等．中国扶贫现状与演进以及 2020 年后的扶贫愿景和战略重点［J］．中国农村经济，2019（01）：2－16．

标准差别较大，这在很大程度上是低保制度本身造成的。因此，要想缩小城乡低保保障的差别，首先要从低保制度着手，逐步将城乡低保保障范围进行统一，形成统一的制度规范。其次，在制定城乡低保标准时，应尽可能地缩小城乡之间的低保标准差距。可以首先在县域范围内试点统一的或较小差别的城乡低保标准，然后再进一步在地级市范围内推广，逐步扩大到省域范围内或者较大的区域范围内。

8.2.3 缩小低保支出区域差距的政策建议

8.2.3.1 加大对各区域经济发展水平落后、财力较弱省份低保资金转移支付

根据本书的研究结果，可知城乡低保支出差距中省份内部的差距来源较多，同时农村低保支出区域间的差距水平相对较大。为了降低城乡低保支出水平的省内差距、缩小农村区域间差距，应注重对省内财力不足或区域财力有限的地区增加中央财力支持。对于中部、西部和东北地区，经济发展水平落后、财力较弱的地区在低保支出方面较为拮据，在政府多目标的情况下，增加低保支出确实可能会“捉襟见肘”。因此，应增加中央的低保专项资金转移支付，改善低保支出地区公平性。首先，应提高东部地区相对落后省份的转移支付，缩小东部地区各省、市或县的低保支出差距。东部地区中，福建省和海南省的城乡低保支出水平相对较低，但地方政府提高低保支出水平仍具有一定的可承受能力，可以适当提高本省城乡低保支出的比重，确保人均低保水平有一定程度的提高。其次，在省域范围内，各省应加大对财力较弱、经济水平相对低下地级市或县区的财力转移和支持，提高这些市县的人均低保支出水平，确保各省内部市级层面和县级层面的低保支出水平相差不要太大。再次，考虑到当前低保支出在政府之间的分配格局，除了需要进一步提高中央对地方的低保资金转移支付以外，在省级政府以下，省级政府应该提高对县级政府低保资金转移支付的比例，尤其应加大对非省会地级市县区的转移支付。

8.2.3.2 制定明确的低保资金地方分担比例，确保基层部门有足够财力

尽管最低生活保障属于全国性的“纯公共产品”，中央财政也承担了绝

大多数财力支出，但是省级以下政府低保资金的支出比例，并没有明确是以何种方式来分担。由于县级政府在低保管理之中承担主要的事权，在没有明确规定省级以下政府支出比例的情况下，县级政府在具体的支出中通常负有主要的责任，所以承担了更多的低保支出。因此，应在低保资金的支出比例上，明确省级政府、地级市政府和县级政府各自应承担的具体份额。在具体的分担比例上，可以结合全省财力分布情况，对财力较弱的县区级政府增加省内转移支付，提高省级财力的转移比例。当各省县级城市或农村低保支出差距水平较低时，提高县级城市低保支出水平，可以降低总体的城市或农村低保支出差距。因此，提高基层财政支出水平，在一定程度上可以降低城市低保支出差距。对于农村而言，应更加注重省级政府对县级政府的低保资金财力转移。

8.2.3.3　将缩小地方低保支出差距纳入到低保资金绩效考核指标体系

将缩小地方低保支出差距纳入到低保资金绩效考核指标体系，增强对地方政府低保支出方面的约束力。当前城乡低保绩效评估工作已经在一些地方开展，并且也积累了大量的经验。尽管从 2007 年开始，我国部分省市开始建立了低保绩效的评价指标体系，但多数省份的绩效评价指标体系不完全一致，评价的方式多种多样，因而也存在一些问题，比如绩效评价体系指标覆盖不全面、指标选取不当、指标设置与政策存在一定的偏差、指标实际获取较为困难等。同时，这些指标体系并没有将缩小省内或地级市内低保支出差距纳入其中。通过将该指标纳入城乡低保资金绩效评价，有利于加强对地方民政部门和财政部门的约束，从而达到缩小各个省份内部城乡低保支出差距的目的。

8.2.4　更好发挥低保对城乡居民收入的支撑作用的政策建议

8.2.4.1　提高农村人均低保支出，适当缩小城乡低保支出差距

由于城乡户籍的二元制度，导致了城乡低保制度的分离、城乡低保标准保障的内容存在差别，从而在低保人均支出方面也产生了较大的差异。同

时，城乡二元经济社会结构还导致政府救助责任不到位，政府间救助责任不明确，财政资金供给不足。改革开放以来，经过40年的发展，由于种种政策和制度的叠加，城乡之间的发展差距“鸿沟”始终存在。缩小城乡之间的发展差距需要从多个制度上入手，促进城乡居民收入分配更加公平。低保制度作为解决贫困群体收入不足的“兜底性”制度，除了在保障贫困群体的基本生活水平以外，还应进一步发挥其在城乡居民收入分配中的基础性作用。在保障城市居民最低生活水平的基础上，应该逐步提高农村人均低保支出水平。在2020年农村“全面脱贫”后，绝对贫困全面得以消除，但是绝对贫困仍然存在，最低生活保障仍然在改善农村收入分配格局及缩小城乡居民收入水平差距方面发挥着重要的作用。通过发展城乡一体化的低保救助体系，适当提高农村居民的救助标准和救助水平，从而缩小城乡低保支出上的差距。

8.2.4.2 控制好城乡低保支出差距，更好发挥其对收入分配的改善作用

来自许多发达国家的经验和研究表明，随着经济的发展，社会保障制度在收入再分配、促进经济发展和社会稳定方面所起的作用越来越明显。然而，中国社会保障制度在调节收入分配中所发挥的作用相当有限，甚至一些保障项目具有“逆向调节”作用，在一定程度上扩大了收入差距，因此需要控制住低保支出的区域性差距。过大的城乡低保支出差距，不利于城乡居民间的收入分配改善，因此应将城乡低保人均支出差距控制在合理的区间范围内。控制城乡低保支出差距，一方面可以从提高农村低保人均支出水平入手，另一方面可以适当控制城市人均低保支出的增长速度。首先，在提高农村人均低保支出方面，应逐步加大农村低保资金的投入力度，可以通过提高中央在农村低保资金方面的绝对支出比例或提高地方政府尤其是省级政府在农村低保资金转移支付的比重来实现该目的。其次，在控制城市低保人均支出增长速度方面，应在原低保标准基础上每季度和每年适当上调，可以使城市低保人均支出速度适当略慢于农村低保人均支出速度，逐步缩小城乡低保支出水平的差距。

8.2.4.3 将城乡低保制度和基本公共服务均等化统筹衔接，发挥政策的叠加效应

扶贫政策的推进及公共服务均等化战略的实施，在很大程度上都有利于

城乡贫困人口改善收入分配差距，在战略目标和政策影响等方面两者具有较多的共同之处。城乡低保作为扶贫政策中的“兜底政策”，应当与基本公共服务均等化有效衔接起来，使得政策在规划、项目、标准和体制机制上尽可能地统一起来，使得政策的效果更加突出。比如，在提高城乡低保标准、增加城乡低保支出的同时，应该在教育、医疗等基本公共服务方面增加一定的供给，保证低收入群体有机会享受到一定数量的优质公共服务，增强低收入群体脱离贫困的能力，为低收入群体提高自身的收入水平创造足够的条件。在制度设计优化方面，应注重与户籍制度、转移支付制度、税收制度和社会保障制度的协调，共同促进收入分配格局的改善。

参考文献

[1] Alvaredo F. A Note on the Relationship Between Top Income Shares and the Gini Coefficient [J]. Economics Letters, 2011, 110 (3): 274 -277.

[2] Araar A. On the Decomposition of the Gini Coefficient: An Exact Approach, with an Illustration Using Cameroonian Data [J]. 2006.

[3] Behrendt C. Do Means - Tested Benefits Alleviate Poverty: Evidence on Germany, Sweden and the United Kingdom from the Luxembourg Income Study [J]. Journal of European Social Policy, 2000, 10 (1): 23 -41.

[4] Ben - Shalom Y, Moffitt R A, Scholz J K. An Assessment of the Effectiveness of Anti - Poverty Programs in the United States [R]. National Bureau of Economic Research, 2011.

[5] Boutayeb A, Helmert U. Social Inequalities, Regional Disparities and Health Inequity in North African Countries [J]. International Journal for Equity in Health, 2011, 10 (1): 23.

[6] Breton A. The Economics of Nationalism [J]. Journal of Political Economy, 1964, 72 (4): 376 -386.

[7] Brunori P, Chiuri M C, Peragine V. The Economic Effects of a Local Minimum Income Support Program [R]. SERIES Working Paper, 2009.

[8] Buchanan J M. The Supply and Demand of Public Goods [J]. Chicago: Rand Mc - Nally, 1968.

[9] Callan T, Nolan B. Concepts of Poverty and the Poverty Line [J]. Journal of Economic Surveys, 1991, 5 (3): 243 -261.

[10] Chen, K., G. Wu, X. He, et al. From Rural to Rural Urban Integration in China: Identifying New Vision and Key Areas for Post - 2020 Poverty Re-

duction Strategy [EB/OL] International Food Policy Research Institute, http: //ebrary. ifpri. org/cdm/ref/collection/p15738coll2/id/133049, 2018.

[11] Clements M B J. Income Distribution and Social Expenditure in Brazil [M]. International Monetary Fund, 1997.

[12] Colasanto D, Kapteyn A, Van der Gaag J. Two Subjective Definitions of Poverty: Results from the Wisconsin Basic Needs Study [J]. The Journal of Human Resources, 1984, 19 (1): 127 -138.

[13] Cooper R N. Worldwide vs. Regional Integration: Is There an Optimal Size of the Integrated Area? [R]. Center Discussion Paper, 1974.

[14] Dagum C. A New Approach to the Decomposition of the Gini Income Inequality Ratio [M] //Income Inequality, Poverty, and Economic Welfare. Physica - Verlag HD, 1998: 47 -63.

[15] Dagum C. Decomposition and Interpretation of Gini and the Generalized Entropy Inequality Measures [J]. Statistica, 1997, 57 (3): 295 -308.

[16] Dagum C. Teoria de La Transvariación: Sus Aplicaciones a La Economia [M]. Istituto di Statistica, Univ. Degli Studi di Roma, 1960.

[17] Flik R J, Van Praag B M S. Subective Poverty Line Definitions [J]. De Economist, 1991, 139 (3): 311 -330.

[18] Fujita M, Hu D. Regional Disparity in China 1985—1994: The Effects of Globalization and Economic Liberalization [J]. The Annals of Regional Science, 2001, 35 (1): 3 -37.

[19] Gao Q, Garfinkel I, Zhai F. Anti - Poverty Effectiveness of the Minimum Living Standard Assistance Policy in Urban China [J]. Review of Income and Wealth, 2009, 55: 630 -655.

[20] Gao Q, Wu S, Zhai F. Welfare Participation and Time Use in China [J]. Social Indicators Research, 2015, 124 (3): 863 -887.

[21] Gao Q, Zhai F. Anti - Poverty Family Policies in China: A Critical Evaluation [J]. Asian Social Work and Policy Review, 2012, 6 (2): 122 -135.

[22] Gao Q, Zhai F. Public Assistance, Economic Prospect, and Happiness in Urban China [J]. Social Indicators Research, 2017, 132 (1): 451 -473.

[23] Gillis M, Shoup C, Sicat G P. World Development Report 2000/2001 Attacking Poverty [M]. The World Bank, 2001.

[24] Goh C, Xubei L U O, Nong Z H U. Income Growth, Inequality and Poverty Reduction: A Case Study of Eight Provinces in China [J]. China Economic Review, 2009, 20 (3): 485 - 496.

[25] Golan J, Sicular T, Umapathi N. Any guarantees? China's Rural Minimum Living Standard Guarantee Program [J]. 2014.

[26] Gouveia M, Rodrigues C F. The Impact of a "Minimum Guaranteed Income Program" in Portugal [J]. 1999.

[27] Gustafsson B, Deng Q. Social Assistance Receipt and Its Importance for Combating Poverty in Urban China [J]. 2007.

[28] Hagenaars A J M, Van Praag B M S. A Synthesis of Poverty Line Definitions [J]. Review of Income and Wealth, 1985, 31 (2): 139 - 154.

[29] Hagenaars A J M. The Definition and Measurement of Poverty [M] // Economic Inequality and Poverty: International Perspectives. Routledge, 2017: 148 - 170.

[30] Halberstadt V, Kapteyn A, et al. The Poverty Line: Concept and Measurement [J]. Journal of Human Resources, 1977: 503 - 520.

[31] Herd P, Schoeni R F, House J S. Upstream Solutions: Does the Supplemental Security Income Program Reduce Disability in the Elderly? [J]. The Milbank Quarterly, 2008, 86 (1): 5 - 45.

[32] Jesuit D, Mahler V. State Redistribution in Comparative Perspective: A cross - National Analysis of the Developed Countries [J]. 2004.

[33] Kakwani N, Li S, Wang X, et al. Evaluating the Effectiveness of the Rural Minimum Living Standard Guarantee (Dibao) Program in China [R]. 2017.

[34] Kenworthy L, Pontusson J. Rising Inequality and the Politics of Redistribution in Affluent Countries [J]. Perspectives on Politics, 2005, 3 (3): 449 - 471.

[35] Kopits G, Gotur P. The Influence of Social Security on Household Savings: A Cross - Country Investigation [J]. Staff Papers, 1980, 27 (1): 161 - 190.

[36] Korpi W, Palme J. The Paradox of Redistribution and Strategies of Equality: Welfare State Institutions, Inequality, and Poverty in the Western Countries [J]. American Sociological Review, 1998: 661 -687.

[37] Krueger A B, Meyer B D. Labor Supply Effects of Social Insurance [J]. Handbook of Public Economics, 2002, 4: 2327 -2392.

[38] Krueger A B, Pischke J S. The Effect of Social Security on Labor Supply: A Cohort Analysis of the Notch Generation [J]. Journal of Labor Economics, 1992, 10 (4): 412 -437.

[39] Kurian N J. Widening Regional Disparities in India [J]. Economic and Political Weekly, 2000, 35 (7): 538 -550.

[40] Li, Shi, Hiroshi Sato, and Terry Sicular. Rising Inequality in China: Challenges to a Harmonious Society [M]. Cambridge University Press, 2013.

[41] Martínez R. Inequality and the New Human Development Index [J]. Applied Economics Letters, 2012, 19 (6): 533 -535.

[42] Mastrobuoni G. Labor Supply Effects of the Recent Social Security Benefit Cuts: Empirical Estimates Using Cohort Discontinuities [J]. Journal of Public Economics, 2009, 93 (11 -12): 1224 -1233.

[43] McLean I, McMillan A. The Distribution of Public Expenditure Across the UK Regions [J]. Fiscal Studies, 2003, 24 (1): 45 -71.

[44] Moene K O, Wallerstein M. Earnings Inequality and Welfare Spending: A Disaggregated Analysis [J]. World Politics, 2003, 55 (4): 485 -516.

[45] Moene K O, Wallerstein M. Inequality, Social Insurance, and Redistribution [J]. American Political Science Review, 2001, 95 (4): 859 -874.

[46] Mookherjee D, Shorrocks A. A Decomposition Analysis of the Trend in UK Income Inequality [J]. The Economic Journal, 1982, 92 (368): 886 -902.

[47] Nelson D R. Political Structure of the New Protectionism: A Background Study for World Development Report: 1981 [M]. World Bank, 1981.

[48] Nelson K. Counteracting Material Deprivation: The Role of Social Assistance in Europe [J]. Journal of European Social Policy, 2012, 22 (2): 148 -163.

[49] Notteboom T E. Traffic Inequality in Seaport Systems Revisited [J]. Journal of Transport Geography, 2006, 14 (2): 95 - 108.

[50] Orshansky M. Children of the Poor [J]. Soc. Sec. Bull., 1963, 26: 3.

[51] Orshansky M. How Poverty is Measured [J]. Monthly Lab. Rev., 1969, 92: 37.

[52] Pearcy J N, Keppel K G. A Summary Measure of Health Disparity [J]. Public Health Reports, 2016.

[53] Pyatt G. On the Interpretation and Disaggregation of Gini Coefficients [J]. The Economic Journal, 1976, 86 (342): 243 - 255.

[54] Ravallion M. Poverty Lines in Theory and Practice [M]. The World Bank, 1998.

[55] Reisen H, Soto M, Weithöner T. Financing Global and Regional Public Goods Through Oda: Analysis and Evidence from the OECD Creditor Reporting System [M] //Development Finance in the Global Economy. Palgrave Macmillan, London, 2008: 124 - 150.

[56] Rodríguez - Pose A, Gill N. Is There a Global Link Between Regional Disparities and Devolution? [J]. Environment and Planning A, 2004, 36 (12): 2097 - 2117.

[57] B. Seebohm Rowntree. Poverty: A Study of Town Life [M]. London: Macmillan, 1901: 8.

[58] Samuelson P A. Diagrammatic Exposition of a Theory of Public Expenditure [M] //Essential Readings in Economics. Palgrave, London, 1995: 159 - 171.

[59] Shorrocks A F. Inequality Decomposition by Factor Components [J]. Econometrica: Journal of the Econometric Society, 1982: 193 - 211.

[60] Smith N, Davis A, Hirsch D. A Minimum Income Standard for Rural Households [J]. 2010.

[61] Solinger D J, Hu Y. Welfare, Wealth and Poverty in Urban China: The Dibao and Its Differential Disbursement [J]. The China Quarterly, 2012, 211: 741 - 764.

[62] Tasseva I V. Evaluating the Performance of Means - Tested Benefits in

Bulgaria [R]. ISER Working Paper Series, 2012.

[63] The World Bank. World Development Report 1990 [M]. Oxford University Press, 1990.

[64] Umapathi N, Wang D, O'Keefe P. Eligibility Thresholds for Minimum Living Guarantee Programs: International Practices and Implications for China [R]. The World Bank, 2013.

[65] Van Praag B, Goedhart T, Kapteyn A. The Poverty Line: A Pilot Survey in Europe [J]. The Review of Economics and Statistics, 1980: 461 – 465.

[66] Vartia Y O. Ideal Log-Change Index Numbers [J]. Scandinavian Journal of Statistics, 1976: 121 – 126.

[67] Wang C, Caminada K. Disentangling Income Inequality and the Redistributive Effect of Social Transfers and Taxes in 36 LIS Countries [J]. 2011.

[68] West L A, Wong C P W. Fiscal Decentralization and Growing Regional Disparities in Rural China: Some Evidence in the Provision of Social Services [J]. Oxford Review of Economic Policy, 1995, 11 (4): 70 – 84.

[69] World Bank. From Poor Areas to Poor People: China's Evolving Poverty Reduction Agenda an Assessment of Poverty and Inequality in China [J]. 2009.

[70] Yang L. Urban Di Bao Program: Targeting and Its Effect [J]. Chinese Academy of Social Sciences (CASS) Working Paper, 2012.

[71] Yitzhaki S. On an Extension of the Gini Inequality Index [J]. International Economic Review, 1983, 24 (3): 617 – 628.

[72] Zhang S, Ci Q, Zhan M. Public Assistance in Urban and Rural China: A Tale of Two Stories [J]. International Journal of Social Welfare, 2017, 26 (4): 303 – 313.

[73] 罗伯特·诺奇克. 无政府、国家和乌托邦 [M]. 姚大志, 译. 北京: 中国社会科学出版社, 2008.

[74] 约翰·罗尔斯. 正义论 [M]. 何怀宏, 何包钢, 廖申白, 译. 北京: 中国社会科学出版社, 2009.

[75] 阿玛蒂亚·森. 论经济不平等　不平等之再思考 [M]. 王利文, 于占杰, 译. 北京: 社会科学文献出版社, 2006.

[76] 安东尼·B. 阿特金森，弗兰科伊斯·布吉尼. 收入分配经济学手册 [K]. 蔡继明，等译. 北京：经济科学出版社，2009.

[77] 比罗·斯拉法. 大卫·李嘉图全集（第一卷政治经济学及赋税原理）[M]. 郭大力，王亚南，译. 北京：商务印书馆，2013.

[78] 大卫·休谟. 人性论 [M]. 北京：台海出版社，2016.

[79] 斯密. 国富论 [M]. 郭大力，王亚南，译. 南京：译林出版社，2011.

[80] Kashinath Sahoo，潘霁. 基尼系数是一个完备的不平等程度的度量指标吗？[J]. 统计研究，2006（05）：41-43.

[81] 安华，葛越. 就业促进视域下的城市最低生活保障制度优化研究 [J]. 宁夏社会科学，2017（05）：110-117.

[82] 安体富，任强. 公共服务均等化：理论、问题与对策 [J]. 财贸经济，2007（08）：48-53+129.

[83] 安永军. 农村低保政策中的“福利叠加”现象及成因 [J]. 西北农林科技大学学报（社会科学版），2017（05）：121-125.

[84] 白晨，顾昕. 省级政府与农村社会救助的横向公平——基于2008—2014年农村最低生活保障财政支出的基尼系数分析和泰尔指数分解检验 [J]. 财政研究，2016（01）：67-74.

[85] 白晨，顾昕. 中国社会安全网的横向不平等——以城镇最低生活保障为例 [J]. 中国行政管理，2018（01）：109-115.

[86] 白景明，陈宏. 收入分配不公的表现形式、成因及对策 [J]. 中国经济问题，1990（01）：19-25.

[87] 白景明，周雪飞. 我国居民收入分配状况及财税调节政策 [J]. 财经论丛（浙江财经学院学报），2003（03）：24-36.

[88] 白小平. 东西部居民最低生活保障实证分析与社会救助立法的完善 [J]. 兰州学刊，2014（03）：158-164.

[89] 半月谈. 半月谈专稿：发展的不平衡不充分指什么？[EB/OL]. http：//www.banyuetan.org/chcontent/sz/wzzs/szft/20171228/242852.shtml，2017-12-28.

[90] 北京市民政局. 北京市实施《城市最低生活保障条例》办法

[EB/OL]. http://mzj.beijing.gov.cn/news/root/shjz/2011-10/100704.shtml，2000-06-27.

[91] 北京市民政局．关于规范和统筹我市城乡居民最低生活保障分类救助制度的通知 [EB/OL]. http://mzj.beijing.gov.cn/news/root/gfxwj_shjz/2014-12/112074.shtml，2014-12-23.

[92] 北京市民政局．关于建立和实施农村最低生活保障制度意见的通知 [EB/OL]. http://mzj.beijing.gov.cn/news/root/gfxwj_shjz/2011-10/102069.shtml，2004-04-23.

[93] 北京市民政局．我市提前实现城乡低保标准一体化 [EB/OL]. http://mzj.beijing.gov.cn/news/root/mrmz/2015-06/113807.shtml，2015-05-29.

[94] 毕红霞，薛兴利，李升．论农村最低生活保障财政支持的适度性与政策优化 [J]. 农业经济问题，2012，33（01）：29-36+110-111.

[95] 毕天云．论我国城乡居民最低生活保障制度的整合 [J]. 天津师范大学学报（社会科学版），2017（02）：66-71.

[96] 边恕．城市居民最低生活保障阶梯式救助与负所得税机制研究 [J]. 中国人口科学，2014（01）：7-19+126.

[97] 财政部，民政部．关于加强城乡最低生活保障资金预算执行管理工作的通知（财社〔2011〕37号）[EB/OL]. http://sbs.mof.gov.cn/zhengwuxinxi/zhengcefabu/201104/t20110426_542199.html，2011-04-13.

[98] 蔡昉，王美艳．中国面对的收入差距现实与中等收入陷阱风险 [J]. 中国人民大学学报，2014，28（03）：2-7.

[99] 蔡萌，岳希明．中国社会保障支出的收入分配效应研究 [J]. 经济社会体制比较，2018（01）：36-44.

[100] 曹海涛．城市低保标准的科学设定探析——基于马丁法的实证研究 [J]. 内蒙古科技与经济，2017（24）：7-8.

[101] 曹艳春．农村低保制度对贫困群体生活水平改善效应研究 [J]. 中国人口科学，2016（06）：88-97+128.

[102] 曹艳春．我国城市“低保”制度的靶向精准度实证研究 [J]. 中央财经大学学报，2016（07）：3-12.

[103] 陈成. 中国社会保障支出：问题与思考 [J]. 社会科学，2014 (07)：26-34.

[104] 陈传波. 城乡居民的最低生活需求与低保标准 [J]. 农业经济问题，2011，32 (08)：38-44.

[105] 陈建东，马骁，秦芹. 最低生活保障制度是否缩小了居民收入差距 [J]. 财政研究，2010 (04)：62-65.

[106] 陈建东，赵术高. 我国最低生活保障制度演进与展望 [J]. 经济研究参考，2014 (33)：21-31.

[107] 陈娟，孙敬水. 我国城镇居民收入不平等变动实证研究——基于收入分布变化分解的视角 [J]. 统计研究，2009，26 (09)：77-81.

[108] 陈水生. 中国城市低保制度的发展困境与转型研究 [J]. 社会科学，2014 (10)：63-71.

[109] 陈雁. 谁能享受最低生活保障——城市最低生活保障制度的建立与推进 [J]. 经济世界，1996 (08)：4-6.

[110] 陈珍珍. 我国城乡居民最低保障标准确定问题研究 [J]. 中国经济问题，2013 (01)：25-34.

[111] 陈宗胜，文雯，任重. 城镇低保政策的再分配效应——基于中国家庭收入调查的实证分析 [J]. 经济学动态，2016 (03)：11-20.

[112] 陈宗胜，文雯. 中国城市低保制度的减贫效应研究——基于"中国家庭收入调查2002和2007"的实证分析 [J]. 产业经济评论（山东大学），2015，14 (03)：59-78.

[113] 陈宗胜，于涛. 中国城镇贫困线、贫困率及存在的问题 [J]. 经济社会体制比较，2017 (06)：40-53.

[114] 程永宏. 中国基尼系数及其分解分析：理论、方法和应用 [M]. 北京：中国经济出版社，2013.

[115] 慈勤英，王卓祺. 失业者的再就业选择——最低生活保障制度的微观分析 [J]. 社会学研究，2006 (03)：135-150+244.

[116] 戴瑾. 负所得税制度再就业激励功能研究 [J]，财政研究，2011 (01)：58-61.

[117] 邓大松，仙蜜花. 社会保障转移支付对收入分配差距的调节效

应——基于东部12个省市的实证研究［J］．社会保障研究，2013（06）：3-9.

［118］丁少群，许志涛．社会保障水平、收入分配与经济增长的互动关系研究——基于VAR模型的实证分析［J］．中国经济问题，2013（06）：3-12.

［119］丁煜，朱火云．我国社会保障水平对城乡收入差距的影响［J］．人口与发展，2013，19（05）：23-29.

［120］丁元竹，白景明，刘应杰，等．分配是民生之源［J］．群言，2007（08）：4-18.

［121］董黎明，满清龙．地方财政支出对城乡收入差距的影响效应研究［J］．财政研究，2017（08）：43-55.

［122］董全瑞．中美收入分配差距比较与反思［J］．中州学刊，2012（01）：27-32.

［123］豆红玉，韩旭峰．甘肃省农村低保标准实证分析及对策研究［J］．社会保障研究，2016（05）：55-62.

［124］多吉才让．民政部长多吉才让谈居民最低生活保障制度［J］．财政，1995（12）：56.

［125］范小建．中国农村扶贫开发纲要（2011—2020年）干部辅导读本［M］．北京：中国财政经济出版社，2012.

［126］方卫东，糜仲春，程永宏．社会保障制度中贫困线和贫困率的测算［J］．上海经济研究，2001（02）：63-66.

［127］费舒澜．中国城乡收入差距的度量改进及分解研究［D］．杭州：浙江大学，2014.

［128］冯贺霞．城市贫困与反贫困政策［M］//左常升．中国扶贫开发政策演变．北京：社会科学文献出版社，2016.

［129］冯俏彬，贾康．权益——伦理型公共产品：关于扩展的公共产品定义及其阐释［J］．经济学动态，2010（07）：34-42.

［130］付春香．征税抑或补贴——我国最低生活保障制度的反思与重构［J］．财经问题研究，2014（06）：11-15.

［131］甘犁，尹志超，贾男，等．中国家庭金融调查报告［M］．成都：

西南财经大学出版社，2012.

[132] 高峰，韩学平．论城乡二元格局下居民最低生活保障立法模式[J]．学术交流，2014（05）：65－69.

[133] 高建初，马巾英．财政对改革承受能力的弹性初探［J］．当代财经，1993（03）：23－25.

[134] 高文书．社会保障对收入分配差距的调节效应——基于陕西省宝鸡市住户调查数据的实证研究［J］．社会保障研究，2012（04）：61－68.

[135] 耿晋娟．基于改进的ELESM法的城市居民最低生活保障标准测算——以山西省为例［J］．兰州学刊，2013（12）：99－107.

[136] 龚金保．需求层次理论与公共服务均等化的实现顺序［J］．财政研究，2007（10）：33－35.

[137] 辜胜阻，李睿，杨艺贤，等．推进"十三五"脱贫攻坚的对策思考［J］．财政研究，2016（02）：7－16.

[138] 广东省人民政府办公厅．关于建立全省城乡低保最低标准制度的通知［EB/OL］．http：//www.gd.gov.cn/gkmlpt/content/0/141/post_141817.html，2013－04－27.

[139] 郭林．中国社会保障研究2017年进展与前瞻［J］．社会保障评论，2018，2（02）：27－40.

[140] 郭庆旺，温新新，等．中国政府转移性支出的收入再分配效应[J]．世界经济，2016，39（08）：50－68.

[141] 郭庆旺，吕冰洋．论税收对要素收入分配的影响［J］．经济研究，2011，46（06）：16－30.

[142] 国务院．国务院关于印发"十三五"推进基本公共服务均等化规划的通知（国发〔2017〕9号）［EB/OL］．http：//www.gov.cn/zhengce/content/2017－03/01/content_5172013.htm，2017－03－01.

[143] 国务院．国务院关于印发国家基本公共服务体系"十二五"规划的通知（国发〔2012〕29号）［EB/OL］．http：//www.gov.cn/zhengce/content/2012－07/19/content_7224.htm，2012－07－19.

[144] 国务院．国务院关于在全国建立城市居民最低生活保障制度的通知［EB/OL］．http：//www.gov.cn/zhengce/content/2016－10/19/content_

5121479. htm，2016 - 10 - 19.

[145] 国务院．国务院关于在全国建立农村最低生活保障制度通知 [EB/OL]. http://www. gov. cn/zwgk/2007 - 08/14/content _ 716621. htm，2007 - 08 - 14.

[146] 国务院．社会救助暂行办法 [EB/OL]. http://www. gov. cn/zwgk/2014 - 02/27/content_2622770. htm，2014 - 02 - 27.

[147] 韩华为，高琴．中国农村低保制度的保护效果研究——来自中国家庭追踪调查（CFPS）的经验证据 [J]. 公共管理学报，2017（02）：81 - 96 + 156 - 157.

[148] 韩华为，徐月宾．农村最低生活保障制度的瞄准效果研究——来自河南、陕西省的调查 [J]. 中国人口科学，2013（04）：117 - 125 + 128.

[149] 韩华为．农村低保户瞄准中的偏误和精英俘获——基于社区瞄准机制的分析 [J]. 经济学动态，2018（02）：49 - 64.

[150] 韩克庆，郭瑜．“福利依赖”是否存在？——中国城市低保制度的一个实证研究 [J]. 社会学研究，2012（02）：149 - 167 + 244 - 245.

[151] 郝秀琴．河南省农村最低生活保障制度救助强度：时空差异与政策调整 [J]. 财政研究，2013（10）：74 - 77.

[152] 郝秀琴．农村最低生活保障支出最优规模估计——以河南省为例 [J]. 地方财政研究，2014（09）：47 - 52.

[153] 何秀荣．改革 40 年的农村反贫困认识与后脱贫战略前瞻 [J]. 农村经济，2018（11）：1 - 8.

[154] 洪大用．如何规范城市居民最低生活保障标准的测算 [J]. 学海，2003（02）：122 - 127.

[155] 洪兴建．基尼系数合意值和警戒线的探讨 [J]. 统计研究，2007（08）：84 - 87.

[156] 华淑蕊．我国居民财产性收入差距、经济效应及影响因素研究 [D]. 长春：吉林大学，2016.

[157] 黄承伟．中国扶贫开发道路研究：评述与展望 [J]. 中国农业大学学报（社会科学版），2016，33（05）：5 - 17.

[158] 黄瑞芹．民族贫困地区农村最低生活保障目标瞄准效率研究——

基于两个贫困民族自治县的农户调查［J］. 江汉论坛，2013（03）：61－65.

［159］黄文正，何亦名，李宏. 社会保障城乡收入差距调节效应的实证研究［J］. 经济体制改革，2014（06）：19－22.

［160］黄祖辉，王敏，万广华. 我国居民收入不平等问题：基于转移性收入角度的分析［J］. 管理世界，2003（3）：70－75.

［161］霍萱，林闽钢. 城乡最低生活保障政策执行的影响因素及效果分析［J］. 苏州大学学报（哲学社会科学版），2016（06）：28－35.

［162］江华，杨雪. 农村低保线评估——基于需求层次与扩展线性支出法测算［J］. 人口与经济，2014（01）：116－123.

［163］江苏民政网. 率先实现最低生活保障 苏州民政打造全国 N 个样板［EB/OL］. http：//mzt. jiangsu. gov. cn/art/2016/2/5/art_55087_6758395. html，2016－02－05.

［164］江苏民政网. 仪征市民政局强化城乡低保规范化管理［EB/OL］. http：//mzt. jiangsu. gov. cn/art/2018/1/10/art_54981_7281912. html，2018－01－10.

［165］蒋云赟，刘剑. 我国统筹医疗保险体系的财政承受能力研究［J］. 财经研究，2015，41（12）：4－14.

［166］蒋云赟. 我国城乡大病保险的财政承受能力研究［J］. 财经研究，2014，40（11）：4－16.

［167］解垩. 公共转移支付与老年人的多维贫困［J］. 中国工业经济，2015（11）：32－46.

［168］解垩. 中国农村最低生活保障：瞄准效率及消费效应［J］. 经济管理，2016（09）：173－185.

［169］赖志杰. “瞄偏”与“纠偏”：社会救助对象的确定——以最低生活保障制度为例［J］. 理论探索，2013（02）：73－76.

［170］兰剑，慈勤英. 促进就业抑或强化“福利依赖”？——基于城市低保“反福利依赖政策”的实证分析［J］. 西南大学学报（社会科学版），2016（03）：36－44＋190.

［171］乐章，程中培. 收入是低保制度的唯一认定标准吗？——基于政策文本与中国家庭追踪调查数据的分析［J］. 学习与实践，2017（07）：

88 – 97.

[172] 雷晓康，王茜．中国最低生活保障制度现状与回顾 [J]．社会保障研究，2009 (02)：45 – 55.

[173] 李秉文．社会救助："全民就业"式优于"全民低保"式 [J]．经济学家，2010 (11)：28 – 33.

[174] 李春根，夏珺．中国农村低保标准保障力度的变化轨迹和省域聚类分析——基于31个省域的实证分析 [J]．中国行政管理，2015 (11)：98 – 104.

[175] 李春根．促进还是抑制：财政分权体制对低保支出影响的一个实证 [A] //中国财政学会．中国财政学会2017年年会暨第21次全国财政理论研讨会论文集 [C]．中国财政学会：中国财政学会，2017：13.

[176] 李虎．关于基尼系数分解分析的讨论 [J]．数量经济技术经济研究，2005 (03)：127 – 135.

[177] 李娟．构建城市低保对象就业激励机制研究 [J]．经济纵横，2017 (09)：43 – 48.

[178] 李力，欧涉远，李霞．对农村贫困线及贫困发生率的反思——基于国家统计局和民政部的数据 [J]．宏观经济研究，2012 (08)：54 – 61.

[179] 李丽琴，陈少晖．专项转移支付存在的合理性：政治逻辑与实证检验 [J]．当代财经，2012 (10)：44 – 52.

[180] 李培林，魏后凯．中国扶贫开发报告 (2016) [M]．北京：社会科学文献出版社，2016.

[181] 李鹏，张奇林．兼得公平效率——家庭规模和结构视阈下城乡低保标准与救助对象精准识别 [J]．宁夏社会科学，2017 (01)：115 – 118.

[182] 李鹏．挤出还是促进——地方财政分权、市场化与低保救助水平差异 [J]．北京社会科学，2017 (03)：111 – 118.

[183] 李强谊，钟水映．我国财政医疗卫生支出的空间差异及分布动态演进——基于Dagum基尼系数分解与Kernel密度估计的实证研究 [J]．财经论丛，2016 (10)：19 – 28.

[184] 李盛基，吕康银，朱金霞．农村最低生活保障制度的减贫效果分析 [J]．税务与经济，2014 (03)：62 – 69.

[185] 李实，John Knight. 中国城市中的三种贫困类型 [J]. 经济研究，2002 (10)：47 -58 +95.

[186] 李实，高霞. 居民收入差距的测量及其合理判断 [J]. 统计与决策，2015 (10)：11 -16.

[187] 李实，杨穗. 中国城市低保政策对收入分配和贫困的影响作用 [J]. 中国人口科学，2009 (05)：19 -27 +111.

[188] 李实，岳希明，史泰龙，等. 中国收入分配格局的最新变化——中国居民收入分配研究 [M]. 北京：中国财政经济出版社，2018.

[189] 李实，朱梦冰，詹鹏. 中国社会保障制度的收入再分配效应 [J]. 社会保障评论，2017，1 (04)：3 -20.

[190] 李实. 中国财产分配差距与再分配政策选择 [J]. 经济体制改革，2015 (01)：21.

[191] 李实. 中国收入分配格局新变化 [J]. 治理研究，2018，34 (05)：35 -42.

[192] 李寿荣，李鸿雁. 城乡居民最低生活保障制度的公平研究——以2004—2014年的数据资料为依据 [J]. 北京科技大学学报（社会科学版），2014 (05)：52 -63.

[193] 李威，毕向阳. 城市低保对象福利依赖问题的实证研究——基于倾向得分匹配法的分析 [J]. 社会建设，2016 (05)：17 -28.

[194] 李薇. 论城乡最低生活保障制度结构体系的整合 [J]. 探索，2013 (05)：156 -160.

[195] 李先德，王士海. 城乡统筹下农村社会保障的资金需求分析 [J]. 农业经济问题，2010，31 (10)：60 -66 +111.

[196] 李小云，许汉泽. 2020年后扶贫工作的若干思考 [J]. 国家行政学院学报，2018 (01)：62 -66 +149 -150.

[197] 李艳军. 农村最低生活保障目标瞄准研究——基于代理财富审查（PMT）的方法 [J]. 经济问题，2013 (02)：80 -84.

[198] 梁城城. 中国积极财政政策的区域性效果 [M] //刘尚希. 财政蓝皮书：中国财政政策报告（2018）. 北京：社会科学文献出版社，2018：222 -269.

[199] 梁平，张洋．构建全体公民最低生活保障体系——基于城乡差异和地区差距的统筹分析 [J]. 湖北行政学院学报，2008 (04): 84-88.

[200] 梁尚敏．论财政承受能力 [J]. 财政研究，1987 (01): 12-16.

[201] 梁晓敏，汪三贵．农村低保对农户家庭支出的影响分析 [J]. 农业技术经济，2015 (11): 24-36.

[202] 林瑾，米丽凤，何慧芹．个税与低保对居民收入分配的综合调节分析 [J]. 会计之友，2017 (13): 93-96.

[203] 林闽钢．我国社会救助体系发展四十年：回顾与前瞻 [J]. 北京行政学院学报，2018 (05): 1-6.

[204] 林闽钢．中国社会救助体系的整合 [J]. 学海，2010 (04): 55-59.

[205] 刘丹，卢洪友．谁从增加的农村低保支出中受益？——基于边际受益归宿的分析 [J]. 财经论丛，2018 (02): 30-38.

[206] 刘坚．新阶段扶贫开发的成就与挑战 [M]. 北京：中国财政经济出版社，2006.

[207] 刘靖，张车伟，毛学峰．中国 1991—2006 年收入分布的动态变化：基于核密度函数的分解分析 [J]. 世界经济，2009, 32 (10): 3-13.

[208] 刘小珉．民族地区农村最低生活保障制度的反贫困效应研究 [J]. 民族研究，2015 (02): 41-54+124.

[209] 刘一伟．"错位"还是"精准"：最低生活保障与农户多维贫困 [J]. 现代经济探讨，2018 (04): 109-115.

[210] 刘永富．到 2020 年实现"两不愁三保障"核心是"两个确保" [EB/OL]. http://www.cpad.gov.cn/art/2015/12/16/art_105_49220, html, 2015-12-26.

[211] 柳清瑞，王玥，翁钱威，等．农村低保线的理论标准及实际给付差距分析 [J]. 沈阳师范大学学报（社会科学版），2013 (06): 1-5.

[212] 柳清瑞，翁钱威．城镇低保线：实际给付与理论标准的差距与对策 [J]. 人口与经济，2011 (04): 77-84+89.

[213] 罗楚亮，李实．中国住户调查数据收入变量的比较 [J]. 管理世界，2019, 35 (01): 24-35+226.

[214] 吕光明，李莹．我国收入分配差距演变特征的三维视角解析 [J]．财政研究，2016 (07)：11 -21 +45.

[215] 马广博．澳、德、法、卢四国社会救助制度特色对比及对我国的启示 [J]．现代经济探讨，2009 (04)：89 -92.

[216] 马新文．阿玛蒂亚·森的权利贫困理论与方法述评 [J]．国外社会科学，2008 (02)：69 -74.

[217] 民政部，国家发展改革委，财政部，国家统计局．关于进一步规范城乡居民最低生活保障标准制定和调整工作的指导意见 [EB/OL]．http://www.mof.gov.cn/zhengwuxinxi/zhengcefabu/201105/t20110518_550422.htm，2011 -05 -11.

[218] 民政部，国务院扶贫办．民政部，国务院扶贫办关于进一步加强农村最低生活保障制度与扶贫开发政策有效衔接的通知（民发〔2017〕152号）[EB/OL]．http：//xxgk.mca.gov.cn：8081/n1360/155164.html，2017 -09 -13.

[219] 民政部．各地确定低保标准的原则是什么？[EB/OL]．http：//www.mca.gov.cn/article/yw/shjz/bsfw/201507/20150700849689.shtml，2007 -12 -18.

[220] 聂荣，高艳，储德银．中国农村居民收入分配差距的时空演变——基于 Dagum 基尼系数分解 [J]．财贸研究，2015，26 (04)：20 -28.

[221] 宁亚芳．民族地区农村最低生活保障制度缓贫效应分析——来自云南的证据 [J]．中州学刊，2015 (02)：77 -81.

[222] 彭宅文．财政转移支付、地方治理与城市低保发展——基于省际面板数据的实证分析 [J]．公共行政评论，2017 (03)：71 -98 +215.

[223] 钱力．农村居民收入区域差异适度性分析——基于隶属函数协调度模型测度方法 [J]．经济问题探索，2014 (08)：129 -135.

[224] 任海霞．中国社会救助财政支持研究 [D]．北京：中央财经大学，2016.

[225] 上海市民政局．网上办事大厅，网上咨询 [EB/OL]．http：//www.shmzj.gov.cn/gb/shmzj/node7/node27/node869/index1.html/，2018.

[226] 史敦友，李小波，段龙龙．新型城镇化改善了西部地区生态文明

质量吗？[J]．经济问题探索，2018（07）：164－173.

[227] 苏春红，解垩．财政流动、转移支付及其减贫效率——基于中国农村微观数据的分析［J］．金融研究，2015（04）：34－49.

[228] 苏海南，胡仙芝，李永忠，等．收入分配公众反映最强烈的六个问题［J］．人民论坛，2013（07）：46－49.

[229] 孙嘉悦．论健全最低生活保障制度与实现新时代“弱有所扶”［J］．贵州社会科学，2019（01）：66－72.

[230] 孙敬水，张岚．中国城镇居民收入差距适度性分析［J］．学术月刊，2013，45（08）：101－114.

[231] 孙睿，史建民，段玉恩．我国农村低保资金供需状况的实证分析［J］．东岳论丛，2011（01）：165－168.

[232] 孙巍，冯星．政府补助支出福利政策的脱贫效应［J］．改革，2018（08）：138－148.

[233] 孙文基，李建强．财政性社会保障支出、收入分配与经济增长的实证检验［J］．统计与决策，2011（02）：112－115.

[234] 唐睿，刘红芹．从 GDP 锦标赛到二元竞争：中国地方政府行为变迁的逻辑——基于 1998—2006 年中国省级面板数据的实证研究［J］．公共管理学报，2012，9（01）：9－16＋121－122.

[235] 天津市民政局．关于完善城乡分类救助政策的通知［EB/OL］．http：//www.tjmz.gov.cn/zwgk/system/2014/07/18/010020412.shtml，2014－07－18.

[236] 童颖华，刘武根．国内外政府职能基本理论研究综述［J］．江西师范大学学报（哲学社会科学版），2007（03）：21－25.

[237] 汪昊，娄峰．中国财政再分配效应测算［J］．经济研究，2017，52（01）：103－118.

[238] 汪柱旺．最低生活保障制度的价值取向：公平优先，以公平促进效率［J］．求实，2013（05）：50－53.

[239] 王朝明．中国转型期城镇反贫困理论与实践研究［D］．成都：西南财经大学，2004.

[240] 王桂胜．我国最低生活保障线制定原理及多目标规划法的应用

[J]. 人口与经济, 2014 (04): 103 - 108.

[241] 王兢. 拟合的收入分布函数在贫困线、贫困率测算中的应用 [J]. 经济经纬, 2005 (02): 66 - 68.

[242] 王蕾. 中国城乡最低生活保障制度并轨研究 [J]. 社会福利 (理论版), 2018 (11): 34 - 40 + 52.

[243] 王茂福, 谢勇才. 关于我国社会保障对收入分配存在逆向调节的研究 [J]. 毛泽东邓小平理论研究, 2012 (6): 46 - 50.

[244] 王荣党. 贫困线经典定义的百年演变: 特质与内核 [J]. 贵州社会科学, 2017 (01): 136 - 143.

[245] 王小川, 张文政. 农村低保水平及其与地方经济发展关系的实证分析——基于甘肃省14个市州2011—2013年统计数据 [J]. 甘肃理论学刊, 2016 (04): 135 - 142.

[246] 王小林, Sabina Alkire. 中国多维贫困测量: 估计和政策含义 [J]. 中国农村经济, 2009 (12): 4 - 10 + 23.

[247] 王小鲁. 解决收入分配问题要靠制度改革 [J]. 中国党政干部论坛, 2013 (03): 11 - 14.

[248] 王延中, 龙玉其, 江翠萍, 等. 中国社会保障收入再分配效应研究——以社会保险为例 [J]. 经济研究, 2016, 51 (02): 4 - 15 + 41.

[249] 王延中, 龙玉其. 社会保障与收入分配: 问题、经验与完善机制 [J]. 学术研究, 2013 (04): 31 - 37.

[250] 王泽彩. 财政均富: 实现公共服务均等化的理论探索 [J]. 财政研究, 2007 (01): 25 - 28.

[251] 王增文. 农村最低生活保障制度的济贫效果实证分析——基于中国31个省市自治区的农村低保状况比较的研究 [J]. 贵州社会科学, 2009 (12): 107 - 111.

[252] 王振军, 牛叔文. 农民食品消费与最低生活保障的关联 [J]. 改革, 2008 (03): 93 - 97.

[253] 王志斌. 我国城市低保线测算的实证研究 [D]. 重庆: 重庆理工大学, 2011.

[254] 王志平. 科学衡量通胀中真实的民生——论动态的消费价格指数

的调整［J］. 探索与争鸣，2011（12）：74－77.

［255］韦璞. 村庄特征与农村低保瞄准偏误的实证研究——基于场域理论视角的探析［J］. 理论月刊，2013（10）：157－162.

［256］魏后凯，邬晓霞. 中国的反贫困政策：评价与展望［J］. 上海行政学院学报，2009，10（02）：56－68.

［257］文雯. 城市低保与家庭减贫——基于 CHIPS 数据的实证分析［J］. 人口与经济，2015（02）：108－118.

［258］吴敏，刘冲. 财政分权与城乡居民低保支出［J］. 经济科学，2018（05）：17－29.

［259］肖萌，李飞跃，斯华景. 城市低保支付水平的影响因素［J］. 城市问题，2017（11）：64－71.

［260］肖育才，余喆杨. 社会保障支出对城乡收入差距的影响研究［J］. 华东经济管理，2017，31（03）：32－41.

［261］谢东梅，刘丽丽. 福建省农村最低生活保障标准测算探讨——基于扩展线性支出系统模型［J］. 福建论坛（人文社会科学版），2017（06）：193－199.

［262］谢东梅. 农村最低生活保障制度分配效果与瞄准效率研究［D］. 福州：福建农林大学，2009.

［263］谢勇才，丁建定. 从生存型救助到发展型救助：我国社会救助制度的发展困境与完善路径［J］. 中国软科学，2015（11）：39－49.

［264］徐超，李林木. 城乡低保是否有助于未来减贫——基于贫困脆弱性的实证分析［J］. 财贸经济，2017（05）：5－19＋146.

［265］徐道稳. 深圳最低生活保障的现状和前瞻——兼论非户籍居民的最低生活保障［J］. 深圳大学学报（人文社会科学版），2001（02）：19－25.

［266］徐映梅，张学新. 中国基尼系数警戒线的一个估计［J］. 统计研究，2011，28（01）：80－83.

［267］杨翠迎，冯广刚. 最低生活保障支出对缩小居民收入差距效果的实证研究［J］. 人口学刊，2014（03）：33－40.

［268］杨立雄，杨俊. 提升最低生活保障标准对财政支出和经济增长的影响研究——以北京市为例［J］. 江淮论坛，2016（05）：135－140＋154.

[269] 杨立雄. 贫困线计算方法及调整机制比较研究 [J]. 经济社会体制比较, 2010 (05): 52-62.

[270] 杨立雄. 物价波动、收入增长和地区差距对中国贫困线的影响 [J]. 经济理论与经济管理, 2009 (11): 12-18.

[271] 杨立雄. 中国城镇居民最低生活保障制度的回顾、问题及政策选择 [J]. 中国人口科学, 2004 (03): 73-80+82.

[272] 杨立雄. 最低生活保障标准的适度性研究: 消费的视角 [J]. 中国经济问题, 2012 (05): 52-61.

[273] 杨森平, 唐芬芬, 吴栩. 我国城乡收入差距与城镇化率的倒U关系研究 [J]. 管理评论, 2015, 27 (11): 3-10.

[274] 杨穗, 鲍传健. 改革开放40年中国社会救助减贫: 实践、绩效与前瞻 [J]. 改革, 2018 (12): 112-122.

[275] 杨天宇. 中国居民收入再分配过程中的"逆向转移"问题研究 [J]. 统计研究, 2009 (4): 19-24.

[276] 杨秀丽, 徐秋, 董博文, 等. 黑龙江省农村低保标准测算与分析——基于扩展线性支出法 [J]. 辽宁大学学报 (哲学社会科学版), 2014 (06): 108-114.

[277] 杨雪, 王志斌. 城市低保线省际水平差异实证研究——基于31省 (市、自治区) 的扩展线性支出法测算 [J]. 人口与经济, 2011 (02): 69-76.

[278] 姚建平. 城市居民最低生活保障标准的统一问题探讨——以消费支出比例法为例 [J]. 社会科学, 2011 (09): 76-84.

[279] 姚建平. 中国城市低保瞄准困境: 资格障碍、技术难题, 还是政治影响? [J]. 社会科学, 2018 (03): 61-72.

[280] 于树一. 公共服务均等化的理论基础探析 [J]. 财政研究, 2007 (07): 27-29.

[281] 袁国敏. 我国最低生活保障制度对劳动力市场的影响 [J]. 中国人口·资源与环境, 2013 (S2): 480-483.

[282] 袁竹, 齐超. 我国再分配逆向调节的成因及对策探析 [J]. 税务与经济, 2012 (01): 33-37.

［283］岳希明，李实．真假基尼系数［J］．南风窗，2013（05）：65－67.

［284］占华．收入差距对环境污染的影响研究——兼对“EKC”假说的再检验［J］．经济评论，2018（06）：100－112＋166.

［285］张秉铎，唐钧．城市居民最低生活保障线制度研究［M］．南京：江苏人民出版社，1997.

［286］张昊．农村低保评审乱象的成因及治理——基于定性定量混合研究方法的分析［J］．中国农村观察，2017（01）：14－28＋140.

［287］张军，柯健．统筹城乡居民最低生活保障制度的障碍与对策——基于重庆市城乡差异的视角［J］．农村经济，2013（01）：47－51.

［288］张乃亭．中国农村最低生活保障适度水平与支付能力研究［J］．山东社会科学，2015（07）：142－147.

［289］张时飞．城乡最低生活保障扩大覆盖面已近拐点_国研网［EB/OL］．http：//d. drcnet. com. cn/eDRCNet. Common. Web/DocDetail. aspx？DocID＝1893437&leafid＝31&chnid＝15，2009.

［290］张松彪，曾世宏，袁旭宏．精准扶贫视阈下城乡居民低保资源配置差异及瞄准效果比较分析——基于 CHIP2013 数据的实证［J］．农村经济，2017（12）：37－43.

［291］张翔，张晓鑫．家庭电力消费、家庭收入与最低生活保障制度的瞄准率［J］．中国人口科学，2017（02）：60－69＋127.

［292］赵人伟．劳动者个人收入分配的若干变化趋势［J］．经济研究，1985（03）：10－19.

［293］赵人伟．收入分配差距较大的形成原因与解决途径［J］．求是，2011（02）：32－33.

［294］赵卓．农村居民的最低生活保障制度研究［J］．中国农业资源与区划，2017（04）：85－89＋134.

［295］中国发展研究基金会“博智宏观论坛”中长期发展课题组，刘世锦，王子豪，蔡俊韬，钱胜存．2035：中国经济增长的潜力、结构与路径［J］．管理世界，2018，34（07）：1－12＋183.

［296］中华人民共和国民政部．2017 年中华人民共和国行政区划代码［EB/OL］．http：//www. mca. gov. cn/article/sj/xzqh/1980/201803/201803150

08048. shtml，2018 - 03 - 13.

［297］ 中华人民共和国民政部．城市居民最低生活保障条例［EB/OL］. http：//www. mca. gov. cn/article/gk/fg/shjz/201507/20150715848484. shtml，1999 - 09 - 28.

［298］ 中华人民共和国民政部．湖南省统一全省城乡低保指导标准，明年元旦起执行［EB/OL］. http：//www. mca. gov. cn/article/xw/dfdt/201311/201311155485709. shtml，2013 - 11 - 20.

［299］ 中华人民共和国民政部．全国最低生活保障信息系统数据交换取得初步成果［EB/OL］. http：//www. mca. gov. cn/article/xw/ywdt/201306/20130615470161. shtml，2013 - 05 - 29.

［300］ 中华人民共和国民政部．社会救助暂行办法［EB/OL］. http：//www. mca. gov. cn/article/gk/fg/shjz/201507/20150715848487. shtml，2014 - 02 - 27.

［301］ 周黎安．中国地方官员的晋升锦标赛模式研究［J］. 经济研究，2007（07）：36 - 50.

［302］ 朱高林，邢立维．新常态下我国居民收入分配格局的新变化［J］. 上海经济研究，2016（11）：20 - 30.

［303］ 朱炯．私人转移支付的“利他动机”与“交换动机”——基于农村“低保”政策的自然实验证据［J］. 经济科学，2018（05）：81 - 93.

［304］ 朱梦冰，李实．精准扶贫重在精准识别贫困人口——农村低保政策的瞄准效果分析［J］. 中国社会科学，2017（09）：90 - 112 + 207.

［305］ 朱旭峰，赵慧，龚华燕．政府间关系视角下的社会政策扩散——以中国城市低保制度为例（1993—1999）（英文）［J］. Social Sciences in China，2018，39（01）：78 - 97.

［306］ 朱旭峰，赵慧．政府间关系视角下的社会政策扩散——以城市低保制度为例（1993—1999）［J］. 中国社会科学，2016（08）：95 - 116 + 206.

［307］ 朱一丹，金喜在．我国城市低保福利依赖问题及对策探析［J］. 东北师大学报（哲学社会科学版），2014（06）：74 - 79.

［308］ 祝建华．最低生活保障制度城乡统筹发展：目标驱动、制度原则与路径构建［J］. 苏州大学学报（哲学社会科学版），2016（04）：26 - 33 + 191.

［309］ 左菁．中国“反贫困”社会救助法律制度——农村最低生活保

障制度实施的制度障碍分析［J］. 河北法学，2007（07）：57－62.

［310］左停. 反贫困的政策重点与发展型社会救助［J］. 改革，2016（08）：80－83.

［311］左停. 贫困的多维性质与社会安全网视角下的反贫困创新［J］. 社会保障评论，2017，1（02）：71－87.

附　　录

附录一：城市人均低保支出核密度图

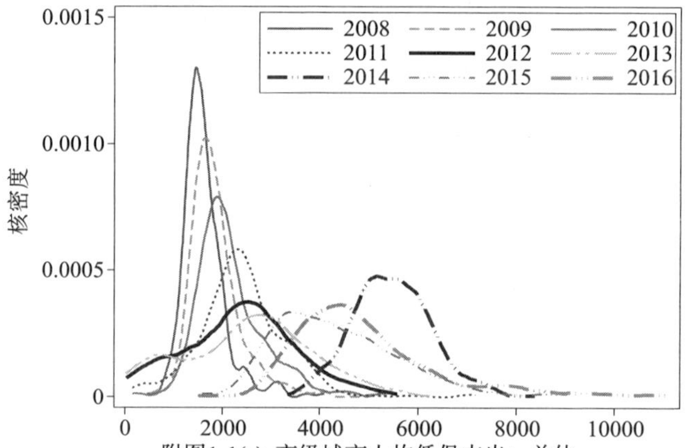

附图1-1(a) 市级城市人均低保支出：总体

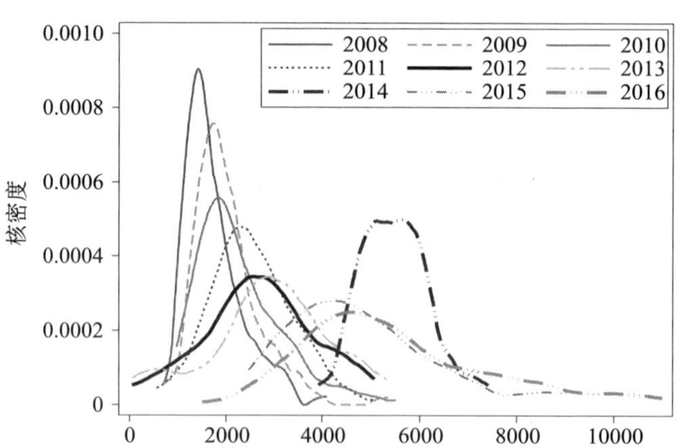

附图1-1(b) 市级城市人均低保支出：东部

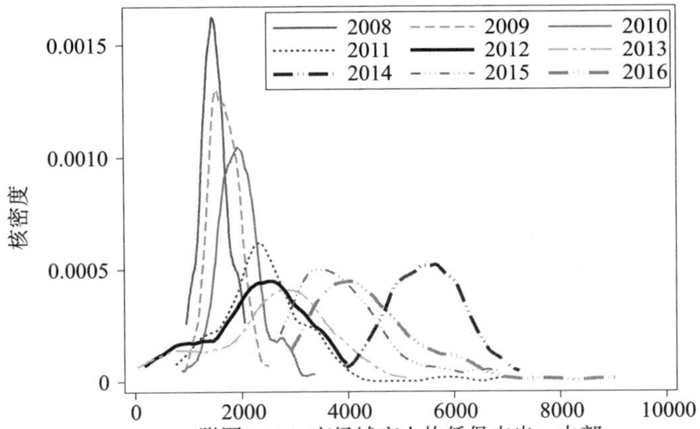

附图1-1(c) 市级城市人均低保支出：中部

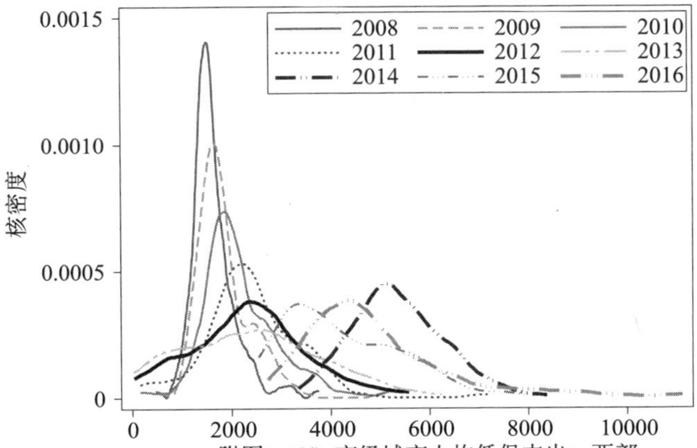

附图1-1(d) 市级城市人均低保支出：西部

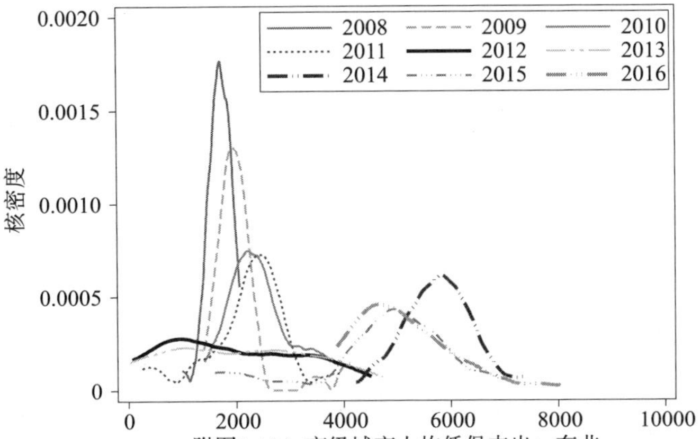

附图1-1(e) 市级城市人均低保支出：东北

附图 1－1　2008—2016 年市级层面全国及分区域城镇人均低保支出核密度图

注：横轴单位为“元”。

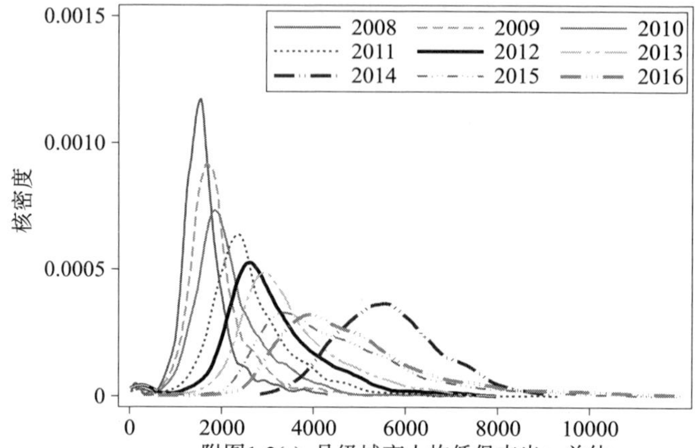

附图1-2(a) 县级城市人均低保支出：总体

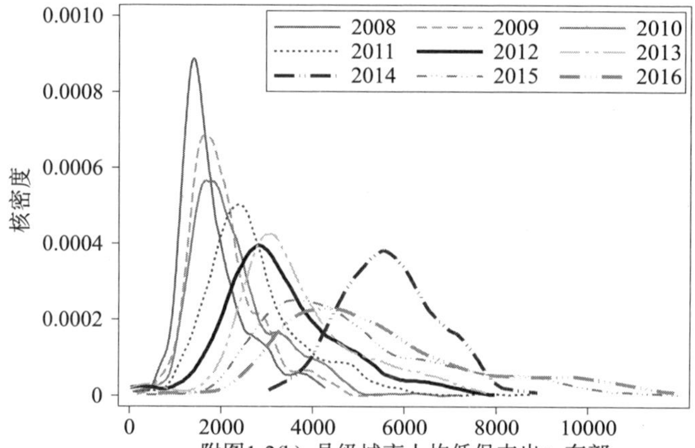

附图1-2(b) 县级城市人均低保支出：东部

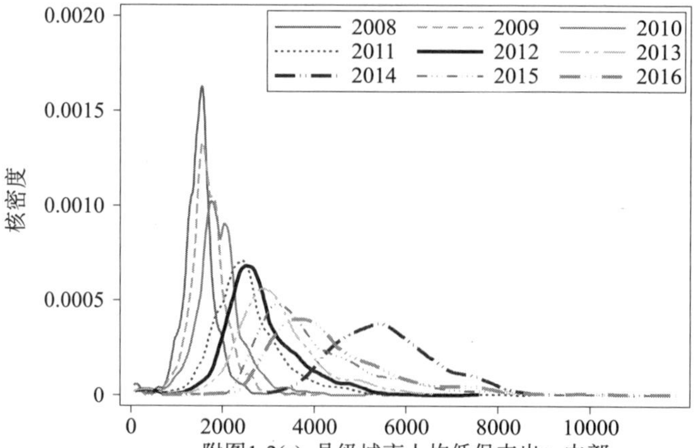

附图1-2(c) 县级城市人均低保支出：中部

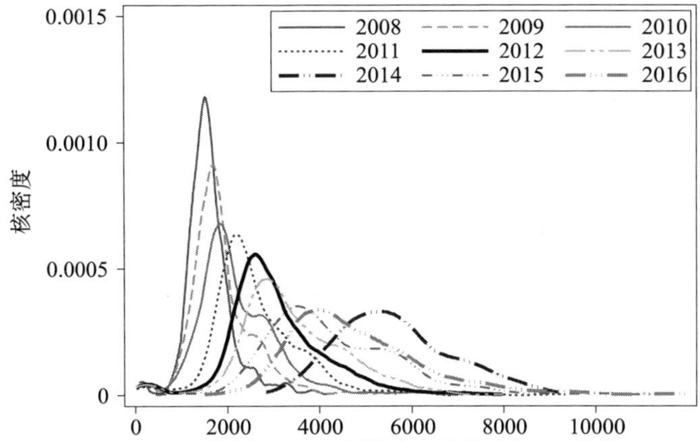

附图1-2(d) 县级城市人均低保支出：西部

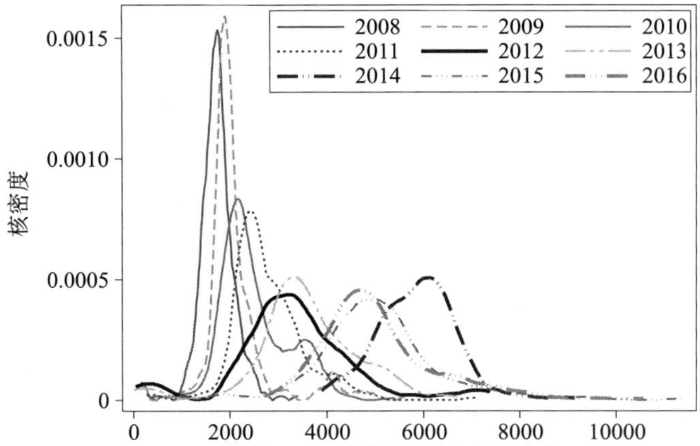

附图1-2(e) 县级城市人均低保支出：东北

附图 1－2　2008—2016 年县级层面全国及分区域城镇人均低保支出核密度图

注：横轴单位为“元”。

附录二：农村人均低保支出核密度图

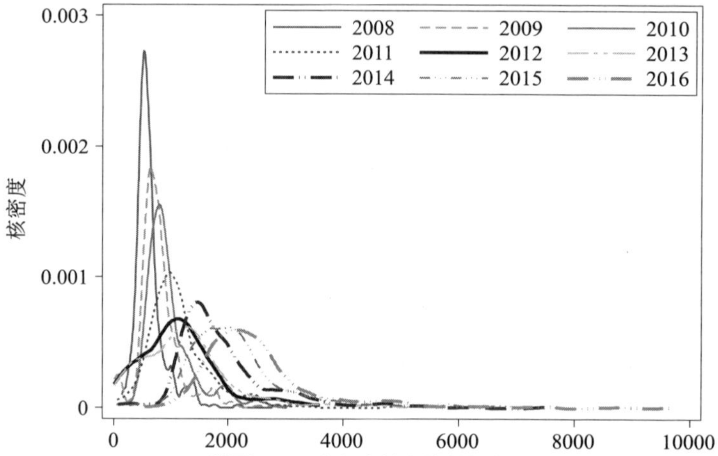

附图2-1(a) 市级农村人均低保支出：总体

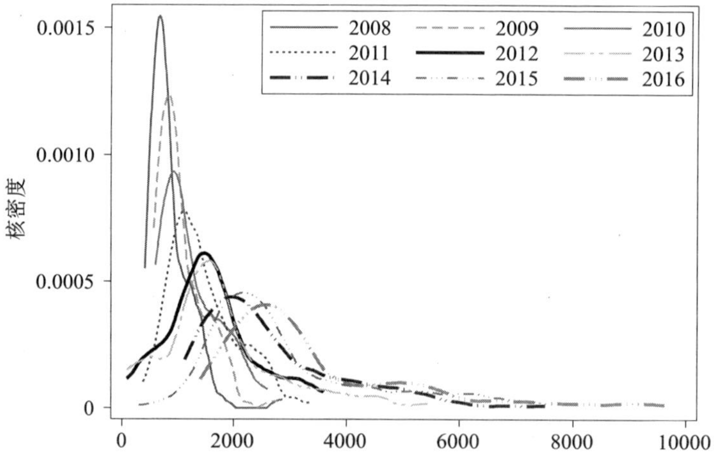

附图2-1(b) 市级农村人均低保支出：东部

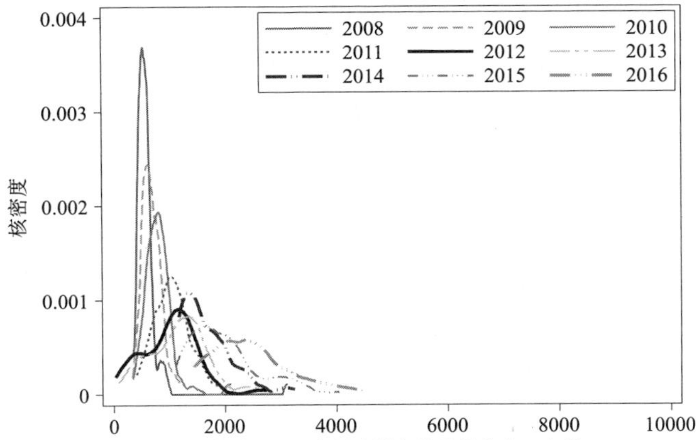

附图2-1(c) 市级农村人均低保支出：中部

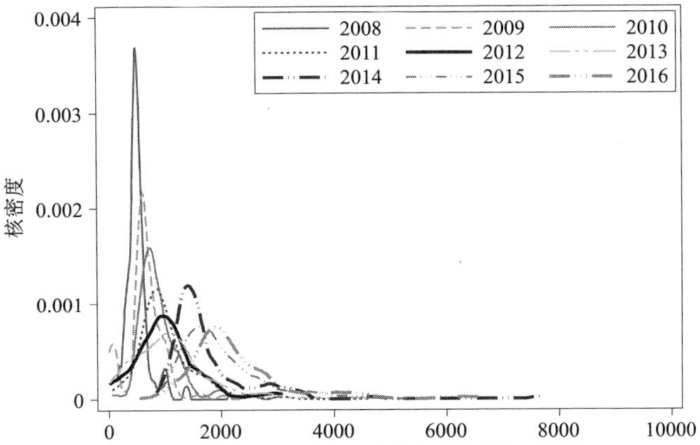

附图2-1(d) 市级农村人均低保支出：西部

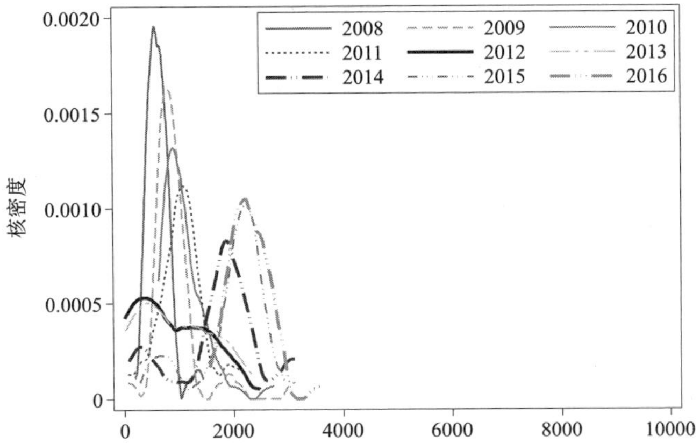

附图2-1(e) 市级农村人均低保支出：东北

附图 2－1　2008—2016 年市级层面全国及分区域农村人均低保支出核密度图

注：横轴单位为“元”。

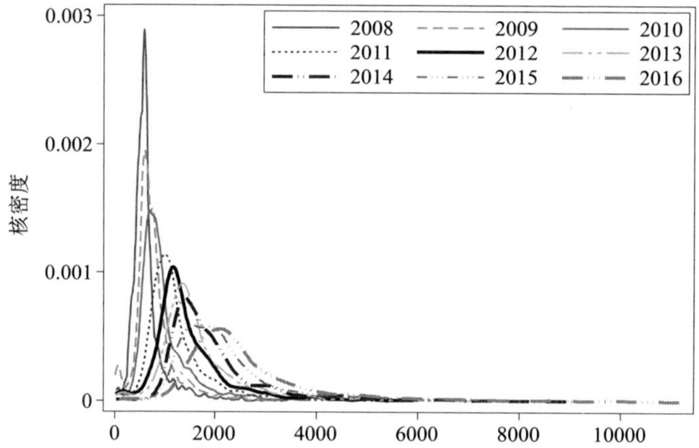

附图2-2(a) 县级农村人均低保支出：总体

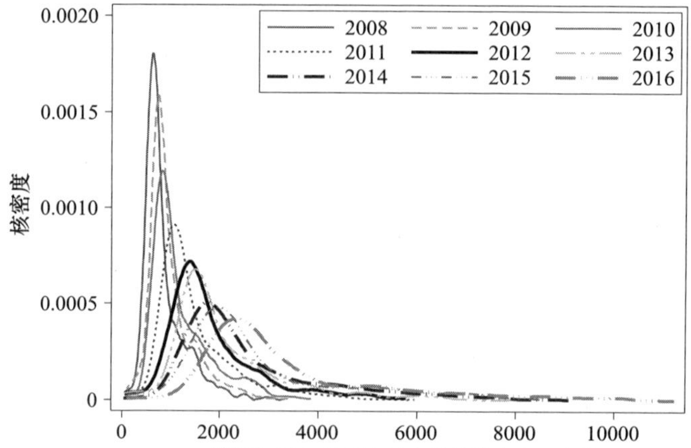

附图2-2(b) 县级农村人均低保支出：东部

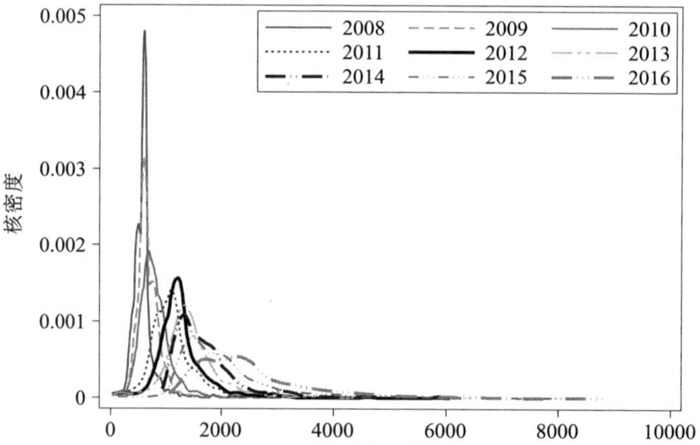

附图2-2(c) 县级农村人均低保支出：中部

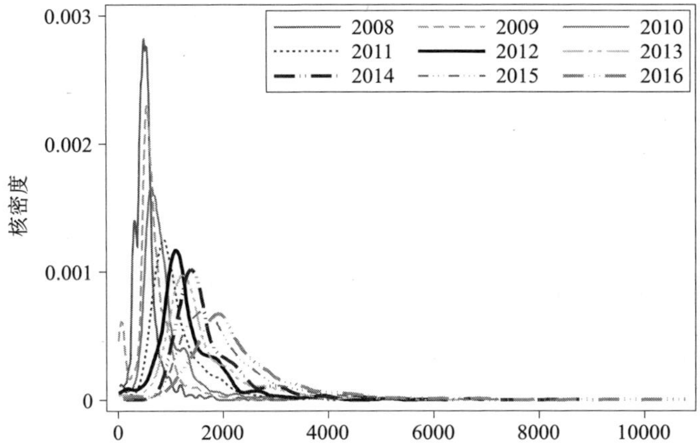

附图2-2(d) 县级农村人均低保支出：西部

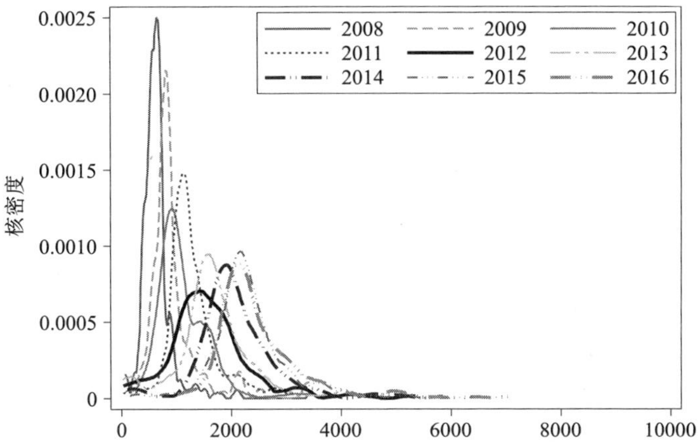

附图2-2(e) 县级农村人均低保支出：东北

附图 2－2　2008—2016 年县级层面全国及分区域农村人均低保支出核密度图

注：横轴单位为“元”。

附录三：不同城乡人均低保支出比情形下财政可承受能力分析

附表 3－1　　不同城乡人均低保支出比情况下低保总支出、财政总支出占比、社保总支出占比分析

情形	项目名称	2008 年	2009 年	2010 年	2011 年	2012 年	2013 年	2014 年	2015 年	2016 年	平均值
情形一：城乡低保人均支出比＝2	低保总支出（亿元）	756.13	971.27	1116.73	1428.79	1514.93	1744.27	1722.78	1756.03	1751.54	1418.05
	低保总支出增加（亿元）	134.03	126.17	147.03	101.19	122.63	120.67	130.78	105.23	49.14	115.21
	总支出占比（%）	1.21	1.27	1.24	1.31	1.20	1.24	1.14	1.00	0.93	1.17
	总支出占比增加（%）	0.21	0.17	0.16	0.09	0.10	0.09	0.09	0.06	0.03	0.11
	社保支出占比（%）	11.11	12.77	12.23	12.86	12.04	12.04	10.79	9.23	8.11	11.24
	社保支出占比增加（%）	1.97	1.66	1.61	0.91	0.97	0.83	0.82	0.55	0.23	1.06
情形二：城乡低保人均支出比＝1.8	低保总支出（亿元）	796.43	1025.62	1182.51	1514.23	1608.34	1854.00	1834.01	1871.22	1869.73	1506.23
	低保总支出增加（亿元）	174.33	180.52	212.81	186.63	216.04	230.40	242.01	220.42	167.33	203.39
	总支出占比（%）	1.27	1.34	1.32	1.39	1.28	1.32	1.21	1.06	1.00	1.24
	总支出占比增加（%）	0.28	0.24	0.24	0.17	0.17	0.16	0.16	0.13	0.09	0.18
	社保支出占比（%）	11.70	13.48	12.95	13.63	12.78	12.79	11.48	9.84	8.66	11.93
	社保支出占比增加（%）	2.56	2.37	2.33	1.68	1.72	1.59	1.52	1.16	0.77	1.74

续表

情形	项目名称	2008 年	2009 年	2010 年	2011 年	2012 年	2013 年	2014 年	2015 年	2016 年	平均值
情形三：城乡低保人均支出比 =1.5	低保总支出（亿元）	877.03	1134.33	1314.08	1685.09	1795.14	2073.47	2056.47	2101.61	2106.09	1682.59
	低保总支出增加（亿元）	254.93	289.23	344.38	357.49	402.84	449.87	464.47	450.81	403.69	379.74
	总支出占比（%）	1.40	1.49	1.46	1.54	1.43	1.48	1.35	1.19	1.12	1.39
	总支出占比增加（%）	0.41	0.38	0.38	0.33	0.32	0.32	0.31	0.26	0.22	0.32
	社保支出占比（%）	12.89	14.91	14.39	15.17	14.26	14.31	12.88	11.05	9.75	13.29
	社保支出占比增加（%）	3.75	3.80	3.77	3.22	3.20	3.10	2.91	2.37	1.87	3.11
情形四：城乡低保人均支出比 =1.2	低保总支出（亿元）	997.94	1297.38	1511.42	1941.39	2075.36	2402.66	2390.16	2447.18	2460.64	1947.13
	低保总支出增加（亿元）	375.84	452.28	541.72	613.79	683.06	779.06	798.16	796.38	758.24	644.28
	总支出占比（%）	1.59	1.70	1.68	1.78	1.65	1.71	1.57	1.39	1.31	1.60
	总支出占比增加（%）	0.60	0.59	0.60	0.56	0.54	0.56	0.53	0.45	0.40	0.54
	社保支出占比（%）	14.67	17.06	16.55	17.48	16.49	16.58	14.97	12.87	11.40	15.34
	社保支出占比增加（%）	5.52	5.95	5.93	5.52	5.43	5.38	5.00	4.19	3.51	5.16
情形五：城乡低保人均支出比 =1	低保总支出（亿元）	1118.85	1460.44	1708.77	2197.69	2355.57	2731.85	2723.85	2792.76	2815.19	2211.66
	低保总支出增加（亿元）	496.75	615.34	739.07	870.09	963.27	1108.25	1131.85	1141.96	1112.79	908.82
	总支出占比（%）	1.79	1.91	1.90	2.01	1.87	1.95	1.79	1.59	1.50	1.81
	总支出占比增加（%）	0.79	0.81	0.82	0.80	0.76	0.79	0.75	0.65	0.59	0.75
	社保支出占比（%）	16.44	19.20	18.71	19.78	18.72	18.85	17.06	14.68	13.04	17.39